제2판

뉴 노멀 시대의 결혼과 가족

신용주 · 김혜수

창지사

머리말

톨스토이는 “행복한 결혼 생활에서 중요한 것은 서로 얼마나 잘 맞는가보다는 어떻게 서로의 다른 점을 극복해 나가느냐 하는 것이다.”라고 하였다. 그러나 안타깝게도 우리나라의 미래를 이끌어 가야 할 젊은이들에게 결혼 생활은 그다지 낙관적으로 보이지 않는 것 같다.

최근 우리 사회에서 흔히 들을 수 있는 비혼, 졸혼, 저출산, 삼포 세대(연애, 결혼, 출산 3가지를 포기한 세대)를 넘어 N포 세대(N가지를 포기한 세대) 등은 결혼과 가정을 이루며 사는 것이 쉽지 않은 세상임을 시사하고 있다.

하지만 가족의 사랑을 경험한 사람은 긍정적인 자아존중감을 가지고 건강하게 인간관계를 맺을 수 있으며, 자신의 삶을 사랑함과 동시에 가족 구성원들과 깊은 사랑의 감정을 함께 나눌 수 있다고 저자들은 확신한다. 이 같은 확신은 가족의 보편적인 형성 과정인 결혼과 함께 다양한 가족생활을 주제로 이 책을 집필하게 된 원동력이 되었다.

이 책은 미래의 부부 및 부모가 될 대학생들뿐 아니라 일반인들도 쉽게 접할 수 있는 사랑, 결혼, 가족이라는 주제에 초점을 맞추었다. 사랑으로 성공적인 결혼을 준비하여, 행복한 가정을 이루고, 부모 역할을 수행하며, 바람직한 가족관계를 형성하여, 가정을 마무리하는 전 생애적 개념으로 접근하였다.

이 책에서는 결혼과 가족에 대한 내용을 5부로 나누어 제시하였다.

제1부는 ‘결혼과 가족’으로 서론에 해당하며, 1장은 결혼, 2장은 가족에 대한 이론적 개념과 현황을 소개하였다.

제2부는 ‘결혼 준비하기’이며 각 장별로 살펴보면, 3장은 이성 교제, 4장은 사랑, 5장은 결혼의 대안, 6장은 결혼의 설계로 구성하였다. 여기서는 이성 교제의 기능, 진행 단계 및 어려움, 사랑에 대한 이론적 기초, 결혼의 대안으로 독

신과 동거에 대하여 알아보고, 배우자 선택, 약혼과 결혼, 그리고 변화하고 있는 결혼 문화에 대하여 서술하였다.

제3부는 '결혼 생활하기'로, 7장은 결혼, 가족의 형성, 8장은 부부 관계, 9장은 의사소통과 갈등 해결, 그리고 10장은 일과 가족으로 구성하였다. 7장에서는 가족생활주기, 가족의 기능, 결혼 생활의 적응, 그리고 성공적인 결혼 생활을 소개하였다. 8장에서는 부부 중심의 시각으로 부부 관계를 조명해 보았다. 9장에서는 가족의 관점에서 가족의 의사 결정 과정, 가족 의사소통, 그리고 가족 갈등 및 해결 방안을 제시하였다. 10장에서는 결혼 생활과 일, 그리고 재정 관리에 대한 실제적인 내용을 소개하였다.

제4부에서는 결혼과 가족의 맥락에서 큰 부분을 차지하는 '부모 역할하기'를 다루었으며, 세부적으로 11장에서는 부모-자녀 관계, 12장에서는 부모 역할, 13장에서는 효과적인 자녀 훈육의 내용을 수록하고 있다.

제5부는 '결혼 생활 마무리하기'로 14장에서는 노인과 가족, 15장에서는 죽음과 웰다잉으로 구성하였으며, 노년기의 가족, 죽음에 대한 준비, 그리고 웰다잉이라는 주제를 다룸으로써 가정생활을 마무리하는 내용을 수록하였다.

이 책의 완성은 많은 고마운 분들의 도움이 있었기에 가능하였다. 학문적 교류는 물론 인간적인 교류도 소중히 여긴 저자들, 집필 과정을 격려와 사랑으로 지지해 준 저자들의 소중한 가족들, 흔쾌히 출간을 허락해 주시고 편집 과정에 많은 수고를 아끼지 않으신 김기섭 사장님과 이상대 전무님을 비롯한 창지사 직원분들께 심심한 감사를 드린다.

2021년 초봄
신용주 · 김혜수

차 례

III 결혼 생활하기 • 165

V 결혼 생활 마무리하기 · 307

I 결혼과 가족

1장 … 결혼

2장 … 가족

Marriage & Family

인간은 누구나 가족으로부터 삶을 시작한다. 이번 장은 가족을 형성하는 제도적 출발점인 결혼의 개념, 결혼의 변화 양상, 결혼의 동기, 그리고 결혼의 성립에 대해 살펴보고자 한다.

1. 결혼의 개념

최근에 많은 사랑을 받았던 대중가요, 김연자의 '아모르 파티'의 가사에는 '연애는 필수, 결혼은 선택'이라는 구절이 있다. 과거에는 결혼을 결혼 적령기에 도달한 성인 남녀가 반드시 해야 하는 필수적인 삶의 관문으로 간주하였다. 하지만 최근에는 가치관의 변화와 함께 다양한 생활 양식에 대한 인식이 확산됨에 따라 점차 결혼이 개인적인 선택 사항으로 여겨지고 있다. 아직도 대부분의 사람들이 결혼을 하는 쪽으로 선택하고 있기에, 여전히 결혼의 중요성에는 공감대가 많이 형성되고 있다. 이러한 사회 변화에 따라 동거나 독신, 비혼(결혼을 못한 미혼이 아니라, 결혼을 주체적으로 선택하지 않는 삶의 양식), 그리고 이혼에 대한 가치관 역시 점점 더 개방적으로 변화하고 있는 추세이다.

성인이 된 남녀는 이성 교제를 통해 서로를 알게 되고, 서로가 결혼을 원하게 되면 배우자 선택 과정을 통해 결혼에 이르게 된다. 결혼은 본인의 자유로운 의사에 따른 남녀의 결합이지만, 법적인 승인을 얻어서 양가 가족, 사회, 그리고 국가에 공포함으로써 부부로 인정받는 사회적 의미를 지닌다. 결혼과 같이 사회적 승인이 없는 남녀의 동거 생활이나 성생활은 법적·제도적 부부가 아니므로 사회적으로 인정을 받지 못한다.

대부분의 사회에서는 특정한 형식이나 의식을 통해 가족·친지에게 부부가 된다는 것을 알리는 결혼식을 한다. 과거에는 결혼이 관습혼주의였기 때문에 결혼식이 부부로서 사회적으로 승인을 받는 실혼(實婚)을 의미하였다. 그러나 현재 우리나라에서 결혼은 신고혼주의(법률혼주의)로서, 혼인 신고만 해도 부부로 인정을 받을 수 있다. 다시 말해, 우리나라에서는 결혼의 법적 승인인 혼인 신고를 하여야 결혼한 부부로 인정된다.

결혼은 자신이 태어나서 성장한 출생 가족을 떠나 배우자와 함께 새로운 가족을 형성하는 법적 및 사회적 결합이라 할 수 있다(김명자 외, 2009). 결혼은 남녀 간의 성적 결합으로 이루어지는 개인적인 생활 관계인 동시에 일체의 친족적 생활의 기초를 이루는 사회적 및 법적 관계이다.

결혼은 사회 질서뿐 아니라 윤리적으로 영향력 있는 사회적 제도이자 법적 결합이다. 저명한 가족학자인 올슨과 그의 동료(Olson et al., 2014)에 따르면 "결혼은 정서적·육체적 친밀감과 함께 다양한 과업, 경제적 자원을 공유하는 두 사람의 정서적이고 법적인 공약이자 책임 관계"이다.

브로데릭(Broderick, 1992; 1993)은 결혼의 특징을 다음과 같이 제시하고 있다(건강가정컨설팅연구소, 2017, 재인용).

- 결혼은 인구학적 사건(demographic event)이며, 하나의 사회적 단위를 만든다.
- 결혼은 두 가족과 사회적 관계망의 결합(joining of two families and social networks)이다.
- 결혼은 부부와 국가 간에 이루어지는 합법적인 계약(legal contract)이다.
- 결혼은 경제적인 결합(economic union)이며, 부부는 하나의 재정적 단위를 이룬다.
- 결혼은 가장 보편적인 성인의 동거 형태(the most common living arrangement)이다.
- 결혼은 대다수 인간의 성적 활동이 이루어지는 맥락(context of most human sexual activity)이다.
- 결혼은 노동력 재생산의 단위(reproductive unit)이다.
- 결혼은 자녀를 사회화시키는 단위(unit that socializes children)이다.
- 결혼을 통해 친밀하고, 삶의 자원을 공유하는 관계(intimate, sharing relationship)를 형성하는 기회를 가진다.

사회는 법적 승인을 받은 결혼에 대하여 특권적인 관계를 허용한다. 부부란 그들이 속한 사회의 관습이나 법에 의해 승인되어야 하며, 그 자녀들에 대하여 일정의 권리와 의무를 수행하여야 한다. 결혼은 부부 간에 이루어지는 성관계만을 인정함으로써 사회의 도덕 수준을 높여 주고, 그 자녀의 합법성을 인정하며, 부모의 권리와 함께 책임 있는 부양 관계를 성립시킨다. 또한 결혼은 가정의 재산권을 보호하고, 혼인 당사자의 권리를 보장해 주며, 중혼 또는 부적격자의 결혼으로부터 보호해 준다(허혜경 외, 2017).

2. 결혼의 변화 양상

1) 우리나라의 결혼 현황

결혼은 필수가 아니라 선택이라는 인식이 확산됨에 따라 다음과 같은 결혼의 변화 양상을 보여 주고 있다(통계청, 2020).

첫째, 우리나라의 성별 혼인율을 살펴보면, 남녀 모두 평균 초혼 연령이 높아지고 있는 만혼화 현상이 뚜렷하다. 2009년도 평균 초혼 연령은 남성 31.6세, 여성 28.7세였으나, 지속적으로 평균 초혼 연령이 상승함에 따라 2019년에는 남성은 33.4세, 여성은 30.6세로 2015년부터 남성과 여성 모두 평균 초혼 연령이 30대에 진입하였다.

이와 같이 평균 초혼 연령은 남녀 모두 매년 높아지고 있는데, 초혼 연령의 증감 폭은 여성이 남성보다 다소 큰 것으로 나타났다. 또한 2019년 남녀 간의 평균 초혼 연령 차이는 2.8세로 나타났다.

〈표 1-1〉 평균 초혼 연령 (2009-2019)

(단위: 세)

		2009	2010	2011	2012	2013	2014	2015	2016	2017	2018	2019	증감	
													전년 대비	10년 전 대비
초혼 연령	남성	31.6	31.8	31.9	32.1	32.2	32.4	32.6	32.8	32.9	33.2	33.4	0.2	1.8
	여성	28.7	28.9	29.1	29.4	29.6	29.8	30.0	30.1	30.2	30.4	30.6	0.2	1.9

출처: 통계청(2020). 2019년 혼인·이혼 통계.

〈그림 1-1〉 초혼 연령별 혼인 건수 및 평균 초혼 연령 (2009, 2019)

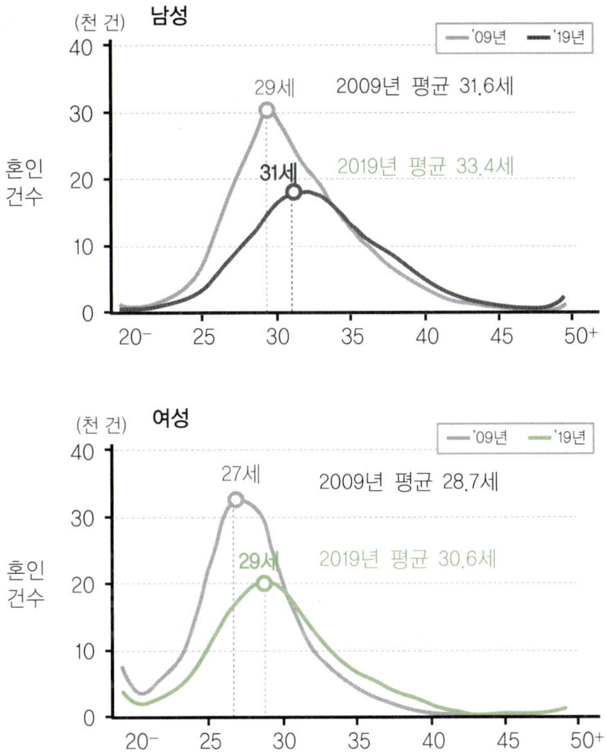

출처: 통계청(2020). 2019년 혼인·이혼 통계.

둘째, 우리나라의 혼인 건수는 꾸준히 감소하고 있는 추세이다. 구체적으로 2019년 혼인 건수는 23만 9,200건으로 전년 대비 7.2%(−1만 8,500건) 감소한 것으로 나타났다. 조혼인율(인구 1,000명당 혼인 건수)은 4.7건으로 전년 대비 0.3건 감소하였으며, 1970년 통계 작성 이후 매년 최저치를 갱신하고 있는 실정이다.

〈표 1-2〉 **혼인 건수 및 조혼인율** (2009-2019)

	2009	2010	2011	2012	2013	2014	2015	2016	2017	2018	2019
혼인 건수(천 건)	309.8	326.1	329.1	327.1	322.8	305.5	302.8	281.6	264.5	257.6	239.2
증감(천 건)	-18.0	16.3	3.0	-2.0	-4.3	-17.3	-2.7	-21.2	-17.2	-6.8	-18.5
증감률(%)	-5.5	5.3	0.9	-0.6	-1.3	-5.4	-0.9	-7.0	-6.1	-2.6	-7.2
조혼인율*	6.2	6.5	6.6	6.5	6.4	6.0	5.9	5.5	5.2	5.0	4.7

* 조혼인율: 인구 1,000명당 혼인 건수

출처: 통계청(2020). 2019년 혼인·이혼 통계.

〈그림 1-2〉 **혼인 건수 및 조혼인율 추이** (1970-2019)

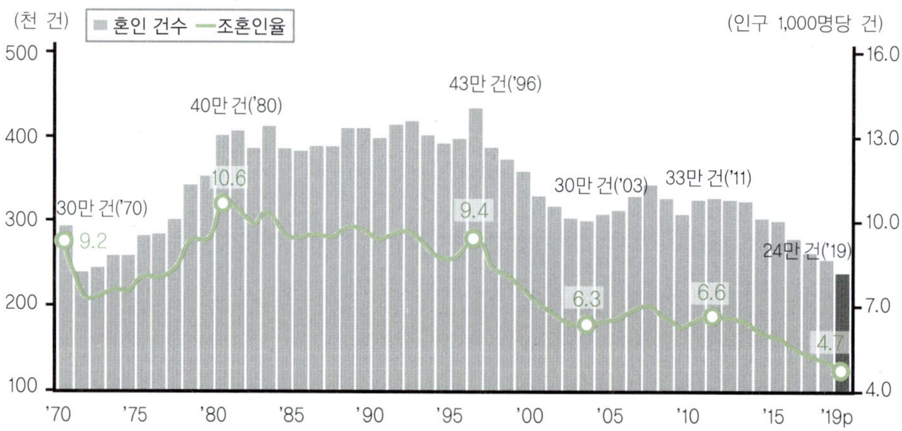

출처: 통계청(2020). 2019년 혼인·이혼 통계.

셋째, 결혼 추세를 혼인 종류별로 살펴보면(통계청, 2020), 2019년도 남성의 경우 전체 혼인 중 초혼이 83.4%, 여성의 경우 초혼이 81.1%를 차지하였으며, 남녀 모두 초혼은 전년 대비 감소 추세를 보이고 있다. 재혼을 살펴보면, 2019년도 남성의 경우 전체 혼인 중 재혼이 16.5%, 여성의 경우 전체 혼인 중 재혼이 18.6%로 전년 대비 재혼 역시 감소 추세를 보이고 있다. 1999~2019년까지 남녀 성별에 따른 혼인 종류별 구성비는 〈그림 1-3〉과 같다.

〈그림 1-3〉 혼인 종류별 구성비 (1999-2019)

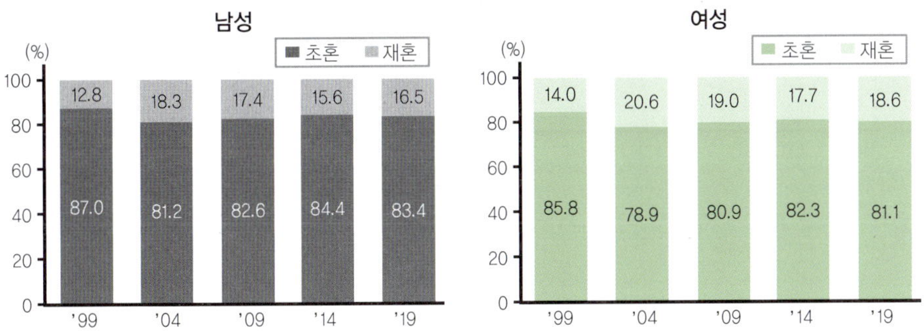

출처: 통계청(2020). 2019년 혼인·이혼 통계.

넷째, 최근 초혼 부부의 변화 양상 중 하나는 남성과 여성의 연령 차가 점점 감소하고 있다는 것이다. 2019년 초혼 부부 중 남성이 연상인 부부는 66.8%, 여성이 연상 부부는 17.5%, 동갑 부부는 15.7%로, 남성 연상 부부의 비율이 가장 높다. 전반적으로 부부 간의 연령차가 점점 감소하고 있는 추세이다. 혼인 구성비 상에 나타난 증감세를 살펴보면, 남성 연상 부부는 감소세를 보이고 있는 반면, 동갑 부부 및 여성 연상 부부는 증가세를 보이고 있다. 연령 차에 따른 혼인 비중은 남성 3~5세 연상(25.8%)이 가장 많았으며, 남성 1~2세 연상(25.1%), 동갑(15.7%), 여성 1~2세 연상(11.9%) 순으로 많았다.

〈그림 1-4〉 초혼 부부의 연령차별(1세 단위) 혼인 구성비 (1999, 2019)

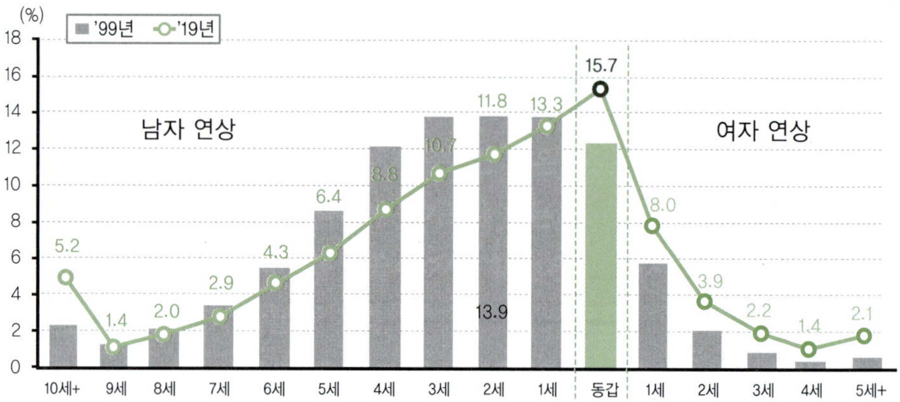

출처: 통계청(2020). 2019년 혼인·이혼 통계.

2) 결혼에 대한 의식 변화

결혼에 대한 의식 변화를 결혼·이혼·재혼에 대한 견해와 결혼 문화에 대한 견해를 중심으로 2020년 사회조사 결과(통계청, 2020)에 의거하여 살펴보고자 한다.

(1) 결혼·이혼·재혼에 대한 견해

첫째, 결혼에 대한 의식 변화를 살펴보면, 결혼을 해야 한다고 생각하는 사람의 비중은 51.2%로 2년 전보다 3.1%p 증가한 것으로 나타났다. 성별 분포를 살펴보면, 남성이 여성보다 결혼을 해야 한다고 생각하는 비중이 13.8%p 더 높은데, 특히 미혼 남녀의 경우 결혼에 대한 견해 차이가 18.4%p로 더 크게 벌어졌다.

둘째, 이혼에 대한 의식 변화를 살펴보면, 이혼을 할 수도 있고 하지 않을 수도 있다고 생각하는 사람의 비중은 48.4%로 증가한 반면, 하지 말아야 한다고 생각하는 비중은 30.2%로 감소 추세를 보였다.

셋째, 재혼에 대한 의식 변화를 살펴보면, 재혼을 해도 좋고 하지 않아도 좋다는 의견이 64.9%로 2년 전보다 소폭 상승하였으며, 남녀 모두 중립적인 의견이 가장 높으나 재혼을 해야 한다고 생각하는 비중은 남성이 여성보다 5.1%p 더 높게 나타났다.

〈표 1-3〉 결혼·이혼·재혼에 대한 견해

(단위: %)

	계[1]	결혼			이혼			재혼		
		해야 한다[2]	해도 좋고 하지 않아도 좋다	하지 말아야 한다[3]	하지 말아야 한다[4]	할 수도 있고 하지 않을 수도 있다	이유가 있으면 하는 것이 좋다	해야 한다[2]	해도 좋고 하지 않아도 좋다	하지 말아야 한다[3]
2018년	100.0	48.1	46.6	3.0	33.2	46.3	16.7	12.4	64.6	14.9
2020년	100.0	51.2	41.4	4.4	30.2	48.4	16.8	8.4	64.9	17.3
남성	100.0	58.2	35.4	3.1	34.8	45.4	14.3	11.0	65.6	13.1
여성	100.0	44.4	47.3	5.6	25.7	51.2	19.2	5.9	64.2	21.4
미혼 남성	100.0	40.8	48.0	5.0	19.5	51.6	19.4	7.3	69.8	7.5
미혼 여성	100.0	22.4	62.4	10.5	8.9	56.4	28.7	2.4	77.4	8.5

주: 1) 각 항목별로 '잘 모르겠다' 포함

2) '반드시 해야 한다'와 '하는 것이 좋다'를 합한 수치

3) '하지 않는 것이 좋다'와 '하지 말아야 한다'를 합한 수치

4) '어떤 이유라도 이혼해서는 안 된다'와 '이유가 있더라도 가급적 이혼해서는 안 된다'를 합한 수치

출처: 통계청(2020). 2020년 사회조사.

(2) 결혼 문화에 대한 견해

결혼 문화에 대한 견해 차이를 동거, 결혼과 자녀에 대한 의식, 외국인과의 결혼을 중심으로 살펴보고자 한다(통계청, 2020).

첫째, 동거에 대한 의식을 살펴보면, 남녀가 결혼을 하지 않더라도 함께 살 수 있다고 생각하는 사람은 전체 응답자의 59.7%로 2년 전보다 3.3%p 증가하였으며, 이는 2012년 이후 계속 증가하고 있는 추세이다.

둘째, 자녀에 대한 의식을 살펴보면, 결혼하지 않고도 자녀를 가질 수 있다고 생각하는 사람은 전체 응답자의 30.7%로 2년 전보다 0.4%p 증가했으며, 이 결과 역시 2012년 이후 계속 증가하고 있다.

셋째, 결혼하면 자녀를 가져야 한다고 생각하는 사람은 전체 응답자의 68.0%로 2년 전보다 1.6%p 감소하였으며, 그 비중은 남성이 여성보다 9.3%p 더 높게 나타났다.

넷째, 외국인과의 결혼에 대한 의식을 살펴보면, 외국인과 결혼해도 상관없다고 생각하는 사람은 전체 응답자의 71.0%로 2년 전보다 1.6%p 감소세를 보였다.

〈그림 1-5〉 결혼 문화에 대한 견해

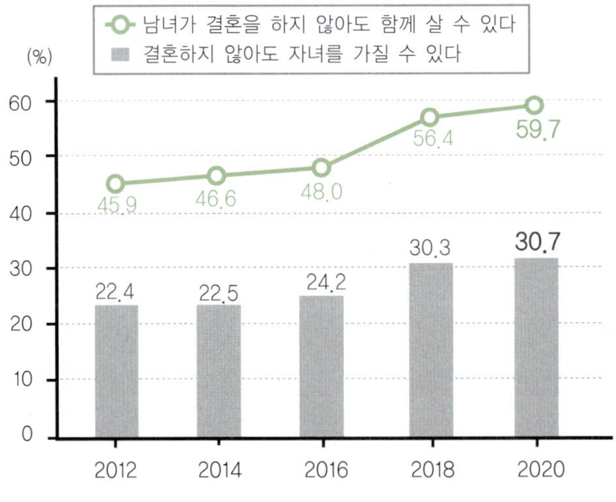

출처: 통계청(2020). 2020년 사회조사.

〈표 1-4〉 결혼 문화에 대한 견해

		계	동의	전적으로 동의	약간 동의	반대	약간 반대	전적으로 반대
남녀가 결혼을 하지 않아도 함께 살 수 있다.	2018년	100.0	56.4	12.9	43.5	43.6	26.3	17.3
	2020년	100.0	59.7	16.1	43.6	40.3	24.3	16.0
	남성	100.0	62.4	16.9	45.5	37.6	23.3	14.3
	여성	100.0	57.0	15.3	41.7	43.0	25.3	17.8
결혼하지 않아도 자녀를 가질 수 있다.	2018년	100.0	30.3	6.3	23.9	69.7	38.0	31.7
	2020년	100.0	30.7	7.2	23.4	69.3	36.2	33.1
	남성	100.0	32.6	7.4	25.1	67.4	36.6	30.8
	여성	100.0	28.8	7.0	21.8	71.2	35.8	35.4
결혼하면 자녀를 가져야 한다.	2018년	100.0	69.6	25.4	44.1	30.4	21.9	8.6
	2020년	100.0	68.0	25.5	42.6	32.0	22.1	9.8
	남성	100.0	72.7	27.0	45.8	27.3	20.0	7.2
	여성	100.0	63.4	24.0	39.5	36.6	24.1	12.4
외국인과 결혼해도 상관없다.	2018년	100.0	72.6	23.6	49.0	27.4	20.0	7.4
	2020년	100.0	71.0	24.9	46.1	29.0	20.6	8.4
	남성	100.0	72.1	24.4	47.8	27.9	20.3	7.6
	여성	100.0	69.9	25.4	44.5	30.1	20.9	9.2

출처: 통계청(2020). 2020년 사회조사.

3) 코로나 팬데믹(COVID-19 Pandemic)과 2030세대의 변화 양상

현대 사회는 4차 산업혁명, 첨단 과학과 기술 문명의 발달, 지식 기반 사회 등으로 대변되고 있으며, 세계화의 물결로 말미암아 다양한 문화와 가치관이 공존하고 있다. 최근에는 디지털, 바이오산업, 물리학 등 3개 분야의 융합된 기술들이 경제 체제와 사회 구조를 급격히 변화시키는 4차 산업혁명(4IR: Fourth Industrial Revolution)의 진행(Klaus Schwab, 2016), 그리고 2020년도 전 세계를 강타한 코로나 팬데믹(COVID-19 Pandemic)에 따른 변화 양상도 두드러진다. 그 결과 현대 사회 구조의 전반적인 패러다임이 변화하고 있으며, 이에 따라 개인의 생활 양식은 물론 가족의 구조도 점점 다양해지고 있다. 특히 코로나 팬데믹으로 인한 코로나 블루도 심각한 사회 문제로 부각되고 있다. 코로나 블루(CORONA Blue)란 '코로나-19(COVID-19)'와 '우울감(Blue)'이 합쳐진 신조어로서 코로나-19의 확산 및 사태의 장기화로 인해 일상에 큰 변화가 발생함으로써 생긴 우울감이나 무기력증을 의미한다. 코로나 블루 현상은 결혼 및 출산에 직접적으로 부정적인 영향을 주고 있다.

2020년도부터 전 세계를 뒤흔든 코로나 팬데믹은 우리의 일상은 물론 결혼, 취업, 가치관까지 광범위하게 영향을 미치고 있다. 코로나 팬데믹으로 인해 예전과는 완전히 다른 예측 불허의 변화 속에서 살아가야만 하는 뉴 노멀(New Normal) 시대에 2030세대의 변화 양상을 "코로나 트라이앵글"이라고도 부른다(조선일보, 2021). 여기서 "코로나 트라이앵글"이란 비정규직, 만혼·비혼, 자산 양극화를 의미한다. 이러한 "코로나 트라이앵글"을 포함하여 출산 등 가족과 관련된 변화 양상에 대해 살펴보고자 한다.

첫째, 통계청이 발표한 고용 동향에 의하면, 코로나-19로 인한 고용 시장의 한파로 안정적인 상용직 일자리가 감소함에 따라 20~30대 청년 세대들은 불안정한 임시·일용직으로 일자리를 구하는 고용 불안 현상을 보이고 있다. 한국고용정보원에 따르면 2020년 5월 기준 29세 이하 대졸자 중 첫 일자리가 상용직인 사람(106만 7,000명)은 5.9%(6만 7,000명) 감소한 반면, 임시·일용직인 사람(35만 8,000명)은 1.5%(5,000명) 증가한 것으로 나타났다(조선일보, 2021).

둘째, 이러한 청년 세대의 고용불안은 혼인, 출산 등을 현실적으로 감당하기 어렵다는 판단으로 이어져 결혼과 출산을 미루거나 포기하는 경향을 보이고 있다. 연애·결혼·출산을 선택으로 여기는 20~30대에게 비연애·비결혼·비출산의 '3비(非) 문화'는 점점 당연시 여겨지는 분위기이다(중앙일보, 2021)

셋째, 결혼한 가정의 경우에도 코로나 팬데믹으로 인해 면역력이 약한 산모가 코로나를 염려하거나 태아에게 수직 감염될지도 모른다는 우려로 인해 임신 시기를 미루고자 하는 움직임이 크다. 이러한 비연애·비결혼·비출산의 '3비(非) 문화'와 코로나로 인한 임신 기피 현상은 '인구 쇼크'로 이어질 뿐 아니라 가족을 형성하여 가족생활주기를 형성하는 데 부정적인 영향을 주고 있다.

넷째, 자산 시장에서 뒤처진 20~30대들은 '영끌·빚투'로 주택을 구입하거나 주식 시장에 뛰어든 동학개미가 되어 아슬아슬한 경제 불안의 주역이 되었다는 우려의 목소리가 크다. '영혼까지 끌어모으다'를 줄인 영끌, '빚을 내 투자한다'는 의미의 빚투 열풍은 청년 세대의 불안정한 경제 상황을 대변하고 있다. 문제는 2021년도에도 코로나-19 여파가 지속되면서 고용 불안, 혼인·출산 기피 현상, 경제적 양극화 현상이 심화되고 있다는 것이다. 코로나-19가 종식되어 청년 세대의 불안정한 고용 시장, 가족 요인, 자산 격차가 점차 완화되기를 기대한다.

3. 결혼의 동기

현대 사회에서 결혼이란 반드시 해야 하는 필수 과업이 아니라 선택 사항으로 여겨지므로, 삶의 목표 중 일부분이지 반드시 이루어야 하는 궁극적인 목표는 아니라는 인식이 높아지고 있다. 결혼은 어떠한 형태로든 인류의 역사 속에서 지금까지 이어져 내려온 사회적 제도이며, 이를 통해 많은 사람들이 부모-자녀 관계를 맺으며 살아간다. 결혼이 선택 사항으로 간주된다 하더라도 결혼은 가장 오랜 전통을 가진 사회적 제도로서, 많은 사람들은 앞으로도 결혼 생활을 하게 될 것이다.

개인마다 결혼을 하게 되는 동기는 다르다. 친밀한 관계를 유지하며 안정된 생활을 추구하기 위하여, 성적 욕구를 합법적으로 충족하기 위하여, 경제적인 안정을 위하여, 또는 자녀를 갖기 위하여 등 결혼을 하는 동기는 다양하다.

결혼의 동기는 개인적 욕구를 충족하기 위한 개인적 측면과 사회적 욕구를 충족하기 위한 사회적 측면으로 크게 분류할 수 있다. 개인적 측면의 주요 결혼 동기로는 성적 만족과 심리적 안정을 추구하기 위함을 들 수 있고, 사회적 측면의 주된 결혼 동기로는 사회적 유대감을 증진시키고 가문을 계승하기 위해서 등을 꼽을 수 있다. 최근에 결혼의 동기는 사회적 측면보다 개인적 측면이 더욱 중요하게 인식되고 있다.

무엇이 사람들로 하여금 결혼을 하도록 하며, 왜 사람들은 결혼하려고 하는지를 파악하기 위해 결혼의 동기를 살펴보면 다음과 같다(허혜경 외, 2017).

1) 사랑의 실현

대부분의 사람들이 결혼을 하는 가장 강한 동기는 사랑하는 사람과 함께 살고 싶기 때문이다. 결혼 생활을 통해 성숙한 사랑을 실현함으로써 서로가 인생의 동반자로 살아갈 수 있다. 또한 두 사람은 결혼이라는 사회 제도 내에서 배우자에 대한 사랑, 헌신, 책임감 등을 공유할 수 있다.

2) 합법적 성의 부여

사회가 합법적으로 부부임을 인정하고 성관계를 허용하는 제도가 바로 결혼이다. 결혼을 통해 두 성인 남녀는 사회적으로 안정적이고 합법적인 성적 욕구를 충족시킬 수 있다.

부부는 서로 간의 성적 독점성과 다른 성관계에 대한 배타성을 결혼 제도 안에서 합법적으로 인정받을 수 있다. 또한 결혼을 통해 안정감을 갖고, 세대 계승을 이루며, 사회 질서를 유지하는 사회적 동기를 가진다.

3) 경제적 안정 추구

결혼을 함으로써 가족 구성원 간의 경제적 협력이 가능해진다. 과거에는 남편이 경제적 부양을 하고, 아내는 가정을 돌봄으로써 경제적 안정을 도모하였다. 최근에는 맞벌이 가정이 증가함에 따라 배우자를 선택할 때에도 경제력을 지닌 사람, 즉 안정된 직장을 가진 남녀를 이상적인 조건으로 여기는 경향이 강하다. 이는 결혼의 동기로 경제적 안정을 중요시하기 때문이다.

부부는 가계의 수입과 지출을 함께 관리하는 경제적 공동체로서 합리적인 소비 활동과 가계의 자산 증식을 통하여 경제적 안정을 추구한다.

4) 부모됨의 기회

자녀를 가짐으로써 부모가 된다는 것은 결혼의 중요한 동기가 된다. 과거에는 결혼의 가장 큰 동기가 자녀 출산과 가계 계승이었다. 최근에는 자녀 출산이라는 결혼의 동기가 약화되어 출산이 필수가 아닌 선택으로 여겨지고 있다. 하지만 아직도 많은 사람들은 결혼하여 자신들의 자녀를 갖고 싶은 욕구, 즉 부모가 되고 싶은 욕구를 충족하기 위해 결혼을 결정하기도 한다. 자녀의 출산 및 부모됨은 결혼의 개인적 측면의 동기인 동시에 사회 구성원을 재생산하는 사회적 측면의 동기로 작용한다.

5) 정서적 안정 추구

결혼은 개인에게 정서적인 안정감을 제공해 준다. 다시 말해 성인 남녀는 결혼을 통해 인생의 동반자로서 서로를 이해하며, 정서적으로 지지해 줄 수 있다. 또한 배우자와 더욱 신뢰롭고 친밀한 관계를 유지함으로써 자신을 가치 있는 존재로 인식하게 되어 정서적 안정감을 누릴 수 있다.

6) 사회적 기대의 부합

대부분의 사회에서는 성인이 되어 결혼하는 것을 당연하게 여긴다. 특히 가족주의나 집단주의가 강한 우리나라에서는 적절한 시기에 결혼을 하지 않으면 주위 사람이나 환경으로부터 적지 않은 사회적 압력을 받게 된다. 최근에는 초혼 연령이 점점 상승함에 따라 결혼에 대한 압력이 다소 약화되긴 하였지만, 아직도 성인 남녀가 결혼하는 것을 바람직하게 여기는 사회적 기대가 존재하며, 일부 청년들은 이에 부합하기 위하여 결혼을 선택하기도 한다.

7) 성인으로서의 신분 획득

결혼을 통하여 사회적 기준의 성인 신분을 획득할 수 있다. 우리나라는 법적으로 만 19세 이상인 사람을 성년으로 인정하지만, 혼인을 할 수 있는 연령은 만 18세로, 부모의 동의가 있다면 미성년이라 하더라도 혼인할 수 있다(「민법」 제807조).

또한 우리나라에서는 '성년의제(「민법」 제826조의 2)'라는 제도가 있어, 미성년자라 하더라도 혼인 신고를 하면 성인의 신분을 부여받을 수 있다. 우리나라는 미성년자가 혼인을 한 경우에는 성년자로 인정하여, 부모가 혼인한 미성년 자녀의 법적 대리인 역할을 하지 않도록 하고 있다. 다시 말해 결혼을 통하여 사회적으로 성인으로 인정받을 수 있으며, 부모로부터 독립된 생활을 영위할 수 있다.

성년의제

성년의제란 미성년자가 혼인함으로써 성년자로 의제되는 것(「민법」 제826조 2)을 말한다. 1977년 「민법」의 일부 개정에서 신설된 규정이다. 미성년자는 친권이나 후견에 복종하므로 혼인하더라도 부부의 일방 또는 쌍방이 미성년자인 경우는 부부의 생활이 제3자의 간섭을 받게 되어 부당하다. 또한 부부의 일방이 미성년자인 경우는 다른 일방이 후견인이 되는 것도 부당하다. 왜냐하면 부부 평등의 원칙에 위배되기 때문이다. 그러므로 미성년자도 혼인하면 친권 또는 후견을 벗어나서 행위 능력을 가지는 것으로 한다. 성년의제의 적용 범위는 「민법」에만 한정되는 것이 원칙이나 소송 능력 같은 것은 인정된다(「민사소송법」 제55조). 혼인이 취소된 경우에도 혼인에 의해 취득한 능력을 없애는 것은 거래의 안전 등을 해칠 수 있으므로 성년의제의 효과는 소멸되지 않는다.

출처: 네이버 백과사전.

건강한 결혼을 위해 반드시 필요한 것은 책임감 있는 사랑으로, 부부 관계를 형성하는 것, 그리고 자신과 상대방 모두의 성적 욕구가 만족되어야 하는 것 역시 중요하다. 그러나 돈·명예·사회적 지위에 대한 동경, 불행한 가정 환경이나 고독감으로부터의 도피, 부모의 강요, 복수심, 동정심, 혼전 임신에 의한 어쩔 수 없는 선택 등 부정적인 동기로 결혼을 하는 경우도 있다. 이와 같은 부정적인 동기로 결혼을 하는 경우에는 행복하고 만족스러운 결혼 생활을 영위하는 데 어려움이 생길 가능성이 높다. 결혼의 동기가 순수하면 순수할수록 자신과 잘 맞는 배우자를 선택할 확률이 높으며, 결혼 실패의 가능성도 줄어든다(신용주 외, 2018).

4. 결혼의 성립

우리나라의 결혼은 「가족 관계의 등록 등에 관한 법률」에 정한 바에 의하여 혼인 신고를 함으로써 그 효력이 생기는 신고혼주의(「민법」 제812조) 또는 법률혼주의를 채택하고 있다. 혼인의 신고는 당사자 쌍방과 성년자인 증인 2인이 연서한 서면으로 하여야 한다(「민법」 제812조의 2).

우리나라의 법령에 명시된 결혼의 실질적인 성립 요건에 대하여 살펴보면 다음과 같다.

1) 당사자 간 결혼의 합의가 있을 것 (「민법」 제815조)

2) (혼인 적령) 만 18세에 달할 것 (「민법」 제807조)

3) 미성년자와 피성년후견인은 부모 또는 후견인의 동의를 얻을 것 (「민법」 제808조)

– 미성년자가 결혼할 때 부모의 동의를 받아야 하며, 부모 중 한쪽이 동의권을 행사할 수 없을 때에는 다른 한쪽의 동의를 얻어야 하며, 부모가 모두 동의권을 행사할 수 없을 때에는 미성년후견인의 동의를 받아야 한다.

– 피성년후견인은 부모나 성년후견인의 동의를 받아 혼인할 수 있다.

4) 근친혼이 아닐 것(「민법」 제809조)

– 근친혼의 범위에 관하여 다음과 같이 명시하고 있다.

① 8촌 이내의 혈족(친양자의 입양 전 혈족을 포함한다) 사이에서는 혼인하지 못한다.

② 6촌 이내 혈족의 배우자, 배우자의 6촌 이내 혈족, 배우자의 4촌 이내 혈족의 배우자인 인척이거나 이러한 인척이었던 자 사이에서는 혼인하지 못한다.

③ 6촌 이내의 양부모계(養父母系)의 혈족이었던 자와 4촌 이내의 양부모계의 인척이었던 자 사이에서는 혼인하지 못한다.

– 윤리적인 면이나 우생학적인 이유에서 일정한 근친 간의 결혼을 금지하는 것은 세계적으로 공통적인 현상이지만, 우리나라의 「민법」상의 근친혼의 범위는 세계에서 유례를 찾아볼 수 없는 가장 넓은 금혼의 범위이다.

5) 중혼(重婚)이 아닐 것(「민법」 제 810조)

- 우리나라는 일부일처를 결혼의 기본으로 하고 있다. 「민법」 제810조에서는 배우자가 있는 사람은 다시 혼인하지 못한다고 명시하여 중혼을 금지하고 있다. 중혼이란 법률상의 결혼이 이중으로 성립하는 경우이므로 사실혼은 중혼이라고 할 수 없다.

참고문헌

건강가정컨설팅연구소(2017). **결혼과 가족.** 서울: 시그마프레스.

김명자, 계선자, 강기정, 김연화, 박미금, 박수선, 송말희, 유지선, 이미선(2009). **아는 만큼 행복한 결혼 건강한 가족.** 경기: 양서원.

노컷뉴스(2021. 01. 25.). 결혼 늦추고 출산 미루고… 코로나가 앞당긴 '인구 쇼크'.

신용주, 김혜수(2017). **다음 세대를 위한 부모교육.** 서울: 학지사.

신용주, 김혜수(2018). **결혼과 가족.** 서울: 창지사.

이데일리(2021. 01. 24.). 일자리 없어 빚으로 버티는데… 결혼·출산마저 포기한 코로나시대 2030.

조선일보(2021. 01. 07.). 비정규직, 만혼·비혼, 자산양극화… 2030의 '코로나 트라이앵글'.

중앙일보(2021. 01. 23.). "나 하나도 건사하기 힘든데, 결혼해 아이까지 낳겠나".

통계청(2020). 2020년 사회조사.

통계청(2020). 인구동향조사: 2019년 혼인·이혼 통계.

허혜경, 박인숙, 김혜수(2017). **현대 사회와 가정.** 서울: 동문사.

Broderick, C. B.(1992). *Marriage and the family* (4th ed.). Englewood Cliffs. JN: Prentice Hall.

Broderick, C. B.(1993). *Understanding family process: Basics of family system theory.* Newbury Park, CA: Sage.

Olson, D. H., DeFrain, J., & Skogrand, L.(2014). *Marriage and families: Intimacy, diversity, and strengths.* (8th ed.). New York: McGraw-Hill Education.

Marriage & Family

대부분의 인간은 출생과 동시에 가정이라는 사회 환경에서 가족 구성원들과 관계를 맺으며 살아간다. 가족은 한 인간의 신체적, 심리적, 정서적, 사회적 발달에 상당한 영향력을 행사한다. 일반적으로 사람들은 평생 두 종류의 가족을 경험하게 되는데, 첫 번째 가족은 자신이 태어난 가족인 원가족(family of origin)이고, 두 번째 가족은 자신이 형성하는 생식 가족(family of procreation)이다. 원가족은 자신이 선택할 수 없는 반면, 생식 가족은 자신이 선택하여 이룰 수 있는 특징이 있다. 여기서는 가족의 개념과 함께 사회 변동에 따른 가족의 변화 양상, 그리고 가족의 현황에 대하여 살펴보고자 한다.

1. 가족의 개념

가족은 개인의 삶과 밀착된 가장 기본적인 사회 집단이다. 가족(family)이라는 말의 어원을 살펴보면, 로마어로는 famillas, 그리스어로는 familia라는 '화덕'을 뜻하는 단어로, 그 뉘앙스에는 '따뜻함'이 스며 있다. 또한 famulus에서도 그 유래를 찾을 수 있는데, 이 단어는 한 남자에게 속한 재산, 노예 등 생산 도구를 의미하는데, 이로 미루어 가족의 개념에 함께 생산하고 생활하는 공동체적 의미가 내포되어 있음을 짐작할 수 있다.

가족은 인류의 발생과 거의 기원을 같이하며, 사회를 구성하는 가장 기본적인 사회 집단이다. 가족은 혼인이나 혈연으로 맺어진 집단, 또는 부부, 자녀, 부모 등 그 구성원과 관계를 맺고 상호 작용하면서 함께 생활하는 공동체이다. 가족의 사전적 정의를 살펴보면 가족은 "부부를 중심으로 한, 친족 관계에 있는 사람들의 집단 또는 그 구성원(네이버 국어사전)"이다.

머독(Murdock)
(1897~1985)

일반적으로 가족은 혼인으로 맺어진 부부 또는 그들의 자녀로 구성된다. 부부와 자녀로 구성된 두 세대만 함께 사는 '핵가족(nuclear family)'이란 용어를 처음 사용한 미국의 인류학자 머독(Murdock, 1949)은 가족을 '성관계가 허용되는 성인 남녀와 그들의 출산 자녀 또는 입양 자녀로 구성되며, 공동 거주, 경제적 협력, 자녀 재생산의 특성을 갖는 사회 집단'이라 정의하였는데, 이는 가족에 대한 고전적인 정의로 널리 알려져 있다.

우리는 가족 외에도 가정이라는 용어를 사용한다. 많은 경우에 가족과 가정의 개념을 혼용하여 사용하고 있으나, 우리나라의 「건강가정기본법」에서는 가족과 가정의 개념을 명확하게 구분하고 있다. '가족'은 혼인·혈연·입양으로 이루어진 사회의 기본 단위를 의미하며, '가정'은 가족 구성원이 생계 또는 주거를 함께하는 생활 공동체로서 구성원의 일상적인 부양·양육·보호·교육 등이 이루어지는 생활 단위를 말한다고 명시하고 있다(「건강가정기본법」 제3조).

최근에는 사회가 변화함에 따라 가족의 고전적 정의에서 벗어난 다양한 가족 유형이 존재하게 되었다. 급변하는 사회 환경, 여성의 사회 참여 확대, 부부 역할의 변화, 이혼율 증가, 가족 해체 현상의 심화, 결혼과 가족에 대한 가치관 등과 같은 변화 양상에 따라 가족 제도도 점차 변화하고 있다.

구체적으로 예를 들어 보면, 부부와 미혼 자녀로 구성된 핵가족을 비롯하여, 3세대 이상이 사는 확대 가족, 부부만 사는 부부 가족, 부와 자녀 혹은 모와 자녀로 구성된 한부모 가족, 재혼한 부부와 그들의 자녀들이 사는 재혼 가족, 주말에만 혹은 일 년에 한두 번 정도 만나는 분거 가족 등 가족 유형이 다양해지고 있다. 이외에도 혈연적 관계보다는 법적 관계로 이루어지는 입양 가족, 국제결혼의 증가로 인한 다문화 가족, 혈연적 관계를 넘어선 공동체 가족 등 가족의 범위는 점차 확장되어, 다양한 형태를 가진 가족들(families)이 존재하고 있다. 이와 같이 다양한 가족 유형이 차지하는 비율이 점차 증가함에 따라 이를 바라보는 사회적 인식도 자연스럽게 변화하고 있다.

2. 가족의 변화 양상

다양한 가족 형태의 출현에서 알 수 있듯이 현대 사회 가족 변화의 특징은 외형적으로 핵가족 확산, 가족 규모의 축소, 가족생활주기의 변화, 가족 기능과 가족 가치관의 변화 등을 수반하였다. 가족 변화 양상의 특징을 요약해 보면 다음과 같다(신용주 외, 2017; 신용주 외, 2018).

첫째, 가족 변화의 가장 두드러진 특징은 가족 규모의 축소이다. 가족 형태가 확대 가족에서 핵가족으로, 핵가족에서 더 나아가 부부 가족과 1인 가구 등 가족 규모가 점점 더 축소되고 있다. 특히 최근에는 자녀 양육의 부담으로 인한 저출산 또는 출산 기피 현상으로 인해 무자녀 가족도 증가하고 있다.

둘째, 가족생활주기상의 변화가 뚜렷하다. 교육 기간의 연장, 취업 시기의 지연 등으로 인해 초혼 연령이 상승하여 가족생활주기 이전의 시기가 장기화되었다. 또한 초혼 연령의 상승과 출산율 저하로 인해 가족 형성기와 확대기는 단축되고 있으며, 자녀의 양육 및 교육 기간의 장기화, 자녀 독립의 지연 등으로 인해 축소 완료기 및 해체기가 장기화되는 경향을 보이고 있다. 가족생활주기에 대해서는 7장에서 다시 살펴보고자 한다(〈표 7-2〉 참조).

셋째, 핵가족화, 가족 규모의 축소, 가족생활주기의 변화와 같은 가족의 외형적 변화는 실질적으로 가족 기능의 변화를 초래하였다. 예를 들면, 가족의 전통적 기능인 자녀 재생산, 자녀 양육 및 사회화 기능은 점차 약화되고 있다. 저출산 현상과 함께 자녀 양육 및 사회화 기능을 점차 가족뿐 아니라 국가, 사회, 학교, 기업이 그 책임과 역할을 분담하고 있는 실정이다.

넷째, 가족 변화 중 가장 두드러진 내적 특징으로 가족 가치관의 변화를 들 수 있다. 우리나라의 경우, 가족의 행동과 가치 면에서 아직도 전통적 요소가 많이 남아 있는 편이지만, 특히 가족 가치관은 빠른 속도로 변화하고 있다. 과거의 불평등하고 가부장적이었던 전통적 가족 문화는 점점 해체되고 있으며, 부부 중심의 새로운 가족 가치관이 형성되고 있다. 여성의 경제 활동 참여로 인하여 자녀 양육 및 가사의 분담, 선택적 자녀 출산, 가족 결속력 약화, 이혼의 증가 등의 현상이 나타나고 있다. 결혼관, 성 역할, 가족 가치관에 있어서 세대 차이가 뚜렷한데, 특히 남성보다는 여성의 가치관 변화가 두드러진 편이다. 가정 내 여성의 지위 향상, 여성의 경제적 역할 강화, 노부모 부양 의식의 약화와 같은 가치관 변화 등이 그 구체적인 예라 할 수 있다.

다섯째, 한부모 가족, 재혼 가족, 직업과 교육 문제 등으로 인해 가족이 따로 떨어져 거주하는 분거 가족(주말 가족, 기러기 가족 등)과 같은 다양한 가족 유형이 증가하고 있다. 또 다양한 문화적 가치에 기초한 공동체 가족, 1인 가구 등도 새로운 가족 유형으로 등장하고 있다. 이러한 가족 구조의 변화는 가족 구성원의 실질적인 삶의 질에 직·간접적으로 영향을 미치고 있다.

이외에도 현대 사회의 인간 소외 및 비인간화 현상은 가족 내에서도 발견할 수 있다. 부모-자녀 간의 대화 및 소통의 어려움, 정서적 교류 및 공감대 부족으로 인하여 최근에는 심리적 결손 가정이 점차 증가하고 있다. '심리적 결손 가정'이란 부모가 존재하고 사회·경제적 수준이 중류층 이상이더라도 부부 간의 불화나 가족 구성원 간의 갈등이 빈번한 불행한 가정을 의미한다(신용주 외, 2017). 이러한 사회적 변화는 가족의 구조, 형태, 기능, 가족 가치관 등 다양한 변화를 초래한다.

3. 가족의 현황

우리나라의 두드러진 가족 구조의 변화 동향은 '가족 규모의 축소'와 관련된 가구 소규모화, 1인 가구 증가의 가속화, 그리고 '가족 구조의 다양화'로 요약될 수 있다. 여기서는 '가족 규모의 축소'와 관련해서는 평균 가구원 수의 감소, 1인 가구의 증가, 저출산 현황을 소개하고자 한다. 다음으로 '가족 구조의 다양화'와 관련해서는 무자녀 가족, 한부모 가족, 재혼 가족, 분거 가족, 맞벌이 가족, 다문화 가족, 입양 가족의 현황을 살펴보고자 한다.

이와 같이 가족 현황을 살펴봄으로써, 가족 규모의 축소 및 가족 구조의 다양화 현상에 대한 이해를 돕고, 가족 유형을 고려한 부모 역할 수행, 자녀 양육, 경제적 적응 등과 같은 대응 방안을 모색할 수 있다.

1) 가족 규모의 축소

2019년 11월 기준 우리나라에 거주하는 총 인구(외국인 포함)는 5,178만 명으로 2018년도에 비해 15만 명(0.3%) 증가한 것으로 나타났다(통계청, 2020). 구체적으로 2018년에 비해 내국인은 5,000만 명, 외국인은 178만 명으로 내국인은 2만 2,000명(0.04%), 외국인은 12만 7,000명(7.7%) 증가한 것으로 나타났다. 이와 같이 우리나라 인구는 외국인을 포함하여 소폭 증가하고 있는 것으로 나타났다.

가족 규모의 축소 현상은 우리나라를 포함하여 전 세계적인 변화 양상이다. 우리나라는 평균 가구원 수는 감소하고 있는 반면, 가구 수는 증가하고 있는 것으로 나타나, 두드러진 가족 규모의 축소 현상을 보여 주고 있다. 통계청 분석에 따르면, 가구원 수의 변화는 출산율과 가구 구성의 변화를 반영하고 있다. 자녀 수에 대한 의사 결정이나 가구 유형 선택의 경우 가족 가치관이나 가족 규범의 영향을 받기도 하지만, 경제적 여건 등과 같은 현실적인 제약 요인의 영향도 받는다. 따라서 가구원 수는 개인과 가족의 미시적 환경 요인뿐 아니라(통계청 e-나라지표, https://www.index.go.kr/unify/idx-info.do?idxCd=4229&clasCd=7), 이를 둘러싸고 있는 거시적 환경 요인이 함께 작동한 결과로 분석된다.

〈그림 2-1〉 평균 가구원 수

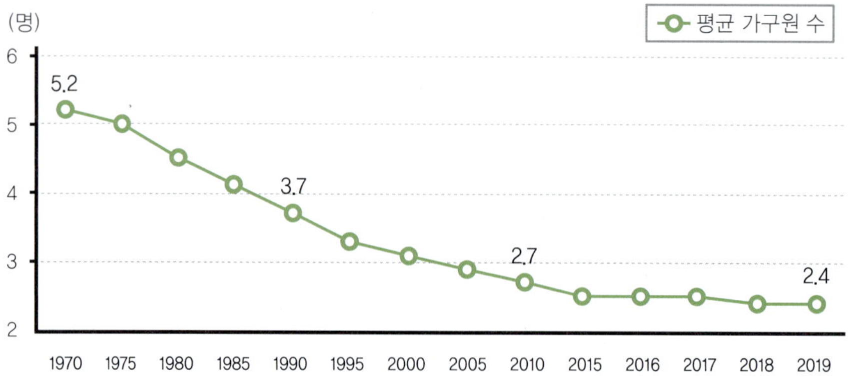

출처: 통계청(2020). 인구주택총조사.

전국 가구의 평균 가구원 수는 1970년 5.2명에서 1980년 4.5명, 1990년 3.7명, 2000년 3.1명, 2010년 2.7명, 2019년 2.4명으로 꾸준히 감소하고 있는 추세이다. 평균 가구원 수의 감소 현상의 원인으로는 출산율 저하, 핵가족화 및 1인 가구 증가 등을 들 수 있다.

가구 규모의 축소는 3세대 이상 거주하는 확대 가족 비중이 감소하고, 1세대 가구 및 1인 가구 비중이 증가하는 현상과 밀접한 관련이 있다. '1인 가구'란 1명의 가구원이 단독으로 생계를 유지하고 있는 생활 단위를 말한다(「건강가정기본법」 제3조).

가구원 수를 기준으로 가구 유형을 살펴보면, 1985년부터 2005년까지는 4인 가구가 주된 가구 유형이었는데, 2010년에는 2인 가구, 2015년부터는 1인 가구가 주된 가구 유형이 되었다. 4인 가구 비율은 1990년 29.5%에서 2019년 16.2%로 감소한 반면, 1인 가구 비율은 1990년 9.0%에서 2019년 30.2%로 증가하였다. 이 결과로 미루어볼 때, 우리나라의 평균 가구원 수 감소 현상에 1인 가구의 증가가 상당한 영향을 미쳤음을 알 수 있다.

특히 1인 가구의 증가세가 두드러져서, 1인 가구의 비율은 1975년 4.2%에서 2019년 30.2%로 약 7.5배 가량 증가하였다. 이러한 1인 가구 증가의 원인은 다양하나, 청년들의 비혼, 만혼, 이혼으로 인한 1인 가구화와 고령화로 인한 독거노인 증가 등을 꼽을 수 있으며, 이러한 현상은 향후에도 계속 진행될 것으로 예상된다.

〈그림 2-2〉 연도별 1인 가구 규모 (2000[T]~2019[R])

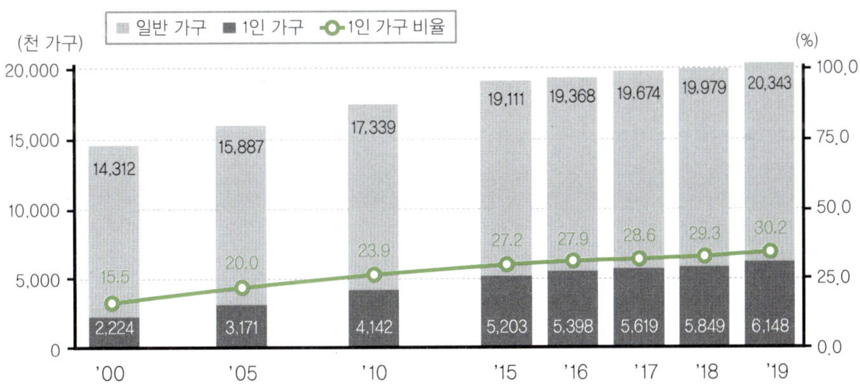

출처: 통계청(2020). 2020 통계로 보는 1인 가구.

증감 추이를 구체적으로 살펴보면, 4인 가구 이상의 비율은 1995년 이후로 꾸준히 감소하고 있는 반면, 1인 가구·2인 가구는 지속적으로 증가하는 추세이다. 2019년도 일반 가구 중 1인 또는 2인 가구가 58.1%를 차지하였는데, 이 결과는 2018년 56.5%보다 1.5%p 증가한 것으로 나타났다.

〈그림 2-3〉 연도 및 가구원 수별 가구 규모(2000T~2019R)

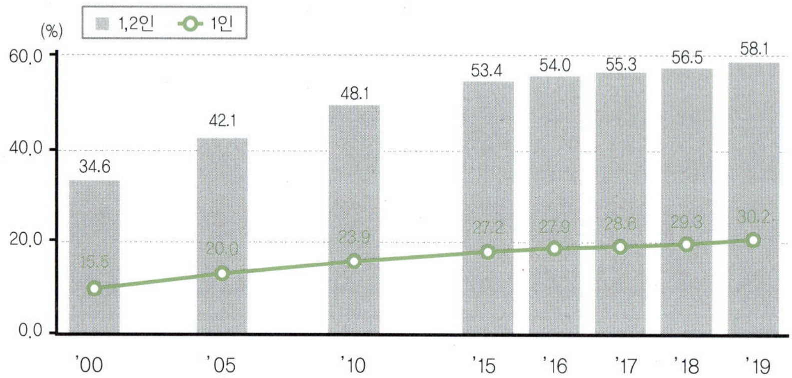

출처: 통계청(2020). 인구주택총조사.

〈표 2-1〉 가구원 수별 가구 구성과 평균 가구원 수

(단위: 천 가구, %, 명)

연도	가구 수 (천 가구)	가구원 수별 가구 구성(%)						평균 가구원 수 (명)
		1인 가구	2인 가구	3인 가구	4인 가구	5인 가구	6인 이상 가구	
1970	5,576	–	9.7	13.3	15.5	17.7	43.8	5.2
1975	6,648	4.2	8.3	12.3	16.1	18.3	40.7	5
1980	7,969	4.8	10.5	14.5	20.3	20	29.8	4.5
1985	9,571	6.9	12.3	16.5	25.3	19.5	19.5	4.1
1990	11,355	9	13.8	19.1	29.5	18.8	9.8	3.7
1995	12,958	12.7	16.9	20.3	31.7	12.9	5.5	3.3
2000	14,312	15.5	19.1	20.9	31.1	10.1	3.3	3.1
2005	15,887	20	22.2	20.9	27	7.7	2.3	2.9
2010	17,339	23.9	24.3	21.3	22.5	6.2	1.8	2.7
2015	19,111	27.2	26.1	21.5	18.8	4.9	1.5	2.5
2016	19,368	27.9	26.2	21.4	18.3	4.8	1.4	2.5
2017	19,674	28.6	26.7	21.2	17.7	4.5	1.3	2.5
2018	19,979	29.3	27.3	21	17	4.3	1.2	2.4
2019	20,343	30.2	27.8	20.7	16.2	3.9	1	2.4

출처: 통계청(2020). 인구주택총조사.

〈표 2-2〉 성 및 연령별 1인 가구

(단위: 천 가구, %)

연령	2018년R			2019년R		
	1인 가구			1인 가구		
		남성	여성		남성	여성
계	5,849	2,906	2,942	6,148	3,054	3,094
	(100.0)	(100.0)	(100.0)	(100.0)	(100.0)	(100.0)
20세 미만	58	28	31	59	29	31
	(1.0)	(1.0)	(1.0)	(1.0)	(0.9)	(1.0)
20~29세	1,020	543	477	1,118	587	531
	(17.4)	(18.7)	(16.2)	(18.2)	(19.2)	(17.2)
30~39세	993	637	356	1,036	664	372
	(17.0)	(21.9)	(12.1)	(16.8)	(21.7)	(12.0)
40~49세	864	546	318	872	550	322
	(14.8)	(18.8)	(10.8)	(14.2)	(18.0)	(10.4)
50~59세	974	543	431	999	562	437
	(16.7)	(18.7)	(14.7)	(16.3)	(18.4)	(14.1)
60~69세	870	367	503	933	398	534
	(14.9)	(12.6)	(17.1)	(15.2)	(13.0)	(17.3)
70세 이상	1,069	243	826	1,132	264	867
	(18.3)	(8.4)	(28.1)	(18.4)	(8.7)	(28.0)

출처: 통계청(2020). 인구주택총조사.

1인 가구를 연령별로 살펴보면, 70세 이상이 18.4%, 20대가 18.2%, 30대가 16.8% 순으로 높게 나타났다. 성별로 분석해 보면, 1인 가구 중 남성은 30대(21.7%), 여성은 70세 이상(28.0%)이 가장 높게 나타났다.

20대 또는 30대 가구주의 1인 가구 비율의 증가는 직업상의 이유로 부모와 함께 살지 않고 거주지 독립을 하는 젊은 층이 증가했기 때문이며, 또한 60대 이상의 노년층에서의 1인 가구의 증가는 배우자와 사별 후에 혼자 거주하는 노인 가구의 증가를 들 수 있다(신용주 외, 2018).

가족 규모의 축소 현상의 대표적인 원인 중 하나로는 출산력 감소, 즉 저출산 현상을 들 수 있다. 2019년도 출생아 수는 30만 3,100명으로 전년도보다 2만 3,700명(−7.3%) 감소한 것으로 나타났다. 합계출산율(TFR: Total Fertility Rate)이란 여성 1명이 평생 낳을 것으로 예상되는 평균 출생아 수를 의미하는데, 2019년도 우리나라의 합계출산율은 0.92명으로 2018년(0.98명)보다 0.06명(−5.9%) 감소한 것으로 나타났다. 조(粗)출생률이란 인구 1,000명당 출생아 수를 의미하며, 2019년도 조출생률은 5.9명으로, 역시 전년보다 0.5명(−7.3%) 감소한 것으로 나타났다. 우리나라는 저출산으로 인해 합계출산율, 조출산율 모두 지속적으로 감소하고 있는 추세이다(통계청, 2020).

〈표 2-3〉 **출생아 수 및 합계출산율** (2009-2019p)

(단위: 천 명, %, 인구 1,000명당 명, 가임 여성 1명당 명)

		2009	2010	2011	2012	2013	2014	2015	2016	2017	2018	2019p
출생아 수		444.8	470.2	471.3	484.6	436.5	435.4	438.4	406.2	357.8	326.8	303.1
전년 대비	증 감	−21.0	25.3	1.1	13.3	−48.1	−1.0	3.0	−32.2	−48.5	−30.9	−23.7
	증감률	−4.5	5.7	0.2	2.8	−9.9	−0.2	0.7	−7.3	−11.9	−8.7	−7.3
조출생률		9.0	9.4	9.4	9.6	8.6	8.6	8.6	7.9	7.0	6.4	5.9
합계출산율		1.15	1.23	1.24	1.30	1.19	1.21	1.24	1.17	1.05	0.98	0.92
전년 대비	증 감	−0.04	0.08	0.02	0.05	−0.11	0.02	0.03	−0.07	−0.12	−0.08	−0.06
	증감률	−3.6	6.7	1.5	4.3	−8.5	1.5	2.8	−5.4	−10.2	−7.1	−5.9

출처: 통계청(2020). 인구동향조사: 2019년 출생·사망통계 잠정 결과.

우리나라의 심각한 저출산 현상은 '초저출산'이라는 또 다른 단어를 만들어 냈다. 이와 같은 저출산 현상은 다른 선진국보다 훨씬 빠르게 진행되고 있는 추세인데, 그 원인으로는 경기 침체와 노동 시장의 불안정, 가족 형성의 지연과 약화, 그리고 양성평등 의식의 확산 등을 들 수 있다(통계개발원, 2020). 아울러 개인 및 가족 가치관의 변화로 인한 결혼관 및 자녀관의 약화, 결혼의 연기 및 기피 현상으로 인한 미혼율 증가, 기혼 부부의 자녀 양육 부담 증가, 그리고 여성의 경제활동률 증가 등의 요인들도 저출산에 영향을 주고 있다(신용주 외, 2018). 이러한 출산력 저하로 인해 우리나라는 생산연령 인구가 감소하고 있으며, 유례 없는 빠른 속도로 고령화가 진행되고 있다.

〈그림 2-4〉 출생아 수 및 합계출산율 추이 (1970-2019p)

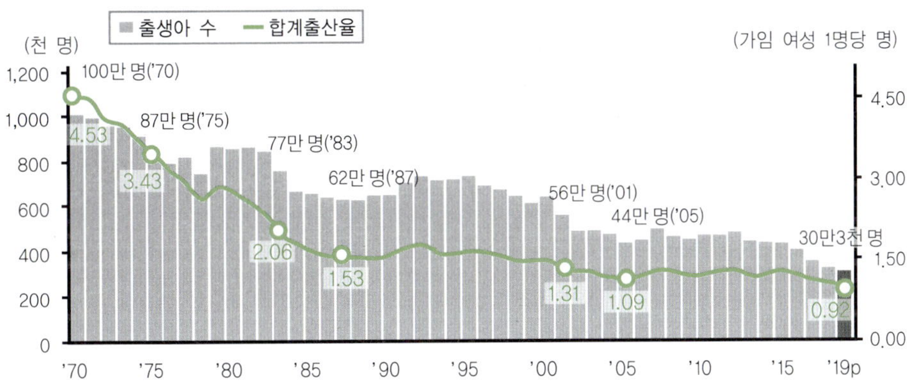

출처: 통계청(2020). 인구동향조사: 2019년 출생·사망통계 잠정 결과.

2) 가족 구조의 다양화

가족의 소규모화, 저출산 외에도 가족 구조의 다양화를 들 수 있다. 사회의 급격한 변화와 함께 가족 가치관(family values)도 변화하면서 다양한 가족 구조 및 유형이 출현하고 있다. 특히 무자녀 가족, 한부모 가족, 재혼 가족, 분거 가족, 조손 가족, 다문화 가족, 입양 가족 등이 증가하고 있다.

(1) 무자녀 가족

무자녀 가족은 출산 의도를 기준으로 자발적 무자녀 가족과 비자발적 무자녀 가족으로 구분할 수 있다. 자발적 무자녀 가족은 계획적 무자녀 가족(intentional childless family)으로서 '자녀를 갖지 못하는(childless)' 것이 아니라, '자녀를 갖지 않는(child-free)' 개념을 부각시킴으로써 자발적 무자녀 가족(voluntarily childless family)이라는 결정이 선택임을 강조한다. 다시 말해 자발적 무자녀 가족이란 생식 능력(fertility)이 있으나 영구적으로 자녀를 갖지 않는다는 확고한 결정을 내린 부부를 의미하며, 무자녀 결정을 내린 시기에 따라 결혼 전부터 무자녀를 선택한 초기 결정자와 자녀 갖기를 반복적으로 연기하다 무자녀를 선택하는 후기 결정자로 구분된다(유영주 외, 2004).

최근 출생 코호트에서 결혼은 수용하나 자녀의 출산은 선택으로 간주하는 무자녀 가족이 증가하고 있다. 무자녀 기혼 여성은 인구나 경제적 요인보다는 자녀의 필요성과 부모 역할 등 태도 요인이 출산 계획에 더 많은 영향을 미치는 것으로 나타났다(KOSTAT통계플러스, 2020).

자녀가 없어도 된다고 생각하는 이유에 대한 응답을 살펴보면 유자녀 기혼 여성과 무자녀 기혼 여성의 의견 차이가 명확하게 나타났다. 유자녀 기혼 여성은 자녀가 없어도 된다고 생각하는 이유에 대하여 '아이가 행복하게 살기 힘든 사회여서(29.0%)'와 '경제적으로 여유롭게 생활하기 위해서(25.2%)'의 비중이 높게 나타난 반면, 무자녀 기혼 여성은 '부부만의 생활을 즐기고 싶어서(24.2%)', '불임(19.9%)'의 비중이 높게 나타났다.

〈그림 2-5〉 **자녀가 없어도 된다고 생각하는 이유** (유자녀 및 무자녀 기혼 여성)

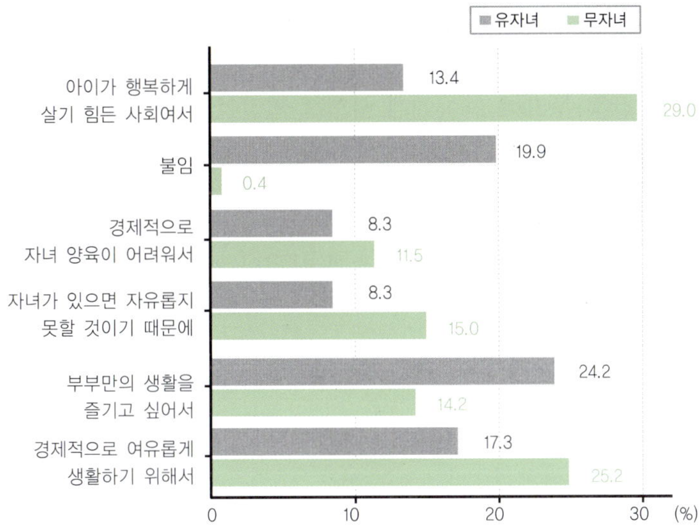

출처: KOSTAT통계플러스(2020, 봄호). 첫 출산으로의 이행과 무자녀 가구.

한국의 사회동향 2015(통계청, 2015)에 따르면, 가족 형태별 분포에서 무자녀 가족은 1990년 9.3%에서 1995년 12.6%, 2000년 14.8%, 2005년 18.0%, 2010년에는 20.6%로 그 비율이 점차 증가하고 있다.

우리나라에서 무자녀 가족의 비중이 상승하는 원인을 살펴보면 다음과 같다(KOSTAT통계플러스, 2020).

첫째, 생물학적 요인으로 인해 무자녀 가족이 증가하고 있다. 구체적으로, 혼인연령이 상승하고, 미세먼지 등 환경 오염의 영향으로 인한 불임의 증가를 들 수 있다.

둘째, 여성의 활발한 경제 활동 참가와 가족과 자녀에 대한 가치관의 변화로 무자녀 가족이 증가하고 있다. 출산으로 인한 기회 비용과 경력 단절은 무자녀를 선택하게 하는 경제적 원인으로 작용한다. 또한 전통적인 성 역할, 가족주의 가치관, 가부장적 가족 문화가 점차 사라지는 대신 개인주의 가치관이 확산됨에 따라

출산을 필수가 아니라 개인의 선택으로 여기는 자발적 무자녀 가족이 증가하였다.

무자녀 가족이 저출산 현상을 심화시킨다는 사실을 고려할 때, 무자녀 가족의 출산 의도를 부여하는 방향으로 향후 저출산 대책을 모색해 볼 수 있을 것이다. 우리 사회에서 간혹 무자녀 가족에게 사회적 편견이 있을 수 있다. 무자녀 가족을 비정상적으로 해석하거나, 그들을 이기적인 사람이라고 평가해서는 안 될 것이다. 그들의 선택이 다름을 존중하는 사회 분위기가 조성되어야 할 것이다. 아울러 무자녀 부부는 자녀 출산에 대한 원가족과 사회의 압력을 현명하게 극복함과 동시에 부부가 친밀감을 계속 유지하고 결속력을 강화시킬 수 있는 방법을 적극적으로 강구해야 할 것이다. 예를 들면, 취미나 여가 활동을 공유하거나, 서로 소통하고 배려하는 가정생활을 누리는 것이 바람직하다.

(2) 한부모 가족

한부모 가족은 이혼, 부모 중 한쪽의 사망, 별거, 유기, 가출 등으로 인한 한쪽 부모의 부재로 부(父) 또는 모(母) 중의 한 사람과 자녀로 구성된 가족이다. 자녀가 부모 중 누구와 동거하느냐에 따라 한부모 가족을 모자 가족 혹은 부자 가족으로 분류한다.

'한부모 가족'이란 용어는 과거의 부정적이고 결손의 의미가 강했던 편부모 가족에서 하나로도 온전하고 가득하다는 의미의 우리말 '한'을 한부모에 사용함으로써 그들이 다른 가족과 똑같이 건강하고 행복할 수 있다는 의미를 담고 있다.

한부모 가구란 일반 가구 중 한부 또는 한모와 미혼 자녀로 구성된 가구를 의미한다. 통계청 조사에 따른 한부모 가구 비율의 변화 양상을 살펴보면, 한부모 가구의 수는 2016년 154만 가구에서 2019년 152만 9,000가구로 감소하고 있으며, 전체 가구에서 한부모 가구가 차지하는 비율은 2016년 7.8%에서 2019년 7.3%로 감소하고 있다(통계청, 2020). 우리나라의 한부모 가족 비율은 2014년도(10.5%)까지 증가세를 보이다가 그 이후부터 현재까지 감소세를 이어가고 있다.

〈표 2-4〉 한부모 가구 비율

(단위: 천 가구, %)

		2010	2011	2012	2013	2014	2015	2016	2017	2018	2019
현황	전체 가구	17,339	17,687	18,119	18,388	18,705	19,561	19,838	20,168	20,500	20,891
	한부모 가구	1,594	1,639	1,796	1,880	1,970	1,608	1,540	1,533	1,539	1,529
	한부모 가구 비율	9.2	9.3	9.9	10.2	10.5	8.2	7.8	7.6	7.5	7.3

출처: 통계청(2020). 인구총조사.

〈그림 2-6〉 한부모 가구 현황

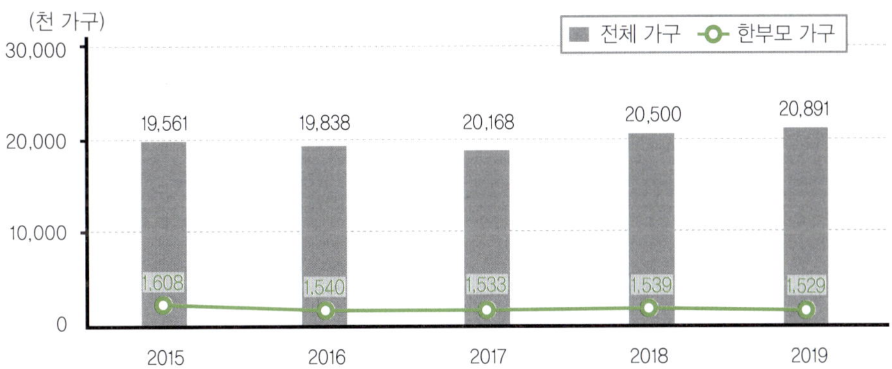

출처: 통계청(2020). 인구총조사.

한부모 가족의 부 또는 모는 생계를 책임지는 것과 동시에 혼자서 부모 역할을 수행하며 자녀를 양육해야 하는 이중고를 겪는다. 더욱이 한부모 가족을 심리적으로 힘들게 하는 요인으로는 한부모 가족에 대한 사회적 편견을 들 수 있다. 이러한 사회의 부정적 편견과 부당한 대우는 한부모를 더욱 외롭고 힘들게 하며 그들의 자립 의지를 꺾기도 한다(서울특별시 한부모가족지원센터, http://seoulhanbumo.or.kr; 여성부, 중앙건강가정지원센터, 2006; 신용주 외, 2011, 재인용). 따라서 한부모 가족을 개인의 다양한 가족 상황에 대한 그들 가족 나름의 최선의 선택임을 존중해 주는 태도가 필요하다.

한부모 가족을 위해 정부 차원뿐만 아니라 민간 차원에서도 보다 통합적이고 체계적인 지원이 필요하다. 이혼이나 미혼 가구 증가 추세에 따라 한부모 가족 정책 방향도 이들에 대한 지원 정책에 초점을 맞추어야 하며, 이혼 및 미혼 가구의 경제적 자립이나 자녀 양육 및 교육 지원 등에 대한 대책 마련이 요구된다.

우리나라에서는 「한부모가족지원법」에 의거하여, 소득 인정액이 기준 중위 소득 60% 이하인 한부모 가족을 대상으로 아동양육비, 아동교육지원비, 생계비의 복지급여를 지원하고 있다. 또 부 또는 모의 연령이 만 24세 이하인 청소년 한부모 가족에게는 소득 인정액이 기준 중위 소득 72% 이하인 한부모 가족을 대상으로 아동양육비, 아동교육지원비, 생계비, 자립촉진수당, 고등학생 교육비, 검정고시 학습비 등의 복지급여를 지원하고 있다(여성가족부, http://www.mogef.go.kr).

이외에도 주택 우선 분양 및 지원 정책의 확대, 다양한 양육 지원 프로그램의 확대, 가족 대상 교육 및 온·오프라인 상담 프로그램의 확대, 의료 지원 서비스의 확대, 나아가 한부모 가족의 삶의 질을 향상할 수 있는 여가 지원 정책의 확대, 그리고 4차 산업혁명 시대에 부응하는 실질적인 직업 교육 및 훈련 등 다양한 영역의 복지 지원의 필요성이 대두되고 있다.

한편 한부모 가족 발생을 예방하기 위해 가족의 출발선에서부터 도움을 제공하는 것이 바람직하다. 결혼 준비 교육, 예비부부 교육 등은 물론이고, 이혼을 고민하거나 이혼과 관련된 의사 결정 시 도움을 받을 수 있도록 이혼과 관련한 어려움 및 적응 등에 관한 이혼 준비 교육 및 상담 프로그램 등도 제공되어야 할 것이다(신용주 외, 2018).

(3) 재혼 가족

재혼 가족은 한 명 이상이 재혼인 성인 남녀로 구성된 가족을 의미하며, 재혼이 전체 혼인에서 차지하는 비중은 남녀 모두 점차 감소하고 있는 추세이다(통계청, 2020). 2019년도 기준 남녀 모두 초혼인 부부는 전체 혼인의 76.9%, 남녀 모두 재혼인 부부는 12.3%를 차지하였다. 전년 대비 초혼과 재혼 모두 감소 추이를 보였다.

성별로 재혼 가족의 현황을 살펴보면, 남성의 경우 전체 혼인 중 재혼이 16.5%, 여성의 경우 전체 혼인 중 재혼이 18.6%를 차지한 것으로 나타났다. 평균 재혼 연령은 남성은 49.6세, 여성은 45.2세로 전년에 비해 남성은 0.7세, 여성은 0.5세 상승하였는데, 이는 10년 전에 비해 남성은 4.0세, 여성은 4.1세 각각 상승한 수치이다.

〈표 2-5〉 혼인 종류별 건수 (2009-2019)

(단위: 천 건, %)

		2009	2010	2011	2012	2013	2014	2015	2016	2017	2018	2019	전년 대비		
													구성비	증감	증감률
계*		309.8	326.1	329.1	327.1	322.8	305.5	302.8	281.6	264.5	257.6	239.2	100.0	−18.5	−7.2
남성	초혼	255.8	273.0	277.4	275.9	273.8	257.9	256.4	238.1	222.5	216.3	199.5	83.4	−16.9	−7.8
	재혼	53.8	53.0	51.6	51.1	48.9	47.5	46.4	43.3	41.7	41.1	39.4	16.5	−1.7	−4.1
여성	초혼	250.7	268.5	272.6	270.5	268.4	251.5	250.0	232.4	216.8	210.3	193.9	81.1	−16.4	−7.8
	재혼	58.8	57.5	56.4	56.5	54.3	53.9	52.7	48.9	47.4	46.7	44.5	18.6	−2.2	−4.8
남(초)+여(초)		236.7	254.6	258.6	257.0	255.6	239.4	238.3	221.1	206.1	200.0	184.0	76.9	−16.0	−8.0
남(재)+여(초)		13.9	13.9	13.9	13.5	12.8	12.0	11.7	11.1	10.5	10.2	9.8	4.1	−0.4	−4.3
남(초)+여(재)		19.0	18.3	18.7	18.9	18.2	18.4	18.0	16.7	16.2	15.9	15.0	6.3	−0.9	−5.9
남(재)+여(재)		39.8	39.1	37.7	37.6	36.1	35.5	34.7	32.1	31.1	30.7	29.4	12.3	−1.3	−4.3

* 미상 포함, 남(초): 남성 초혼, 남(재): 남성 재혼, 여(초): 여성 초혼, 여(재): 여성 재혼

출처: 통계청(2020). 2019년 혼인·이혼 통계.

〈표 2-6〉 평균 초혼 및 재혼 연령 (2009-2019)

(단위: 세)

		2009	2010	2011	2012	2013	2014	2015	2016	2017	2018	2019	증감	
													전년 대비	10년전 대비
초혼 연령	남성	31.6	31.8	31.9	32.1	32.2	32.4	32.6	32.8	32.9	33.2	33.4	0.2	1.8
	여성	28.7	28.9	29.1	29.4	29.6	29.8	30.0	30.1	30.2	30.4	30.6	0.2	1.9
재혼 연령	남성	45.7	46.1	46.3	46.6	46.8	47.1	47.6	48.2	48.7	48.9	49.6	0.7	4.0
	여성	41.1	41.6	41.9	42.3	42.5	43.0	43.5	44.0	44.4	44.6	45.2	0.5	4.1

출처: 통계청(2020). 2019년 혼인·이혼 통계.

일반적으로 재혼은 초혼에 비해 사랑과 같은 감정적인 요인보다는 경제적 안정, 자녀 양육 문제, 외로움, 사회적 시선으로부터의 탈피 등과 같은 현실적인 동기에 의해 이루어지는 경우가 많다. 이러한 동기는 현실적 문제의 공동 해결에 대한 과도한 기대감으로 이어질 수 있으며, 이러한 기대감이 현실적으로 생각보다 빨리 충족되지 않을 경우에 자칫하면 재혼 초기 단계부터 혼란, 갈등, 실망, 좌절감 등을 겪게 하는 원인으로 작용할 수 있다. 따라서 재혼 가족의 경우 현실적인 문제를 정확하게 인식함과 동시에 적절한 기대 수준을 설정하고, 가족생활의 적응 등의 문제를 차근차근히 해결해 가는 노력이 필요하다.

재혼은 초혼에 비해 고려해야 할 요인이 더 많다. 예를 들어, 재혼의 경우, 가족 구조가 복잡하고 그 경계가 모호하여 가족 구성원의 역할이 모호할 수 있다. 대부분 결혼 초기에는 부부 관계가 부모-자녀 관계보다 우선하지만, 유자녀 재혼가족의 경우 새로 결합한 부부 관계보다 더 강력하고 친밀한 부모-자녀 관계가 우선할 수 있으므로, 가족 내 갈등이 발생할 소지가 있다. 또한 재혼 가족은 초혼 가족에 비해 가족 문화나 가치관, 친밀감을 쌓아 가는 과정에서 심리·정서적인 갈등이 있을 수 있다. 예를 들어, 재혼 가족의 자녀가 친엄마 또는 친아빠에게 애정이 있는 상황에서 새엄마 또는 새아빠에게도 애정을 갖게 되면 자녀들은 심리적으로 충성심(loyalty)의 갈등을 겪을 수 있다.

이러한 재혼 가족의 어려움에도 불구하고 재혼 가족은 다음과 같은 강점을 가질 수 있다. 즉, 재혼으로 인해 부부는 동반의 기쁨이 재형성되는 기회를 가질 수 있다. 또한 재혼 가족은 한부모 가족보다 경제적으로 긍정적인 변화를 가져올 수 있다. 재혼 가족은 한부모 가족에 비해 부모 역할의 책임을 함께 나누어 질 수 있다. 한부모로서 모든 책임을 혼자 담당했던 것에 비해 새로운 가족원이 영입됨으로써 재혼 가족은 새로운 가족 구성원과 함께 그 책임을 공유할 수 있다(한미현 외, 2016).

재혼 가족이 건강하기 위해서는 가족 구성원 모두가 서로의 차이점을 존중하고, 새로운 가족에 적응하는 시간이 걸린다는 점을 인식해야 한다. 특히 중요한 점은 재혼이 도구적인 측면에서 현실적인 욕구 충족의 수단, 즉 생계나 자녀 양육의 해결 등으로 인식되어서는 안될 것이다. 재혼 가족에서도 부부 관계가 모든 가족 관계의 중심이 되어야 한다.

또한 사회적으로는 이혼 및 재혼에 대한 인식의 전환이 요구된다. 적응에 성공한 재혼 가족의 사례를 발굴하여 사회적 인식을 긍정적으로 전환하도록 하되, 재혼을 지나치게 미화하기보다는 현실적인 문제나 갈등을 현명하게 해결하는 모습을 있는 그대로 보여 주어 열린 마음으로 이해할 수 있도록 한다.

(4) 분거 가족

전통적으로 우리 사회에서는 가족 구성원이 공동으로 거주하는 것을 가족으로 간주하였다. 그러나 최근 세계화, 교통과 통신의 발달, 맞벌이 부부의 증가에 따른 높은 직업 성취 욕구, 자아실현의 추구, 자녀의 학업 등의 이유로 공동 거주하지 않는 비동거 가족(commuter family)인 분거(分居) 가족이 증가하고 있다. 한 가족이 특정 이유로 둘 이상의 가구를 형성하여 비교적 장기간 별거 생활을 하거나, 동거를 하더라도 가족 구성원의 출타가 장기적이거나 빈번할 경우 분거 가족이라 한다.

〈그림 2-7〉 분거 가구 현황

분거 비율

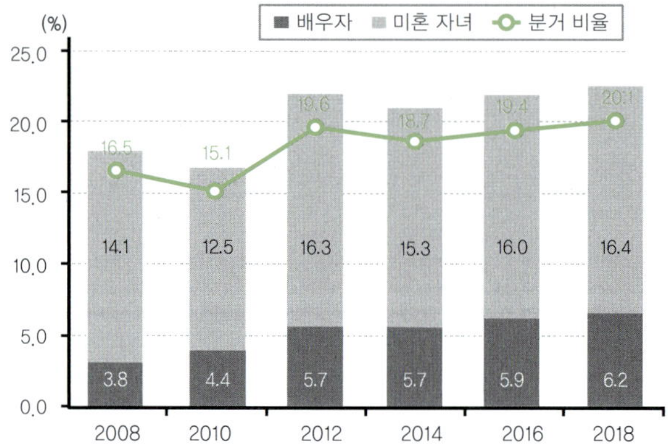

따로 살고 있는 이유

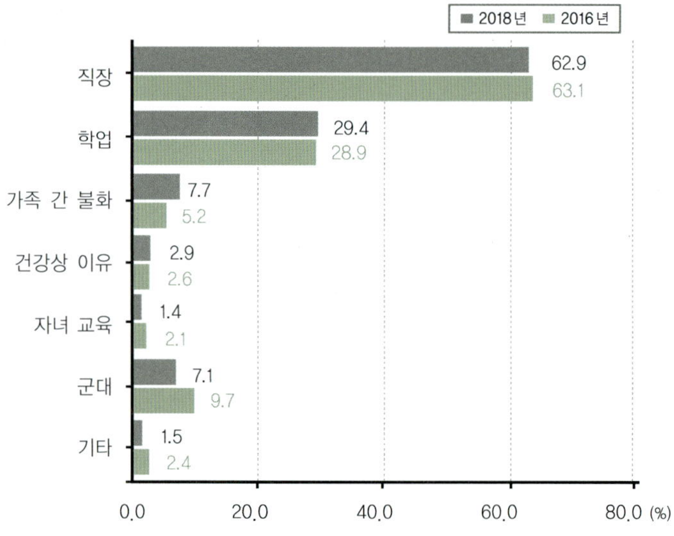

출처: 통계청(2018). 2018년 사회조사.

분거 가족은 특히 맞벌이 부부의 경우 가족 구성원의 직업 유지 또는 자녀의 교육 등의 이유가 가장 흔하며, 이러한 분거 가족은 향후에도 점차 증가할 전망이다. 분거 가족의 예로는 맞벌이 부부가 자녀를 돌볼 수 없는 경우 자녀를 외가나 친가에 맡겨 놓고 주말에만 함께 시간을 보내는 주말 부모 가족, 자녀의 학업을 위해 자녀와 어머니는 외국에서 생활하고 아버지는 우리나라에 남아서 학비와 생활비를 조달하는 기러기 가족 등이 있다.

〈표 2-7〉 분거 가족의 따로 살고 있는 이유 (가구주, 복수 응답)

(단위 : %)

	분거 가족 가구 비율[1]	따로 살고 있는 이유[2]						
		직장	학업	가족 간 불화	건강상 이유	자녀 교육	군대	기타
2016년	19.4	63.1	28.9	5.2	2.6	2.1	9.7	2.4
2018년	20.1	62.9	29.4	7.7	2.9	1.4	7.1	1.5
국 내	18.6	63.4	27.2	8.1	3.1	1.3	7.7	1.0
국 외	2.0	48.1	48.0	2.7	0.4	2.6	–	6.5
배우자	6.2	67.3	1.2	16.2	8.0	4.6	–	2.7
미혼 자녀	16.4	57.3	35.6	3.9	0.5	–	8.7	1.0

주: 1) 배우자나 미혼 자녀가 타지역(국외 포함)에 살고 있는 가구주임

2) 한 가구주당 여러 명의 자녀가 동시에 타지에 살고 있는 경우가 있으므로, '따로 살고 있는 이유'의 합이 100%를 넘을 수도 있음

출처: 통계청(2018). 2018년 사회조사.

우리나라 분거 가족의 현황을 살펴보면, 2018년 사회조사 결과(통계청, 2018), 국내외에 직장, 학업 등의 이유로 배우자나 미혼 자녀와 떨어져 살고 있는 분거 가족은 20.1%로 나타났다. 가족의 분거 비율은 2014년 이후 증가 추세를 보이며, 2016년에 비해 2018년도에는 소폭 증가한 것으로 나타났다.

가족이 국내에서 따로 사는 이유로는 직장의 비율이 학업보다 2배 정도 높은 반면, 국외의 경우는 직장과 학업의 비율이 비슷한 수준으로 나타났다. 배우자

와 떨어져 사는 경우는 직장(67.3%) 때문이 주된 이유였으며, 미혼 자녀와는 직장(57.3%)과 학업(35.6%)으로 인해 떨어져 사는 경우가 대부분으로 나타났다.

이와 같은 비동거형 분거 가족의 증가로 인해 오늘날에는 가족을 정의할 때 '동거'의 개념을 부각하기보다는 가족 구성원 간의 정신적 유대 측면이 더욱 강조되고 있는 경향이다. 따라서 분거 가족은 가족 공동의 목표에 대한 가족 구성원 간의 합의, 시간과 다양한 활동 등을 공유하는 개방성, 다양한 채널을 통한 의사소통 기회의 확대 등이 요구된다(신용주 외, 2017; 유영주 외, 2004). 교통 및 통신의 발달이 분거 가족의 생활에 많은 도움을 줄 수 있지만, 가족 구성원의 적극적인 노력이 없다면 오히려 비동거로 인한 가족원의 소외나 고립감을 가중시킬 수 있으며, 나아가 부부 관계나 부모-자녀 관계를 심각한 위기 상황에 빠뜨려 가족 해체와 같은 사회 문제를 유발할 수 있다.

다양한 사회 변화에 따른 분거 가족의 증가가 불가피한 이상, 분거 가족 구성원이 가족의 소중함을 깨닫고 구성원 간의 유대를 강화할 수 있는 다양한 분거 가족 지원 방안이 모색되어야 할 것이다.

(5) 맞벌이 가족

맞벌이 가족이란 동거 여부와 상관없이 부부가 모두 일자리를 점유하고 있는 취업자인 가족을 의미한다. 최근에는 여성의 사회 참여가 증가함에 따라 맞벌이 가족이 전체 유배우 가구의 약 45% 정도를 차지하고 있다. 2019년 10월 기준 유배우 가구 중 맞벌이 가구는 566만 2,000가구로 46.0%를 차지하며 2018년도(46.3%)보다 0.3%p 소폭 감소한 것으로 나타났다. 연령대별로 살펴 보면, 유배우 가구 중 맞벌이 가구 비중은 40~49세가 54.2%로 가장 높았으며, 그다음으로는 50~64세, 30~39세 순으로 높게 나타났다.

〈그림 2-8〉 맞벌이 가구 현황

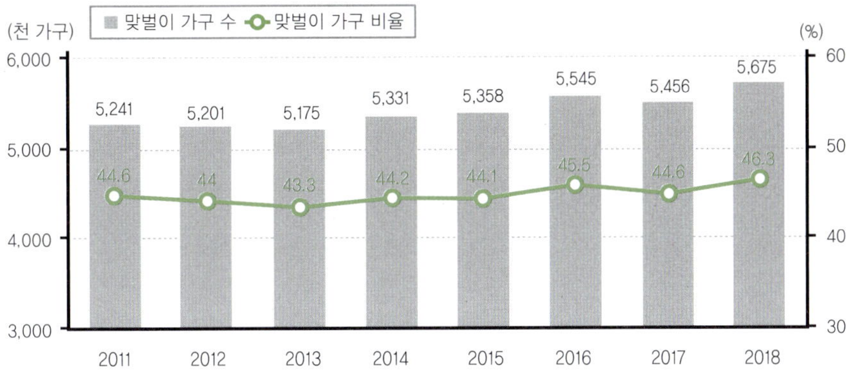

출처: 통계청. 지역별고용조사.

〈표 2-8〉 맞벌이 가구 비율

(단위: 천 가구, %)

	2016			2017			2018			2019		
	유배우 가구	맞벌이 가구	비율	유배우 가구	맞벌이 가구	비율	유배우 가구	맞벌이 가구	비율	유배우 가구	맞벌이 가구	비율
전체	12,190	5,545	45.5	12,224	5,456	44.6	12,245	5,675	46.3	12,305	5,662	46
15~29세	186	72	38.6	179	66	36.8	175	68	38.6	171	68	40.1
30~39세	2,081	950	45.7	2,015	954	47.3	1,939	968	49.9	1,849	929	50.2
40~49세	3,235	1,705	52.7	3,175	1,655	52.1	3,104	1,683	54.2	3,008	1,631	54.2
50~64세	4,539	2,262	49.8	4,604	2,240	48.7	4,677	2,360	50.5	4,800	2,404	50.1
65세 이상	2,149	556	25.9	2,251	542	24.1	2,350	596	25.4	2,478	631	25.5

출처: 통계청. 지역별고용조사.

우리나라 가정 중 절반에 가까운 맞벌이 가족의 부모는 직장 일과 가사를 이중으로 담당하는 어려움과 함께 자녀 양육의 문제로 힘들어하고 있다. 현실적으로 맞벌이 부모의 경우 보육 시설이 제공하는 서비스만으로는 늦은 귀가로 인한 야간 시간대의 아동 보호와 양육 등이 적절하게 이루어질 수 없다는 문제점이 끊임없이 제기되어 왔다.

맞벌이 가족은 다음과 같은 특성을 지닌다(신용주 외, 2018; 이순형 외, 2013).

첫째, 맞벌이 가족의 부모와 자녀는 일상적으로 부모–자녀 간 분리를 경험해야 한다. 그러므로 자녀는 부모의 출근, 불쾌한 이별, 부모의 퇴근, 반가운 만남, 매일 반복되는 장시간의 분리 경험 등의 일상생활에 익숙해져야 하므로 애착과 사회성 형성에 어려움이 생길 수 있다.

둘째, 맞벌이 가족의 부모는 자녀와 접촉하는 물리적 시간이 부족하다. 더욱이 부모의 경우에는 육체적 피곤함으로 인해, 자녀의 경우에는 감정적 상실감으로 인한 심리적 피로로 인해 부모–자녀 간 상호 작용의 질이 부모의 욕구에 못 미칠 수 있다.

셋째, 맞벌이 가족의 경우에는 부모 외에도 주 양육자를 두어야 하므로 양육의 일관성과 질적 보장을 유지하기가 어려울 수 있다. 특히 우리나라의 경우 자녀가 어릴수록 양육 지원을 주로 친인척과 같은 가족에게서 받음으로써 양육 지원자의 잦은 교체나 공백 등이 발생하고 비일관적인 양육이 이루어져 자녀의 애착 경험에 부정적인 영향을 미칠 수 있다.

넷째, 맞벌이 가족의 부모, 특히 여성의 경우 직장 일과 가사 및 양육을 겸해서 수행하기 때문에 신체적으로 피곤하고 심리적인 스트레스와 피로가 가중되어 삶의 질 저하 문제가 대두된다. 취업 여성의 삶의 질은 결혼 만족도와 남편의 가사 참여도와 관련성이 깊다. 그러므로 여성이 가정생활과 직업 생활의 역할 사이에서 경험하는 역할 긴장을 최소화하기 위해 가사 노동에 대한 고정 관념을 탈피하여 가사를 분담하여야 한다(허혜경 외, 2017).

일반적으로 맞벌이 가정의 경우 부모가 자녀와 함께 지내는 물리적인 시간이 부족하므로 자녀의 정서 발달에 부정적인 영향을 미칠 것이라 생각하기 쉽고, 또

많은 맞벌이 부모들이 이러한 이유로 부모 역할에 많은 부담감과 자녀에 대한 죄책감을 가지기도 한다. 하지만 단순히 어머니의 취업 자체, 또는 맞벌이 상황 자체가 자녀 발달에 영향을 미치는 것이 아니라 부모의 일과 양육에 대한 태도, 부부 상호 간의 지원, 대리 양육의 질, 부모와 대리 양육자 간의 양육 방식의 일관성, 자녀 요인(성격·기질·발달 단계 등) 등 다양한 변인들이 복합적으로 작용하여 자녀에게 영향을 주는 것으로 많은 연구들은 보고하고 있다(정계숙 외, 2019).

정부에서 제공하는 양육 지원 서비스만으로는 맞벌이 부모의 자녀 양육에 어려움이 많으므로 다양한 형태의 아이돌봄 서비스나 양육 지원 혜택을 더욱 확충시킬 필요가 있다. 일·가정 양립의 활성화를 위하여 「남녀고용평등과 일·가정 양립 지원에 관한 법률(남녀고용평등법)」을 순차적으로 개정함과 동시에 관련 정책을 지원하는 정부의 지원이 요구되는 바이다.

(6) 다문화 가족

2008년에 제정된 「다문화가족지원법」에서는 '다문화 가족'을 출생에 의한 한국 국적의 한국인과 외국 국적의 배우자로 이루어진 가족(혼인 귀화자 포함)으로 규정하고 있다. 즉, 다문화 가족은 서로 상이한 국적(출신 국가) 또는 민족 출신의 구성원으로 이루어진 가족을 의미하며, 현재 국내에서는 결혼이민자 가족, 외국인 근로자 가족, 탈북자 가족 등 서로 다른 사회·문화적 배경을 지닌 민족이 가정을 이루는 경우를 모두 포함한다.

다문화 가족을 이루는 다문화 혼인 현황을 살펴보면, 2019년 다문화 혼인은 2만 4,721건으로 전년도(2만 3,773건)보다 948건(4.0%) 증가한 것으로 나타났다. 2019년 전체 혼인은 23만 9,000건으로 전년보다 7.2% 감소한 반면, 다문화 혼인은 4.0% 증가한 것이다. 또한 전체 혼인에서 다문화 혼인이 차지하는 비중은 10.3%로 전년보다 1.1%p 증가한 것으로 나타났다.

〈표 2-9〉 다문화 혼인 건수 및 전체 혼인 중 다문화 비중 (2017-2019)

(단위: 건, %)

		전체			다문화 혼인[1]			출생 기준 한국인 간의 혼인[2]		
		2017	2018	2019	2017	2018	2019	2017	2018	2019
혼인 건수		264,455	257,622	239,159	21,917	23,773	24,721	242,538	233,849	214,438
비 중		100.0	100.0	100.0	8.3	9.2	10.3	91.7	90.8	89.7
전년 대비	증 감	-17,180	-6,833	-18,463	208	1,856	948	-17,388	-8,689	-19,411
	증감률	-6.1	-2.6	-7.2	1.0	8.5	4.0	-6.7	-3.6	-8.3

주: 1) 다문화 혼인: 남녀 어느 한쪽이 외국인 또는 귀화자인 경우, 또는 남녀 모두 귀화자인 경우

2) 출생 기준 한국인 간의 혼인: 남녀 모두 출생 기준 한국인인 경우

출처: 통계청(2020). 2019년 다문화 인구동태 통계.

〈그림 2-9〉 다문화 혼인 건수 및 전체 혼인 중 다문화 비중 추이 (2009-2019)

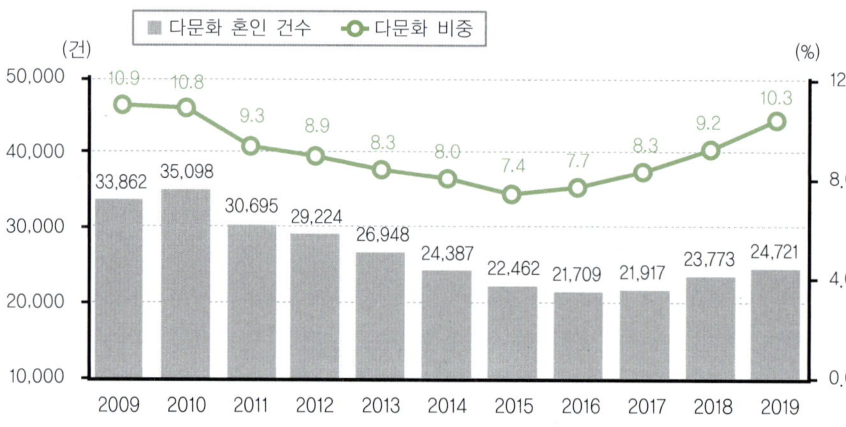

출처: 통계청(2020). 2019년 다문화 인구동태 통계.

참고로 여기에 제시된 다문화 인구 통계는 「다문화가족지원법」에 의하여 한국인과 결혼이민자 및 귀화·인지에 의한 한국 국적 취득자로 이루어진 가족의 구성

원으로 파악된 수치이다. 또 '출생기준 한국인'은 「국적법」 제2조(출생에 의한 국적 취득)에 의한 한국인, '외국인'은 외국 국적자, '귀화자'는 「국적법」 제3조(인지에 의한 국적 취득) 및 제4조(귀화에 의한 국적 취득)에 의한 한국인을 의미한다.

〈그림 2-10〉 다문화 혼인 유형별 비중 (2009, 2018, 2019)

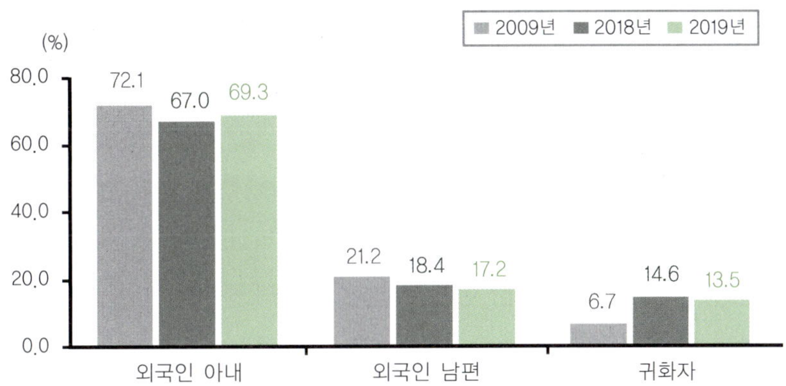

출처: 통계청(2020). 2019년 다문화 인구동태 통계.

〈표 2-10〉 다문화 혼인 유형별 규모 및 비중 (2017-2019)

(단위: 건, %)

	2017		2018		2019		전년 대비	
		비중		비중		비중	증감	증감률
다문화	21,917	100.0	23,773	100.0	24,721	100.0	948	4.0
외국인 아내[1)]	14,245	65.0	15,933	67.0	17,136	69.3	1,203	7.6
이국인 남편[2)]	4,294	19.6	4,377	18.4	4,260	17.2	−117	−2.7
귀화자[3)]	3,378	15.4	3,463	14.6	3,325	13.5	−138	−4.0

주: 1) 외국인 아내: 출생 기준 한국인 남성 + 외국인 여성의 혼인
2) 외국인 남편: 외국인 남성 + 출생 기준 한국인 여성의 혼인
3) 귀화자: 남녀 모두 또는 어느 한쪽이라도 귀화자인 경우

출처: 통계청(2020). 2019년 다문화 인구동태 통계.

전통적으로 민족의 동질성이 강조되던 한국 사회는 1990년대 이후 국제결혼이 급속히 증가하여 다문화 사회로 변모하였다. 우리나라의 외국인과의 혼인 건수는 2010년까지 급증하였다가 점차 감소세로 이어진 후 2016년부터는 다시 경미한 증가세를 보이고 있다.

다문화 유형별 혼인 현황(통계청, 2020)을 살펴보면, 외국인 아내와의 혼인이 69.3%로 가장 많았으며, 다음으로는 외국인 남편(17.2%)과의 혼인, 그리고 귀화자(13.5%) 순으로 나타났다. 2019년도 기준, 외국인 아내의 혼인은 전년도보다 7.6% 증가한 반면, 외국인 남편은 2.7%, 귀화자는 4.0% 각각 감소한 것으로 나타났다. 다문화 혼인 중 외국인 아내의 비중은 전년보다 2.3%p 증가한 반면, 외국인 남편의 비중은 1.2%p, 귀화자의 비중은 1.1%p 각각 감소하였다.

우리나라의 다문화 가족의 증가 원인으로는 고학력화로 인하여 여성의 경제 활동 참여율 증가, 만혼화(晩婚化) 현상, 독신자 비율의 증가로 인해 국내에서 배우자를 구하지 못해 생긴 결혼 시장 교란 현상 등을 들 수 있다. 많은 경우에 결혼이민 여성들은 언어 소통과 문화적 차이로 인해 가정생활과 우리나라 환경에 적응하는 데 어려움을 경험한다. 특히 다문화 가족의 경우 서로 다른 나라 사람들이 만나 가정을 이루는 것이므로 문화와 가치관의 차이가 생기는 것은 당연하다. 따라서 다문화 가족이 성공적으로 적응하기 위해서는 부부 간에 상호 이해와 존중, 그리고 서로 적응하기 위한 노력을 기울여야 할 것이다.

다문화 가족이 증가하였음에도 불구하고 우리 사회에는 아직도 단일 민족이라는 순혈주의 풍조로 인해 다문화 가족에 대한 사회적 편견이 잔존하고 있다. 이에 따라 다문화 가족은 사회적 편견에서 오는 어려움과 함께 의사소통의 어려움, 문화적 차이, 자녀 출산과 양육 문제, 부부 갈등, 사회적 지원 체계 부족, 법과 제도에 대한 정보 및 이해 부족 등 다양한 문제를 겪고 있다. 그러므로 다문화 가족이 한국 사회에 잘 적응할 수 있도록 지원하기 위한 프로그램, 교육·경제·의료 지원 서비스 제공 등 다각적인 정책이 필요하다.

(7) 입양 가족

입양(adoption)은 생물학적인 과정이 아닌 법적·사회적 관계에 의해서 입양 부모와 입양 자녀 간에 친자 관계를 맺는 것이다. 이러한 입양 과정을 통해 입양 부모와 입양 자녀로 구성된 가족을 입양 가족이라 한다.

보건복지부(2020) 통계에 따르면 전체 입양 아동 수는 해마다 줄어들고 있는 추세인데, 이는 저출산 심화 등 복합적인 원인에서 비롯된 것으로 분석된다. 2019년 입양 규모는 총 704명으로 국내 입양(387명, 54.9%)이 국외 입양(317명, 45.0%)보다 더 많이 이루어졌다. 이는 해외 입양을 억제하고 국내 입양을 권장해 온 최근 정부 정책의 영향과 함께 우리 사회의 혈연주의가 점차 완화되고 있음을 시사한다.

〈표 2-11〉 입양 아동 수

(단위: 명)

	2011	2012	2013	2014	2015	2016	2017	2018	2019
국내	1,548	1,125	686	637	683	546	465	378	387
국외	916	755	236	535	374	334	398	303	317
계	2,464	1,880	922	1,172	1,057	880	863	681	704

출처: 보건복지부(2020).

〈그림 2-11〉 입양 아동 현황

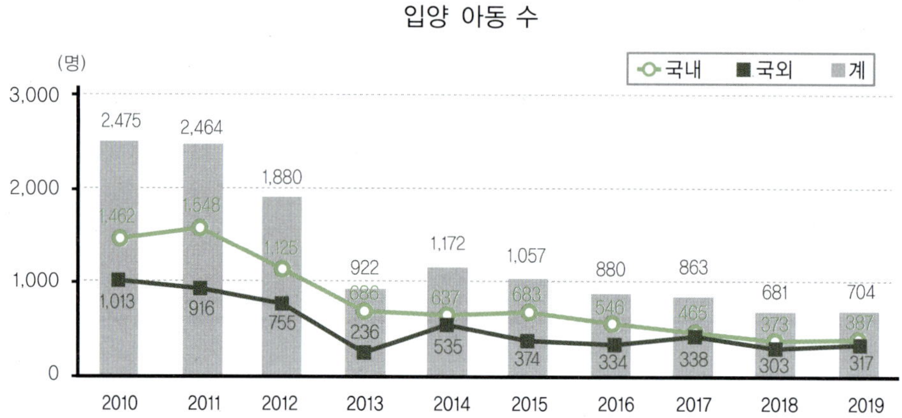

출처: 보건복지부(2020).

2020년도 사회조사 결과에 따르면(통계청, 2020), 입양에 대해 긍정적인 견해를 보인 사람은 2년 전보다 소폭 증가한 것으로 나타났다. '자녀를 원하지만 출산이 어렵다면 적극 고려해 보겠다(19.9%)'와 '자녀 유무에 상관없이 여건이 허락되면 입양을 하고 싶다(10.9%)'는 응답 비중이 모두 2년 전보다 소폭 증가한 것으로 나타났다.

〈표 2-12〉 입양에 대한 견해[1)]

(단위: %)

연도	계	자녀를 원하지만 출산이 어려운 경우는 적극 고려해 보겠다	자녀 유무에 상관없이 여건이 허락되면 입양을 하고 싶다	입양하고 싶은 생각이 없다	잘 모르겠다
2018	100.0	17.5	10.5	39.9	32.1
2020	100.0	19.9	10.9	37.3	32.0

주: 1) 19세 이상 응답자

출처: 통계청(2020). 2020년 사회조사.

반면, '입양하고 싶은 생각이 없다'라는 견해를 보인 사람의 비중은 37.3%로 2년 전보다 2.6%p 감소하였다. 입양하고 싶지 않은 이유는 '입양의 필요성을 못 느껴서(43.0%)', '친자녀처럼 양육할 수 있을지 걱정이 되어서(34.6%)', '경제적으로 부담이 되어서(15.1%)'의 순으로 나타났다.

〈그림 2-12〉 입양을 하고 싶지 않은 이유

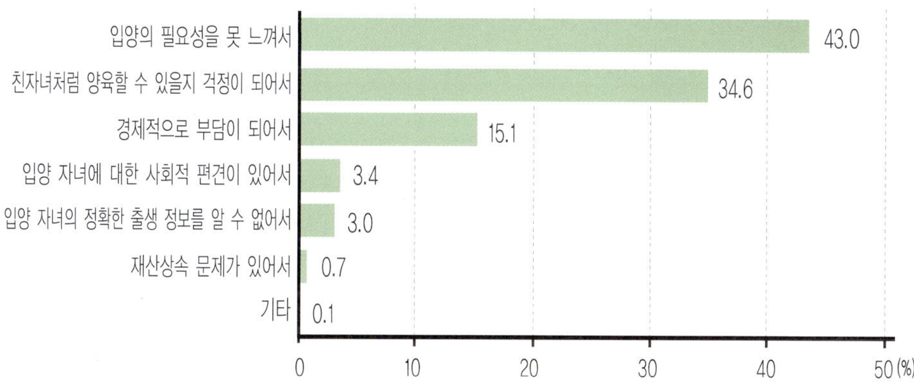

출처: 통계청(2020). 2020년 사회조사.

입양 후에는 다양한 가정생활의 변화를 경험하게 되는데, 가족 구성원의 증가는 필연적으로 가족 구조의 변화 및 구성원의 역할 변화를 수반한다. 즉, 부부만 살던 가족에게는 부모-자녀 관계가 새로 형성되고, 자녀가 있던 가족에게는 또 다른 자녀가 추가됨으로써 부부 관계뿐만 아니라 부모-자녀 관계 및 형제자매 관계에도 변화를 가져온다. 그러므로 입양은 가족 구성원 모두의 충분한 대화를 통한 합의에 기초해 결정되어야 하며, 입양 후에는 가족 구성원 공동의 노력이 요구된다.

참고문헌

신용주, 김혜수(2017). **다음 세대를 위한 부모교육.** 서울: 학지사.

신용주, 김혜수(2018). **결혼과 가족.** 서울: 창지사.

유영주, 강희중, 김밀양, 김순기, 김연, 박정희, 배선희, 손정영, 안재희, 양순미, 오윤자, 이인수, 이정연, 이창수, 전영자, 최희진, 홍성례, 홍숙자(2004). **새로운 가족학.** 서울: 신정출판사.

이순형, 민하영, 이소은, 이완정, 황혜신, 이강이, 이영미, 이혜승, 한유진, 이옥경, 권혜진, 성미영(2013). **아동복지: 이론과 실천.** 서울: 학지사.

정계숙, 문혁준, 김명애, 김혜금, 신희이, 심희옥, 안효진, 양성은, 이희선, 정태회, 제경숙, 한세영(2019). **부모교육(3판).** 서울: 창지사.

통계개발원(2020). 한국의 사회동향 2020.

통계청(2018). 2018년 사회조사.

통계청(2020). 인구동향조사: 2019년 출생·사망통계 잠정 결과.

통계청(2020). 인구동향조사: 2019년 혼인·이혼 통계.

통계청(2020). 인구주택총조사.

통계청(2020). 인구총조사.

통계청(2020). 지역별 고용조사.

통계청(2020). 2019년 다문화 인구동태 통계.

통계청(2020). 2020 통계로 보는 1인가구.

한미현, 문혁준, 강희경, 공인숙, 김상희, 안선희, 안효진, 양성은, 이경열, 이경옥, 이진숙, 천희영(2016). **아동복지.** 서울: 창지사.

허혜경, 박인숙, 김혜수(2017). **현대 사회와 가정.** 서울: 동문사.

KOSTAT통계플러스(2020, 봄호). **첫 출산으로의 이행과 무자녀 가구.**

법제처(www.law.go.kr).

서울특별시 한부모가족지원센터(http://seoulhanbumo.or.kr).

여성가족부(http://www.mogef.go.kr).

Ⅱ 결혼 준비하기

3장 … 이성교제
4장 … 사랑
5장 … 결혼의 대안
6장 … 결혼의 설계

Marriage & Family

1. 이성 교제의 발달 배경

청년기에 들어서면 이성에 대한 관심과 호기심이 점차 증가하면서, 이성 교제는 중요한 의미를 가진다. 이 시기에 청년들은 자기를 인식하는 동시에 타인을 이해할 수 있게 되며, 이성 교제를 통해 상대방을 배려하고 존중하는 능력을 키우게 된다. 또한 삶의 목표를 정립하고, 남녀 간의 성차를 이해하며, 다양한 사회 경험을 통해 남녀가 함께 살아가는 사회에서 적응력을 기를 수 있다.

데이트(date)는 젊은 남녀의 이성 교제의 한 행동 유형이다(임혜경 외, 2017). 이제는 흔한 개념인 데이트의 역사는 놀랍게도 100년이 채 되지 않는다. 시대가 변화함에 따라 미국의 대학 사회에서 데이트가 등장한 것은 제1차 세계 대전 이후부터이며, 1930년대에 와서 데이트가 일반화되었고, 1940~1950년대에는 데이트 연령이 10대로까지 확산되었다(김정옥 외, 2012).

과거에는 데이트가 결혼을 전제로 한 남녀의 만남으로 여겨졌으므로 미성년자의 데이트는 흔치 않았으며, 성인의 이성 교제 역시 부모의 허락을 통해 인정받을 수 있었다.

데이트 문화의 발생 배경을 살펴보면 산업화와 도시화의 영향을 들 수 있다(김양희 외, 2011). 전쟁을 전후하여 젊은이들은 도시로 이주함에 따라 부모의 통제권을 벗어나 군수품 생산 공장 등에 취업을 하게 되었다. 산업화와 함께 기술 혁신과 문명이 발달함에 따라 전화, 자동차, 영화, 레스토랑과 카페, 클럽, 스포츠 및 여가 문화, 소득 수준의 향상, 자유로운 사회·문화적 여건 조성 등으로 인해 부모의 보호와 감시로부터 자유로운 젊은 남녀의 접촉 기회가 점차 증가하게 되었다. 특히 여성 교육의 확산, 남녀공학 제도의 도입, 경제 활동에 참여하는 여성 인구의 증가 등은 보다 진보적이고 자유로운 이성 교제를 가능하게 했다.

농경 시대와 같이 서로 잘 아는 사람들이 사는 지역에서는 데이트와 같은 교제 유형이 필요치 않았으나, 사회적 이동이 급격히 증가되면서 각 개인의 출신이나 배경을 알 수 없게 되자 데이트가 출현하게 되었다.

데이트에서는 남녀 당사자가 스스로 이성 교제를 진행하며, 데이트 행위의 책임, 나아가 이성 교제를 종결하는 결정권도 스스로 행사하는 것이 일반적이다. 특히 가족 중심적 사고에서 개인 중심적 사고로 전환됨에 따라 부모의 영향력이 감소하고 있는 반면, 개인의 행복과 사랑을 위해 배우자 선택의 결정권을 스스로 행사하는 경향은 증가하고 있다. 이와 같이 부모 영향력의 점진적인 감소는 이성 간의 접촉 기회를 증가시키고 이성 교제의 자유로움과 낭만성을 더하는 요인으로 작용하였다.

오늘날의 데이트는 이성 교제와 비슷한 의미로 사용되어지고 있다. 이성 교제를 통해 남녀 간의 친밀한 만남이 이루어지며, 사랑, 낭만성, 친밀감 등의 정서를 경험할 수 있다. 전통적인 데이트와 현대적 데이트를 비교하면 다음과 같다.

〈표 3-1〉 전통적 데이트와 현대적 데이트

전통적 데이트	현대적 데이트
남성 지배	남녀 평등
남성이 데이트 경비 부담	남녀 공동 경비 부담
데이트 초기부터 커플 중심 만남	초기에는 집단으로 만날 수도 있음
여성만이 성관계의 한계를 설정	남녀 모두 성관계의 한계를 설정
신중한 사전 계획 하의 데이트	보다 자유롭고 임의로운 데이트

출처: 송진숙 외(2006). 결혼과 가족 그리고 부모됨. 서울: 창지사, 수정.

프로이트(Freud)는 "가장 성공적인 삶이란 사랑하고 일하는 것이다(Lieben und Arbeiten)."라고 말함으로써 인생에서 가장 의미 있고 중요한 것 중 하나는 자신의 존재 의의와 보람을 느끼는 일을 하면서 사는 것이고, 다른 하나는 평생 동안 어떤 대상을 사랑하면서 사는 것이라고 하였다. 전 생애에 걸쳐 심리·사회적 발달 단계를 발전시킨 에릭슨(Erikson)은 성인 초기를 이성 교제를 통해 사랑에 눈뜨게 되고 친밀감이 발달하는 중요한 시기라고 보았다.

21세기로 넘어오면서 IT 기술이 발달하고, 모바일의 상용화로 인해 이성 교제의 양상이 변화하고 있다. 오프라인뿐 아니라 온라인에서의 이성 교제 경향이 두드러지는 등 정보 사회의 기술 혁신은 이성 교제의 패턴을 변화시켰다. 최근에는 코로나-19 확산으로 사회적 거리 두기를 실천함에 따라 이성 교제가 다소 위축되고 있는 실정이다.

이성 교제를 통해 남성과 여성의 장단점을 파악하게 되어 이성에 대한 이해도를 높이며, 이성 간의 상호 작용을 통해 함께 어울려 지내는 방법을 습득하게 되어 삶의 활력을 제공받는다. 나아가 이성 교제는 청년들이 가정을 형성하고자 하는 욕구를 충족시킬 수 있는 결혼을 하기 위하여 배우자를 선택하는 과정에 도움을 줄 수 있다. 이성 교제의 경험을 통하여 장래 배우자를 선택하는 안목을 키우고, 원만한 인간관계의 기술을 배우게 된다. 특히 성인기에는 결혼과 가정의 형성이라는 발달 과업을 수행하기 위하여 이성 교제는 필요하다.

남사친 여사친

이성 교제의 개념이 시대적 흐름에 따라 변화하고 있는데, 최근에는 이성 간에 흐르는 감정의 유형에 따라 이성 친구의 개념을 구분하고 있는 추세이다. 최근 생겨난 '남사친(남자 사람 친구)'과 '여사친(여자 사람 친구)'이라는 신조어는 이성 친구의 새로운 패러다임을 잘 반영하고 있다.

과거에는 '남녀 간에 우정이 과연 존재할까' 여부에 대해 논쟁을 하곤 했었다. 그러나 최근에는 남녀 관계에서 사랑이 지배적인지, 아니면 우정이 지배적인지에 따라 이성 친구의 개념을 구별하여 사용하고 있다. 일반적으로 '남자 친구' 또는 '여자 친구'는 사랑하는 감정이 내포된 사귀는 사이일 때 사용하지만, 남녀 간에도 단지 우정을 나누는 친구에게는 '남사친'과 '여사친'이라고 지칭한다. 이 신조어는 '남자'와 '여자'라는 단어에 이미 '사람'이라는 의미가 포함되어 있음에도 불구하고 중복적으로 사람이라는 단어를 사용하여 사랑의 개념을 배제한 우정을 나누는 친구임을 강조한다. 즉 최근에는 이성 간에 흐르는 정서적 감정에 기초하여 사귀는 사이인지 아니면 단순한 친구인지를 구분함으로써 대인 관계를 카테고리화하는 경향이 강함을 알 수 있다.

2. 이성 교제의 발달 과정

이성 교제는 청소년기 또는 성인기의 '여성과 남성이 만나서 좋은 관계를 맺는 것'이다(김양희 외, 2011). 최근에는 이성 교제를 하는 연령대가 점차 낮아지고 있는 추세를 보이고 있으며, 아동이나 청소년기의 이성 교제는 동성 간의 친구 관계와 함께 중요한 대인 관계 양상으로 여겨진다.

청년기의 이성 교제에 대한 연령별 분화 정도를 살펴보면 〈표 3-2〉와 같다(김양희 외, 2011).

〈표 3-2〉 이성 교제의 연령별 특성

연령	이성 교제의 특성
12~15세	이성 교제에 대한 낭만적 관계를 수용하지 못하는 시기이므로 절대적인 관심을 끌지 못한다. 이 시기 이성 교제는 남녀가 단체로 학교나 외부에서 큰 부담이나 걱정 없이 함께 시간을 보내는 방식으로 진행된다.
16~18세	이성 교제가 상당히 일반화되는 시기로, 이성과 반드시 친밀한 관계는 아니며 우발적으로 이루어지는 경우가 많다. 즉 근거리에 있는 관심을 보이는 이성을 좋아할 확률이 높아진다. 또한 이 시기는 이성 교제의 가능성만으로도 쾌감을 갖는 경우가 많아 실제로 이루어지는 이성 교제의 유형은 격식을 차리지 않는 경우가 많다. 이성 교제의 형태는 커플로 이루어진 남녀가 시간을 보내는 경우가 많아지며, 점차 외모를 가꾸는 등 격식을 갖추는 방향으로 변화된다.
19~22세	이 시기에는 자기에 대한 비판력이 증가하여 자신에게 부족한 부분을 이성 및 동성 친구에게서 찾길 희망하여 '이상적 연인'을 원한다. 이성 관계가 형성되면 점차 남녀 간에 친밀해지며 성적 안정감을 보이게 된다. 애정의 대상은 1인으로 좁혀지고, 비교적 장기적인 이성 관계를 이루게 된다. 교제의 횟수는 이성 관계의 독립성이 인성될수록 증가하게 된다.

출처: 김양희 외(2011). 결혼과 가족. 경기: 양서원, 수정.

이성 교제(date)는 결혼을 전제로 한 연애(courtship)와는 차이가 있다(송진숙 외, 2006). 이성 교제란 남녀 간에 어떠한 계약적 관계가 아니며, 책임이나 의무

없이 교제 자체를 즐기고, 상대방을 한정하지도 않으며, 관계의 종결도 비교적 자유로운 것이 특징이다. 반면 결혼을 전제로 한 연애는 상대가 한 명으로 한정되어 결혼을 목적으로 이루어지는 교제 유형으로, 이성 교제에 비해 보다 친밀하고 책임감이 수반되는 관계이다. 그러므로 이성 교제를 통해 이성에 대한 경험을 쌓고, 상대방에게 자신을 투영함으로써 자신의 특성, 매력, 능력 등을 확인할 기회를 가지며, 대화나 감정이 잘 통하는 특정한 한 사람에게로 대상을 좁혀 연애를 하는 것이 이상적이다(정현숙, 2019).

청년들은 신체적으로는 생식 기관이 성숙 단계에 이르고, 정신적으로는 인지 발달이 완성 단계에 이르는 시기이다. 이 시기는 자아를 인식하고, 자신이 처해 있는 세계와 성의 의미를 이해함으로써 성인으로서 장차 선택할 역할이나 개성을 신장시키는 전 생애적 설계가 가능하다. 그러므로 청년들이 이성 교제를 통해 이성에 대해 알아가는 기회를 가지며 직·간접적으로 하게 되는 경험은 성인기의 직업, 배우자 선택, 결혼 등과 같은 대인 관계와 사회 생활을 예측할 수 있는 바로미터가 되므로 상당히 중요하다.

3. 이성 교제의 기능

이성 교제는 상대방과의 관계를 어떻게 조화롭게 이루어 갈 것인가에 대한 훈련이다(김정옥 외, 2012). 특히 이성 교제는 향후 배우자 선택에 도움을 줄 수 있는 기초 과정으로서 이를 통해 이성에 대한 관심을 보다 구체화시킬 수 있다. 또한 사랑하는 과정을 통해 자신을 돌아볼 수 있으며, 사랑의 기쁨과 좌절을 경험하기도 하고, 서로의 인격이 존중받기도 하여, 삶의 의미를 깨달아 가며 성숙할 수 있다.

이성 교제가 지니는 일반적인 기능은 다음과 같다(김정옥 외, 2012; 송진숙 외, 2006; 허혜경 외, 2017; Bradbury & Karney, 2010).

1) 인격 도야의 기능

이성과의 상호 접촉은 사회가 기대하는 정상적인 인격을 형성하는 데 중요한 역할을 한다. 이성 교제를 통해 자신의 장단점을 인식하게 되면서 자기 자신을 상대방에게 투사하여 자신을 성찰하는 자기 평가와 자의식을 발달시키는 계기가 되어 성숙한 인격을 형성할 수 있다. 또한 상대방의 행동에 영향을 받거나, 자신의 행동이 상대방에게 영향을 주는 것을 경험하면서 자신과 타인의 행동에 대한 이해가 깊어지고, 나아가 전반적인 대인 관계 형성과 사회 생활에 도움을 줄 수 있다.

2) 사회적 자아의 확인 기능

이성 교제 과정을 통해 사회적 자아를 확인하는 기회를 가질 수 있다. 이성 교제를 하면서 상대방이 자신에게 제공하는 긍정적인 피드백을 통해서 스스로를 긍정적으로 바라보게 되며, 때로는 부정적인 피드백을 통해 자신의 행동을 되돌아보게 된다. 즉 이성 교제는 자신이 다른 사람에게 어떠한 영향을 주는지, 자신의 장단점은 무엇인지를 파악하여 대인 관계 속에서 나 자신을 알게 되는 사회적 자아의 확인 기능을 지닌다. 나아가 성숙한 대인 관계 기술을 익히고, 이성에 대한 막연한 기대나 비현실적 사고방식에서 벗어나 사회적 상황에서 자신의 행동을 적절하게 조절할 수 있는 능력을 기를 수 있다.

3) 즐거움의 추구 기능

이성 교제는 당사자들에게 생활의 활력을 더해 주는 즐거운 일이다. 이성 교제가 결혼을 목적으로 하거나 배우자를 선택하기 위한 만남만을 의미하는 것은 아니다. 이성 교제는 서로에게 매력을 느끼는 두 남녀가 반드시 결혼해야 한다는 것을 배제하고, 긴장을 풀며 여가를 즐기는 일이다. 이성 교제는 남녀가 서로 사귀면서 삶의 만족을 증진시킬 뿐만 아니라 함께 즐거움을 추구하는 기능을 지닌다.

4) 이성에 대한 적응의 기능

사춘기 이후에 청년들은 이성에 대한 관심이 증가하면서, 이성 앞에서 지나치게 긴장하거나 어색함과 수줍음을 느낀다. 그러나 이성과 직접 만나서 사귀며 친해지는 과정을 통해 이성에 대한 적응력이 생기게 되고, 일반적인 사회 생활에서도 성숙한 대인 관계의 기술을 습득하게 된다. 또 이성 교제를 하는 과정에서 이성에 대한 막연한 기대, 사랑에 대한 환상 또는 비현실적인 사고방식에서 점차 벗어나게 된다. 다양한 이성들과의 접촉과 교제를 통해 인간관계를 형성하고 발전시킬 수 있는 기회를 가지게 된다.

5) 사회화의 기능

이성 교제를 하는 것은 사회인으로서 기대되는 성인 남녀의 역할을 수행하는 준비 단계라 할 수 있다. 다양한 이성 친구들과 접촉하거나 교제하면서 사회에서 기대하는 자신의 성 역할을 습득하게 되며, 이성과 친밀하고 깊이 있는 만남을 유지하는 방법을 터득하게 된다.

구체적으로 이성 교제를 통해 어떻게 대화를 시작해야 하는지 배우며, 상대방의 말을 경청하거나 공감을 표현하는 것과 같은 대인 관계 기술을 발달시키게 된다. 때로는 이성 교제가 한 개인으로 하여금 지배나 복종과 같은 상이한 경험을 하게 하며, 이를 통해 남녀 간에 조화의 중요성을 깨닫게도 한다. 어떻게 육체적으로 다른 남녀가 서로 가깝게 되고 깊은 만남을 경험하는지를 배우는 성의 사회화도 이성 교제의 중요한 역할이다. 즉 이성 교제는 결혼 후 가족이라는 사회 집단에서 상대방을 이해하고 함께 문제를 해결하는 방법, 성 역할 등을 습득하는 사회화의 기능을 수행한다.

6) 배우자 선택의 기능

이성 교제의 중요한 기능 중 하나로는 배우자 선택을 들 수 있다. 과거에 비해 이성 교제를 통해 배우자를 선택하는 기능은 약화되었지만, 다양한 이성 교제를 통해 인격적으로 잘 조화되고 사랑할 수 있는 배우자를 선택하는 기회를 가질 수 있을 뿐 아니라 배우자를 선택하는 안목을 키울 수 있다.

상대방의 성격은 한두 번의 만남이나 특정 장소에서의 행동만으로는 정확하게 파악하기 어려우므로, 다양한 상황에서 일정 기간의 이성 교제를 통해 가능하다. 일반적으로 데이트 기간과 성공적인 결혼은 밀접한 관련이 있으므로 교제 기간이 길수록 유리하며, 오랜 기간의 이성 교제를 통하여 서로를 파악하는 과정에서 자연스럽게 배우자를 선택할 수 있다.

4. 이성 교제의 진행

이성 교제의 진행 단계에 대해서는 학자들 간의 견해가 다양하지만, 그룹 데이트, 일시적 데이트, 지속적 데이트, 결정적 데이트의 순서로 진행되는 것이 일반적이다(송진숙 외, 2006; 허혜경 외, 2017).

1) 그룹 데이트(group date)

이성 교제를 시작하는 단계에서 그룹 데이트는 동성 간의 우정에서 이성 간의 교제로 전환되는 과도기적 기능을 한다. 일반적으로 이성 교제의 경험이 부족한 사람들이 이성 교제에 대한 부담감을 줄이기 위해 그룹 데이트의 방법을 선호한다. 우리나라에서 흔히 하는 미팅(meeting)도 그룹 데이트의 한 형태이다.

2) 일시적 데이트(casual date)

일시적 데이트는 여러 사람과 자유롭게 교제하면서 상대방을 파악하고 자신과 맞춰 보는 것으로, 임의로운 데이트라고도 불린다. 일시적 데이트의 목적은 오락적인 즐거움을 추구하면서 지속적인 데이트 상대를 찾는 것으로, 상대방에 대한 구속이나 책임감이 적어 교제의 시작과 종결이 자유롭다. 일시적 데이트 형태의 다양한 이성 교제를 경험함으로써 자신을 이해하고 이성에 대한 판단 기준을 형성하게 된다.

3) 지속적 데이트(steady date)

지속적 데이트는 고정된 데이트라고도 불리며, 데이트 상대자 중 가장 매력을 느낀 한 이성과의 고정적인 만남을 의미한다. 일반적으로, 일시적 데이트의 단계가 지나면 매력적인 특정인과 지속적인 관계를 유지하고 싶어 한다. 특별히 상대를 구속하지는 않지만 상대가 자신과의 관계만 유지하기 원하는 동시에 자신도 상대방에게만 집중한다. 지속적인 데이트를 통해 남녀는 심리적 안정을 얻게 되고 자아 욕구를 충족시키며, 친밀한 상호 관계를 유지하면서 상대방에게 애정을 느끼게 된다. 또한 데이트 상대에게 적절한 매력을 보이며 경쟁을 해야 하는 초기 데이트 단계의 부담감에서 벗어날 수 있다. 데이트가 진행되면서 서로 미래를 설계하거나 상대방의 가능성에 대해 객관적으로 평가하기 시작한다. 또한 지속적 데이트를 통해 즐거움을 추구할 뿐 아니라 보다 책임감을 갖고 자신들의 관계를 진지하게 생각해 보게 된다. 그러나 이성 관계의 폭이 좁아지고 성적 욕구가 강해지기도 한다.

4) 결정적 데이트(pinning date)

지속적 교제가 긍정적인 방향으로 계속된다면 결혼에 대하여 보다 확실히 약속을 하게 된다. 결혼을 전제로 하는 결정적 데이트는 당사자들이 다른 이성과 배타적 관계를 약속하는 구속적인 특성을 지닌다. 커플은 미래에 대하여 구체적이고 진지하게 의견 교환을 하고 서로 신뢰하며, 정신적 및 육체적 친밀도도 높아진다. 결정적 데이트는 약혼의 시험적 단계로서, 서로 반지와 같은 상징적인 선물을 을 주고받으며 결혼을 약속하기도 한다.

데이트를 통해 동반자(soul mate) 찾기

1. 동반 가능성: 얼마나 같이 시간을 보내는가? 같이 보내는 시간이 즐거운가? 같이 보내는 시간이 늘었는가, 아니면 줄었는가? 얼마나 유사성이 있는가? 자주 싸우는가, 아니면 전혀 싸우지 않는가?

2. 공통 관심사: 두 사람이 같이 하는 것을 좋아하는가? 두 사람이 같이 만나는 친구가 있는가? 서로의 친구나 가족을 좋아하는가? 두 사람이 새로운 것을 같이 해보려고 하는가? 종교나 활동 범위가 같은가? 취미, 운동, 활동 등을 같이 하는 것을 좋아하는가?

3. 목표: 두 사람이 인생에서 원하는 것이 같은가? 삶의 수준이 비슷한가? 삶의 목표가 같은 방향을 향하고 있는가? 관계로부터 원하는 것이 같은가? 돈과 시간에 대해 비슷한 가치관을 지니고 있는가?

4. 배경: 감정, 친구, 가족, 일 같은 것을 이야기할 때 마음에 걸리는 것이 없이 편안한가? 두 사람이 자란 가족의 정서적 분위기가 비슷한가? 종교, 교육, 경제적 배경이 같은가? 가족들과 보내는 시간과 에너지 수준이 비슷한가? 가족들이 모일 때 하는 활동이 비슷한가? 상대방 가족들이 모였을 때 하는 방식을 받아들일 수 있는가? 돈, 소비, 저축에 관해 비슷한 사고방식을 가지고 있는가? 자녀를 원하는가?

5. 즐거움: 같이 있으면 즐거운가? 여가 시간에 대한 필요성이 같은가? 같이 있을 때 일이나 활동을 하는가? 유머와 새로운 경험을 함께 나누는가?

6. 에너지: 아침형인가, 아니면 올빼미형인가? 카우치 포테이토(couch potato)인가? 운동형인가? 동적인가, 아니면 정적인가? 두 사람 다 에너지 수준이 비슷하고, 건강한가?

7. 문제 해결: 만사를 자기 뜻대로 하는 사람인가? 서로의 이야기를 들어주는가? 의견차가 있을 때 협상할 수 있는가? 의견이 일치하는 것과 일치하지 않는 것 사이에 균형을 이루는가? 상대방에게 화를 자주 내는가? 상대방이 화내는 걸 두려워하고 불안해 하는가? 소유욕이 강한가? 질투심이 중요한 문제를 의논하는 것을 방해하는가? 문제를 해결하고 앞으로 나아가는가? 문제를 해결하기보다 제자리에 맴돌면서 싸우고 있는가? 싸울 때 상대방의 이야기를 듣는 편인가?

출처: 김영희 외(2016). 결혼과 가족. 경기: 양서원, 수정.

5. 이성 교제의 진행 단계

이성 관계는 만남의 횟수가 증가하면서 점차 발전하게 되어, 두 남녀는 친밀감과 애정을 느끼게 되어 서로 사랑하게 된다. 사회심리학자들은 이와 같이 서로 사랑하는 이성 관계처럼 인간관계가 심화되는 과정을 사회적 침투(social penetration)라 한다. 올트만과 테일러(Altman & Taylor, 1973)는 이성 교제의 진행 과정을 사회적 침투 과정의 5단계로 설명하고 있다(권석만, 2014; 김종운, 박성실, 2016).

1) 첫인상 단계(first impression stage)

첫인상 단계에서는 상대방을 만나 서로 외모나 행동을 관찰하면서 인상을 형성하게 된다. 이 단계에서 상대방에게 좋은 인상, 즉 호감을 갖게 되면 상대에 대한 관심이 높아져 더 알고 싶은 마음이 생겨나며 개인적 정보를 알기 위해 노력을 기울인다.

2) 지향 단계(orientation stage)

지향 단계에서는 서로 자신에 대한 피상적인 정보를 교환하고, 상대방을 탐색한다. 상대방에게 좋은 인상을 주려고 노력하면서, 상대방도 자신에게 호감을 가지고 있는지 타진해 본다. 자신을 긍정적으로 보이려 하고, 타인에 대해서도 비판을 회피하는 다소 긴장된 상태의 단계이다. 이 단계에서 개인적 정보에 근거하여 관계를 지속할지 여부를 결정하는데, 대부분의 만남이 여기서 끝난다. 지향 단계에서 상대로부터 거부를 당해 자존심이 상할 수는 있으나, 마음의 상처는 그다지 크지 않다.

3) 탐색적 애정 교환 단계(exploratory affective exchange stage)

탐색적 애정 교환 단계에서는 좀 더 친근한 태도를 취하고, 대화의 내용이 좀 더 풍부해지며 자발성도 증가하게 된다. 상대방에 대한 호감 이상의 초보적인 사랑의 감정을 느끼게 된다. 따라서 상대방을 좋아하는 감정을 어떻게든 알리려고 노력하고, 상대방이 자신을 사랑하는지 확인하려 한다. 그러나 애정 표현이 상대방이 허용한 범위를 넘어가면 상대방에게 부담을 주게 되어 관계로부터의 이탈 가능성이 있기 때문에 다소 형식적이고 초보적인 애정 교환이 이루어진다. 상대방의 말과 행동에 예민해져서 감정의 기복이 심해지는 이 단계는 살얼음판을 걷듯 예민하고 불안정하다. 이 단계에서는 상대에 대한 실망이나 상대로부터 거부를 당해 관계가 종결될 수 있으며, 이미 상당 수준의 감정이 개입되었기 때문에 관계 종결에 대한 아픔을 겪을 수 있다.

4) 애정 교환 단계(affective exchange stage)

애정 교환 단계에서는 편안하게 상대를 칭찬도 하고 때로는 비판도 한다. 서로 좋아한다는 것 또는 서로 사랑하는 연인 사이라는 것을 암묵적으로 인정하고 사랑을 표현한다. 사랑하는 마음을 전달하기 위해 빈번한 전화 통화, SNS, 만남, 선물 교환, 서로를 위한 이벤트 등을 하면서 친밀감이 형성된다. 그러나 아직까지는 상대방에게 자신의 속마음을 완전히 털어놓지는 않으며, 자신의 약점과 단점이 드러나지 않도록 조심하는 단계이다. 즉 서로 사랑에 대한 약속을 한 상태가 아니기 때문에 여전히 사랑에 대한 확신은 없으나, 상대의 사랑을 확인하고 신뢰를 쌓아 가는 단계이다.

5) 안정적 교환 단계(stable exchange stage)

안정적 교환 단계에서는 서로 마음을 터놓고 대화하며 서로의 소유물에도 접근한다. 또한 자신의 단점이나 약점도 두려움 없이 보이게 된다. 상대방의 사랑에 대한 확신을 갖게 되고 친밀감과 신뢰를 바탕으로 안정된 애정 교환이 이루어진다. 이 단계에서 대부분 결혼 약속을 하게 되고, 육체적 애정 교환이 이루어지기도 한다. 안정적 교환 단계를 지속하다가 결혼에 이르게 된다면 더없이 행복한 경우이지만, 부모의 반대, 유학, 이사, 질병, 죽음 등의 이유로 결혼에 이르지 못하고 헤어지는 경우에는 두 사람 모두 상당한 마음의 상처를 입게 된다.

6. 이성 교제의 어려움

이성 교제가 진행되는 동안 남녀는 행복, 기쁨과 같은 긍정적인 정서를 느끼기도 하지만 헤어진 후의 좌절과 슬픔 등 부정적인 정서를 경험하기도 한다. 이성 교제를 하고 있는 커플의 경우 연령, 시기, 조건, 사회적 기대, 성 가치관, 가정 문화 등의 요소는 서로를 위해 도움이 되기도 하지만 경우에 따라서는 어려움을 초래하기도 한다. 현대 사회에서 개인은 자신의 이성 교제에 대한 선택권을 가지지만, 아직까지는 이성 교제에 대한 명확한 기준이 있는 것은 아니다.

이성 교제가 미혼 남녀의 성공적인 결혼을 위해 반드시 필요하지만 교제 시 예상치 못했던 문제점이 발생하기도 한다. 여기서는 이성 교제 시 발생할 수 있는 어려움에 대해서 살펴보고자 한다(김양희 외, 2011; 김영희 외, 2016; 송진숙 외, 2006; 허혜경 외, 2017).

1) 이중 기준

이성 교제에 있어서 남녀 간에 사고방식, 가치관, 행동 등의 차이가 있을 수 있다. 이는 남성과 여성이 같은 상황에서 생각하는 것이나 기대되는 행동이 다름에 따라 나타나는 자연스러운 현상이다. 예를 들어, 여성과 남성들 각자가 생각하는 성 가치관이나 문화적 차이, 지속적이고 안정적인 관계를 유지하고자 하는 동시에 성적 친밀감 억제 등에 초점을 맞추는 여성의 성향, 그리고 데이트의 경제적 부담이나 성적 진전을 우선시하는 등의 남성의 관점도 문제로 여겨질 수 있다. 이중 기준에는 남녀 성별의 문제를 떠나 한쪽은 오락적 측면에서 이성 교제를 하고자 하는 반면 다른 한쪽은 결혼을 전제로 한 지속적인 관계를 원하는 경우처럼 관계 인식의 차이도 포함된다.

2) 데이트 불안

이성 교제는 사회 생활이므로 대인 관계의 기술과 자기 확신이 필요하다. 이성 교제를 진행할 경우에는 상황적으로 다음 요인에 의해 불안이 야기될 수 있다.

- 데이트 여건에 대한 불안: 데이트 장소로 어디에 갈지, 무엇을 할지, 데이트 비용은 넉넉한지, 무엇을 입을지 등과 관련된 불안이다.
- 의사소통에 대한 불안: 자신이 말하고 싶은 것을 어떻게 말해야 될지 모르는 문제, 어떤 주제로 대화를 나누어야 할지 모르는 문제, 관심을 어떻게 표현할지, 궁금한 것을 어느 수준까지 물어봐야 할지 모르는 문제로 인한 불안이다.
- 성적 호기심 및 친밀감에 대한 불안: 성적 친밀감이 느껴질 때 어떻게 대처해야 하는지, 또는 성적 욕망만 느껴질 때, 또는 전혀 이성으로 느껴지지 않을 때 어떻게 대처해야 할지 등에 대한 불안이다.
- 기타: 이외에도 성장 과정에서 대인 관계 기술이나 의사소통 기술을 올바르게 습득하지 못한 경우나 자기 확신이 부족한 경우에도 이성 교제 시 불안감이 야기된다.

이러한 데이트 불안은 이성 교제의 어려움은 물론 결혼으로의 진전을 방해할 뿐 아니라, 결혼 후에도 갈등을 유발하거나 우울감, 취업의 실패와도 관련된다. 즉 사회성 발달이 미숙함에 따라 인간관계에 능숙하지 못한 경우 이성 교제도 불안하게 될 뿐만 아니라 자신의 심리적 건강 및 사회 생활에도 어려움을 초래할 수 있다(박경란 외, 2002).

3) 부모와의 갈등

부모는 자녀의 배우자 선택에 무관심할 수 없으므로 배우자 선택의 시험 단계인 이성 교제에도 관심을 갖게 마련이다. 부모의 요구보다 자신의 요구가 더욱 중요시되는 오늘날에는 이성 교제와 관련된 부모와의 갈등이 심화되는 경우도 있다.

부모들은 자녀의 이성 교제를 결혼과 관련시켜 생각하는 경향이 있으므로, 지나친 염려나 반대를 하기도 한다. 이성 교제에 대해 부모-자녀 간의 갈등을 해결하기 위해서는 먼저 부모들이 권위 의식을 버리고 자녀와의 대화를 통하여 자녀의 이성 관계를 이해하려는 마음가짐을 가져야 한다. 또한 부모는 이성 교제 전에 자녀들이 대인 관계 기술을 습득하도록 지원하고, 성교육 또는 성 담론(gender talk) 등을 통하여 올바른 이성 교제를 하도록 돕는 것이 중요하다.

4) 일, 학업의 지장

이성 교제는 삶의 활력을 주는 오락적인 기능이 있는 반면 이성 교제에 지나치게 몰입할 경우 일상생활에 지장을 초래할 수 있다. 남녀가 서로를 생각하고 그리워하는 것은 사랑하는 관계에서는 자연스러운 일이지만, 과도할 경우 자신의 일이나 학업에 몰두하지 못하여 어려움에 처할 수 있다. 따라서 이성 교제 시 자신의 새로운 생활인 데이트에 시간과 노력을 할애해야 하는 점을 감안하여 더욱 효율적으로 시간을 배분하고 자신의 일과 학업 생활을 규모 있게 관리해야 한다.

5) 혼전 성관계

성관계에 대한 기준과 가치는 사회, 문화 그리고 시대에 따라 변화한다. 오늘날에는 혼전 성관계에 대하여 비교적 자유롭고 개방적으로 바뀌면서 성관계 경험의 연령이 점차 낮아지고 있다.

이성 교제가 진행되면서 자연스럽게 남녀의 신체적 접촉의 기회와 빈도가 늘어나게 되고 육체적 쾌락에 대한 통제력 상실로 인해 무분별한 혼전 성관계가 문제시되기도 한다. 특히 자기표현을 적극적으로 하는 젊은 세대들은 혼전 성관계에 대한 정보를 다양한 매체를 통해 접하게 되면서, 사랑한다면 육체적 성관계를 당위적인 과정으로 착각하기도 한다.

그러나 우리나라에서는 여전히 순결에 대한 기준이 남성에게는 비교적 관대한 반면 여성에겐 보다 엄격하게 적용되고 있다. 혼전 성관계에 의하여 임신한 경우에는 결혼을 한다 하여도 갈등의 원인이 될 수 있으며, 만약 결혼을 하지 않을 경우에는 남성과 여성 모두에게 심각한 정신적 상처를 남길 수 있다.

성 의식이 개방적으로 변화되고 있는 현대에는 첫 성관계 경험의 연령이 점차 낮아지고 있으므로 무분별한 혼전 성관계에 따른 죄책감, 피임의 실패 및 불충분한 준비로 인한 미혼 부모의 발생 등에 따라 보다 책임감 있는 성 의식이 요구된다. 혼전 성행위에 대하여 남녀 모두 신중한 자세로 책임 있는 이성 교제를 하여야 한다.

6) 데이트 폭력

데이트 폭력이란 일반적으로 미혼 남녀가 혼전에 교제하는 과정에서 상대에게 해를 끼칠 의도를 가지고 행한 모든 언어, 신체, 정서, 성적인 행위를 의미한다. 다시 말해 데이트 폭력이란 친밀한 관계 혹은 연애하고 있는 연인 사이에서 일어나는 신체적·정신적·성적 폭력 등을 말한다. 데이트 폭력에는 모욕적 언사, 욕과 같은 언어적 공격과 위협하기 등의 비언어적 공격을 포함하는 심리적 폭력, 때리기, 밀기, 움켜잡기, 발로 차기, 물기, 물건 던지기 등과 같이 상대방에게 의도성 혹은 잠재적 의도성을 가지고 힘이나 도구를 사용해 상해를 입히는 신체적·물리적 폭력, 그리고 성관계를 강요하거나 성관계를 하는 행위인 성폭력이 포함된다. 데이트 폭력의 발생 장소는 교제하는 사람의 거주지, 부모의 거주지, 야외, 자동차 안 등 다양하다.

특히, 데이트 성폭력이란 데이트 중 명백한 동의가 없는 상태에서 한쪽의 일방적인 강요에 의해 일어나는 성폭력을 의미한다. 데이트 성폭력으로 고소하는 경우는 많지 않으며, 간혹 고소하는 경우에 가해자가 데이트 성폭력을 동의된 성관계라고 주장하면서 피해자를 무고죄나 명예 훼손죄로 맞고소하는 일도 있다. 데이트 중에 성폭력이 발생하게 되는 원인은 다음과 같다(Schwartz & Scott, 2003; 허혜경 외, 2017).

- 심리적 요인: 폭력을 수용하는 태도, 성 가치관, 인성과 같은 심리적 요인을 들 수 있다.
- 환경적 요인: 성장기의 가족 환경(부모의 이혼이나 별거, 가정 폭력 등), 성장기에 가족으로부터 학대받은 경험 등과 같은 가족 요인, 그리고 과거 데이트에서의 폭력 경험 등을 들 수 있다.
- 잘못된 의사소통: 대화의 질, 그리고 성적인 의사소통 시 여성의 거부를 수용으로 잘못 받아들여 성적 공격을 하게 되는 경우이다.
- 약물 오남용: 음주 등 약물로 인한 자제력 상실로 일어나는 경우이다.
- 개인적 긴장 요인: 학업 성적, 경제적 문제, 취업 등과 같은 개인적으로 긴장을 유발하는 요인으로 인해 성폭력이 발생하는 경우이다.
- 상황적 여건: 성적인 행위가 허용되는 장소나 성 관련 내용의 영상 시청 등과 같은 기회가 주어졌을 때 성폭력이 발생할 가능성이 있다.

통계청 자료(KOSTAT통계플러스, 2020)에 따르면, 경찰청 통계에 집계된 전국 데이트 폭력 신고 건수는 지난해 1만 9,940건으로 2017년 1만 4,136건보다 41.1% 증가한 것으로 나타났다. 데이트 폭력의 경우 호감을 가진 이성 간에 일어나기 때문에 가해 상대방에게 책임을 묻기가 어려워 피해가 반복되는 경우가 많다. 데이트 폭력은 나아가 부부 폭력으로 연장될 수 있기 때문에 가정 폭력을 예방하기 위한 차원에서 다루어져야 할 심각한 사회 문제이다. 폭력의 정도가 심하지 않더라도 상습적인 폭력을 행사하는 상대라면 관계를 조속히 정리하는 것이 현명하다.

7) 관계의 종결

두 사람이 관계를 끝내고 싶으나 여러 가지 이유로 관계의 종결이 지연될 수 있다. 정 때문에 혹은 두려워서 말을 못하거나 만나면 다투지만 헤어지면 외롭고 마음이 공허하여 다시 만나기도 한다. 그러나 좋은 파트너를 만나 관계를 발전시키는 것만큼 중요한 것은 자신에게 맞지 않는 파트너와 잘 헤어지는 것이다.

자신이 관계를 끝맺어야겠다고 결정하였을 때에는 상대방이 상처를 받을 것임을 인정하고, 명확한 이유로 관계를 종료할 것을 분명히 밝힌 뒤 관계를 끝내야 한다. 만약 상대방 쪽에서 관계를 정리하고 싶어 할 경우 심리적 고통이 심할 수 있으나, 이러한 고통은 일시적이라는 것을 인지하고 그 사람이 생각날 수 있는 기념물이나 사진, 문자 등은 정리하고, 혼자만의 시간을 갖는 것이 좋다. 이성 교제가 종결된 후에는 당연히 전화, 방문, 문자 등은 하지 않도록 한다.

이성관계를 종결하는 유형은 다음과 같다.

첫째, '일방적 실연'은 한쪽이 헤어질 것을 통보함으로써 이루어지며, 통보를 받은 쪽은 우울감, 상처, 분노 등을 경험하게 된다.

둘째, '합의된 실연'은 서로 합의하고 관계를 종결하는 경우이며, 상대에게 불만이 있어 헤어지는 것이므로 상대적으로 고통은 적으나 간혹 아쉬움이나 후회를 남기기도 한다.

셋째, '강요된 실연'은 외부 요인으로 관계가 중단되는 경우로 부모의 반대, 한쪽의 죽음, 부득이한 사고 등을 들 수 있다. 강요된 실연은 관계가 중단되더라도 그리움이나 아쉬움으로 인해 사랑의 감정이 더 애틋해 질 수 있다. 때로는 주변의 반대와 같은 외부 요인은 연인 간의 사랑과 결속을 강화시키는 '로미오와 줄리엣 효과'를 낳기도 한다(권석만, 2014; 김양희 외, 2011, 재인용).

일반적으로 이성 관계가 종결된 후에 상처는 남성들이 여성들보다 더 많이 받으며, 상처의 회복에 걸리는 시간도 더 긴 것으로 나타났다. 개인차가 있겠지만, 남성들은 헤어짐의 고통을 극복하는 방안으로 '새로운 상대가 생겼을 때' 도움이 된 반면, 여성들은 '시간'이 도움이 된 것으로 나타났다(Knox et al., 2002).

참고문헌

권석만(2014). **인간관계의 심리학.** 서울: 학지사.

김양희, 전세경, 문영소, 이영세, 김예리, 김진희, 장온정, 박정윤, 김효민, 안진경, 백선아, 최은주(2011). **결혼과 가족.** 경기: 양서원.

김영희, 김경미, 조주영, 황종귀(2016). **결혼과 가족.** 경기: 양서원.

김정옥, 박귀영, 유가효, 전귀연, 홍계옥, 홍상욱(2012). **가족 관계.** 경기: 양서원.

김종운, 박성실(2016). **인간관계 심리학.** 서울: 학지사.

송진숙, 권희경, 김순기(2006). **결혼과 가족 그리고 부모됨.** 서울: 창지사.

임혜경, 이현, 안윤경, 유정선(2017). **사랑과 결혼.** 경기: 양서원.

정현숙(2019). **가족관계.** 서울: 신정.

허혜경, 박인숙, 김혜수(2017). **현대사회와 가정.** 서울: 동문사.

KOSTAT통계플러스(2020, 가을호). **데이트 폭력의 현실, 새롭게 읽기.**

Bradbury, T. N., & Karney, B. R.(2010). *Intimate relationships.* New York: Norton.

Knox, D., Zusman, M. E., & McGinty, K.(2002). *College students' attitudes and behaviors toward ending an unsatisfactory relationship. College Student Journal, 36*(4), 630-634.

Marriage & Family

사랑을 정의하고 설명하기란 상당히 어렵다. 대다수의 사람들은 사랑 때문에 결혼하고, 사랑으로 인해 삶이 풍요로워질 것이라고 기대한다. 사랑의 사전적 의미를 국립국어원 표준국어대사전에서 살펴보면, 첫째, 어떤 사람이나 존재를 몹시 아끼고 귀중히 여기는 마음, 둘째, 어떤 사물이나 대상을 아끼고 소중히 여기거나 즐기는 마음, 셋째, 남을 이해하고 돕는 마음, 넷째, 남녀 간에 그리워하거나 좋아하는 마음, 다섯째, 성적인 매력에 이끌리는 마음, 여섯째, 열렬히 좋아하는 대상이라 정의하고 있다.

사랑은 인간이 경험할 수 있는 가장 가치 있고 충족감을 주는 감정이며, 동시에 사람의 잠재력을 발휘하게 하는 강력한 감정이다. 이와 같이 사랑은 인간의 삶에서 상당히 중요한 정서이며, 좋은 관계, 특히 행복하고 바람직한 결혼을 위해서는 그 관계 속에 반드시 사랑이 있어야 한다. 이 장에서는 사랑에 대한 물음, 사랑의 구성 요소, 사랑의 유형, 사랑의 성차, 그리고 사랑의 능력에 대해 살펴보고자 한다.

1. 사랑에 대한 물음

사랑하는 행위와 감정은 여러 형태로 존재한다. 이성 교제를 통해 이루어지는 이성 간의 사랑은 남녀를 지속적으로 만나게 하는 동기이며, 궁극적으로는 결혼에 이르는 과정으로서 의미를 갖는다. 이 과정에서 성은 사랑의 감정을 확인하고 더욱 강화시켜 주며 이를 유지시켜 주는 도구로서 표현되는 인간 활동이다. 그래서 사랑은 타인, 특히 이성과의 정서적인 유대관계와 성적인 관계를 기초로 이루어지는 인간 행위라고 할 수 있다.

사랑은 기쁨과 슬픔, 환희와 고통, 행복과 불행을 좌우하는 오묘한 감정 상태에 빠지게 만드는 강렬한 정서적 경험을 수반한다. 그러므로 사랑은 사랑에 빠진 한 사람과 또 다른 한 사람을 융합시키고 강렬한 열정으로 서로를 원하게 하는 신비한 마력을 지니고 있다. 즉 사랑의 여부에 따라 상반된 감정 상태를 경험할 수도 있다. 사랑이 우리의 행동이나 동기에 미치는 영향은 지대하다.

프롬(Fromm)
(1897~1985)

프롬(Fromm)은 "사랑이란 자신의 기쁨, 흥미, 지식, 슬픔 등 자기 자신 안에 살아 있는 모든 것들의 표현을 상대방에게 주는 것은 물론 자기의 생명까지 줌으로써 상대방의 감각을 강화하고 상대방의 생활을 풍요롭게 하여 그 속에서 자기가 살고 있음을 느끼는 것"이라고 정의한다. 사랑은 각 개인이 겪는 주관적인 경험이므로, 이러한 정의들은 수많은 사랑의 정의 중 일부에 불과하다.

사랑이 개인마다 독특한 경험에 근거하면서도 개인이 사랑이라는 감정을 깨닫는 것은 사랑에 대해 우리 사회에서 일반적으로 받아들이기 때문이다. 즉 현재 내가 느끼는 감정이 사랑인지 아닌지는 우리 사회에 이미 정형화된 사랑의 틀을 자신의 감정에 적용해 본 결과 깨닫는 것이다. 이는 각 개인의 특별한 감정이나 행위가 이미 보편화되고 정형화되었음을 의미한다. 따라서 사랑은 각 개인의 독특한 감정이면서도 모든 사람이 공유한다는 점에서 개인적인 것이면서 사회적인 것도 된다. 사랑은 개인의 특정한 상황에서 발생하는 감정에 대해 사회의 보편적 가치를 기초로 의미를 부여한 것이며, 또 사랑은 남녀 상호 간의 사회적 경험에 바탕을 두고 있다.

사랑은 특정 상대에 대해 매력을 발견하고 상대에 대해 더 많은 것을 이해하려는 각별한 노력을 통해 형성된다. 이 과정은 황홀한 경험이기도 하지만 때로는 고통스러운 것이기도 하다. 이런 점에서 사랑은 확실히 개인적인 것이라고 할 수 있다. 다른 한편으로 두 남녀 사이의 경험이 사회적인 관계에서 이루어진다는 점에서 사랑은 각 개인에게 작용하는 사회 구조나 제도, 문화적인 규범의 영향을 받는다. 이러한 과정을 거치면서 우리는 사랑하는 사람들의 심리적 특성과 행동 특성을 이해하여 사랑을 줄 수도 있고 사랑을 받을 수도 있는 행복한 경험자로서 인생을 즐겁게 보낼 수 있다.

결국 사랑이란 단순히 감정의 차원만이 아니라 인식의 차원이라 할 수 있으며, 사랑 역시 하나의 지적 개념임을 알 수 있다(허혜경 외, 2017).

2. 스턴버그의 사랑의 삼각 이론

1) 사랑의 구성 요소

스턴버그(Sternberg)는 적어도 한 번 이상 사랑을 해 본 경험이 있는 다양한 연령층의 사람들을 대상으로 설문 조사와 면접을 통해 사랑을 연구한 결과, 사랑의 삼각 이론을 제시하였다. 그에 따르면 사랑은 친밀감, 열정, 결심·헌신이라는 3가지 구성 요소로 이루어지는데, 이에 대해 살펴보고자 한다(Sternberg, 1986).

(1) 친밀감

친밀감(intimacy)이란 사랑의 '정서적 요인'으로, 사랑하는 관계 안에서 경험하는 연결감, 유대감, 밀착감과 같은 '따뜻한 느낌(warmth)'이다. 친밀감으로 인하여

두 사람이 함께 있으면 행복하고, 서로에게 관심과 호의를 보이며, 어려움이 있을 때 서로 친밀하게 의사소통을 하고, 상대방을 이해하며, 정서적으로 지지해 준다. 그리고 상대방을 소중히 여기고, 자신이 가진 것을 함께 나누고 의지하며, 상대방의 행복을 희구한다.

스턴버그가 소개한 친밀감을 나타내는 10가지 지표는 다음과 같다.

- 사랑하는 사람의 행복이 증진되기를 바라는 것
- 사랑하는 사람과 함께 있을 때 행복을 느끼는 것
- 사랑하는 사람에 대해 높은 존경심을 갖는 것
- 필요로 할 때 사랑하는 사람에게 의지할 수 있는 것
- 사랑하는 사람과 서로 이해하는 것
- 사랑하는 사람과 자신의 소유를 함께 하는 것
- 사랑하는 사람에게서 정서적 지원을 받는 것
- 사랑하는 사람에게 정서적 지원을 제공하는 것
- 사랑하는 사람과 친밀하게 의사소통을 하는 것
- 자신의 인생에서 사랑하는 사람의 가치를 높게 부여하는 것

사랑하는 관계를 지속함에 따라 친밀감은 서서히 상승해 가다가 어느 시점에 이르면 친밀감의 존재 여부를 느끼지 못하는 상태가 되어 버린다. 이러한 현상이 일어나는 원인은 두 가지인데, 하나는 친밀감이 사라져 가는 경우이고, 다른 하나는 친밀감이 잠재되어 있지만 느끼지 못하는 경우다. 미지근하게 지속되던 연인 관계나 부부 관계가 이별이나 별거 혹은 사별로 종식된 이후에, 그 연인이나 부부가 평소에 느끼지 못하고 있던 친밀감을 확인하고 후회하는 것을 종종 보게 되는데, 이것은 바로 친밀감이 잠재되어 있으나 느끼지 못하는 경우다.

(2) 열정

열정(passion)은 사랑하는 관계에서 낭만이나 성행위 등으로 이끌어 주는 강한

신체적 매력, 감정 또는 성적인 욕구이다. 열정이란 사랑의 '동기적 요인'으로, 사랑하는 사람과 하나가 되고 싶어 하고 결합을 갈망하는 상태다. 스턴버그는 이것을 '뜨거운(hot) 느낌'이라고 표현하였다. 이러한 욕구는 상황과 대상에 따라 다르게 나타난다. 즉, 부모-자녀 간에는 양육 동기, 의존 욕구, 지배 욕구, 복종 욕구, 자아실현 욕구 등으로 나타나고, 이성 간에는 사랑하는 사람과 육체적으로 결합하고자 하는 강한 갈망으로 나타나며, 성적인 욕구가 지배적이게 된다. 즉, 열정으로 인한 뜨거운 느낌은 이성 간에 낭만적인 감정을 발현시키고 신체적 매력을 느끼게 해 성적인 충동을 일으킨다.

열정은 급속하게 달아올랐다가 쉽게 식어 버린다. 많은 경우 성적 욕구가 열정의 주요 부분을 차지하지만, 자존감, 타인과의 친화, 타인에 대한 지배나 복종 같은 욕구들이 열정을 일으키기도 한다. 상대방에 대한 열정은 마치 중독과 같아서 상대방이 곁에 없으면 그리워하며 상대에 대한 강한 갈망을 일으킨다. 열정의 발달 곡선은 중독 현상에 내재되어 있는 반대 과정(opponent process)과 유사하다. 즉, 열정은 상대방에 대한 긍정적 충동이 절정에 달했을 때, 이와 정반대의 부정적 충동인 혐오 감정이 서서히 생겨나서 결국에는 긍정적 충동은 사라지고 부정적 충동만이 남게 된다. 불같이 달아올랐던 격정이 순식간에 사라지고 서로의 마음속에 미움만 남아 헤어진 다음, 깊은 우울과 후회의 시간을 보낸 후에야 평정을 되찾게 되는 감정의 사이클은 바로 이러한 현상 때문이다. 그러나 열정과 친밀감은 밀접하게 상호 작용한다. 즉, 열정적 관계에서 친밀한 관계로 발전할 수도 있고 친밀한 관계가 더 발전하여 열정적 관계로 변화할 수도 있다.

(3) 결심·헌신

결심(decision)·헌신(commitment)은 사랑의 '인지적 요인'으로, '차가운(cold) 느낌'이라고 표현된다. 이것은 단기적으로는 어떤 사람을 사랑하겠다는 결심이며, 장기적으로는 그 사랑 관계를 지속하기 위해 노력하고 책임지는 헌신이다. 그러나 이러한 장·단기적 측면이 항상 동반되는 것은 아니다. 즉, 사랑하지만 관계를 지속하지 않으려는 경우도 있고, 관계를 지속하고 책임을 지고자 하는 것이 꼭 사랑의 결심을 의미하는 것은 아니다.

친밀감이나 열정과 함께 결심·헌신도 사랑의 중요한 요소다. 사랑의 감성적 측면은 진폭이 크고 불규칙적인 데 비하여 눈이 오나 비가 오나 어려운 때에도 사랑 관계를 일정하게 지속시켜 주는 역할을 하는 것이 바로 결심·헌신이다. 즉, 친밀감이나 열정은 통제하기가 매우 어려운 반면에, 결심·헌신은 통제가 가능하다. 대체로 친밀감과 열정이 형성된 후에 결심·헌신이 뒤따르나, 때로는 결심·헌신 후에 친밀감과 열정이 수반되기도 한다. 전자는 연애결혼의 경우가 그 예가 될 수 있고, 후자는 중매결혼이나 부모-자녀 관계에서 찾아볼 수 있다. 그러나 결혼하면서부터 '살다가 싫으면 이혼하지.'라고 생각하면 친밀감이나 열정이 생기지 않을 수도 있다.

결심·헌신은 관계의 초기부터 빠르게 발달하지만 시간이 지날수록 그 비중이 더 커지게 된다. 자녀에 대한 부모의 사랑이나 오랜 기간 동안 지속된 부부 간의 사랑도 결심·헌신에 해당한다.

완전한 사랑이란 사랑의 3요소인 친밀감, 열정, 결심·헌신이 균형 있게 갖추어져 있을 때 이루어지는데, 이것이 바로 사랑의 삼위일체다.

〈그림 4-1〉 사랑의 삼각 이론: 사랑의 3요소

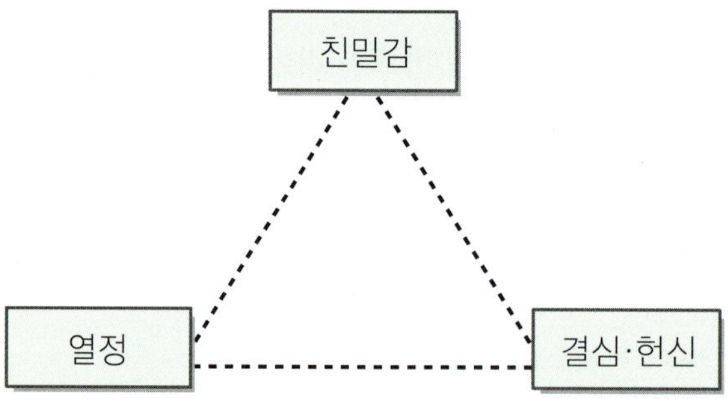

출처: 허혜경 외(2017). 현대사회와 가정. 서울: 동문사.

스턴버그에 따르면 열정은 사랑하는 관계에서 초기에 발생하지만, 시간이 지날수록 점점 그 강도가 줄어든다. 사랑하는 사람 간에 일어나는 성적이고 열정적인 사랑은 빠르게 발전하여 정상의 감정에 도달하나, 쉽게 식어 가는 특징이 있다.

반면 친밀감과 결심·헌신은 시간이 지나면서 서서히 발전하게 된다. 그러므로 사랑하는 사람 간에는 친밀감과 결심·헌신적 요소가 발달하여야 그 관계가 오래 지속될 수 있다.

〈그림 4-2〉 시간 흐름에 따른 사랑의 구성 요소 변화

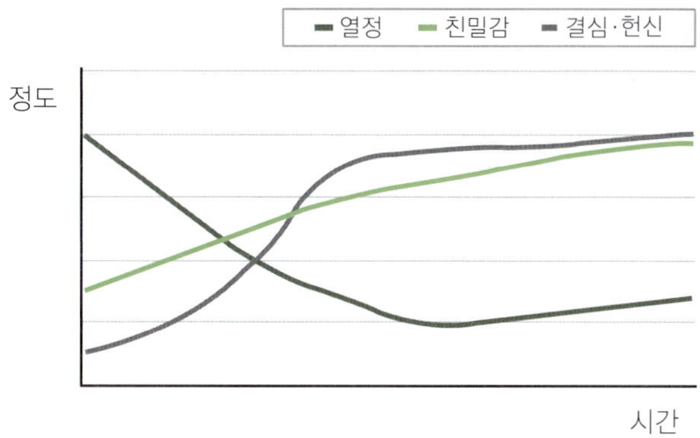

출처: 허혜경 외(2017). 현대사회와 가정. 서울: 동문사.

사랑의 3가지 구성 요소에 의하면 사랑의 강도와 균형이라는 두 측면에서 기하학적으로 설명될 수 있다. 사랑의 강도는 상대에 대한 사랑의 크기로 설명할 수 있다. 즉, 어떤 사람이 파트너에 대해 느끼는 사랑의 강도가 클수록 파트너를 향한 그 사람의 사랑 삼각형의 면적이 커진다. 한편 사랑의 균형은 삼각형의 모양을 결정한다. 즉, 사랑의 3요소가 적절히 균형을 이룬 완전한 사랑은 균형 잡힌 정삼각형으로 나타나지만, 3가지 요소 중 어느 한 요소만 중시할 경우에는 불균형적인 삼각형으로 나타날 것이다. 예를 들어, 친밀감 요소만 발달한 우애적 사랑의 경우 위로 길쭉한 모양의 삼각형이 될 것이고, 열정의 요소만 있는 낭만적 사랑의 경우 왼쪽 하단이 길쭉한 불균형적인 삼각형이 될 것이다.

사랑의 삼각 이론은 자기의 사랑 삼각형과 상대방의 사랑 삼각형의 크기와 모양을 비교해 보는 데 유용하다. 〈그림 4-3〉에서와 같이 나와 상대방의 사랑의 삼

각형의 크기와 모양이 어울릴 경우 만족스런 관계를 맺겠지만, 사랑의 삼각형이 조화를 이루지 못할수록 관계에 불만족할 가능성이 크다(Sternberg & Barnes, 1988). 사랑의 삼각형은 자기가 인식한 사랑의 삼각형과 상대가 인식한 삼각형을 구분할 수 있다. 즉, 자기가 상대방에게 표현했다고 인식하는 사랑의 삼각형과 상대방이 받았다고 인식하는 사랑의 삼각형이 차이가 있을 수 있다.

〈그림 4-3〉 사랑의 3가지 구성 요소에 의한 관계 유형

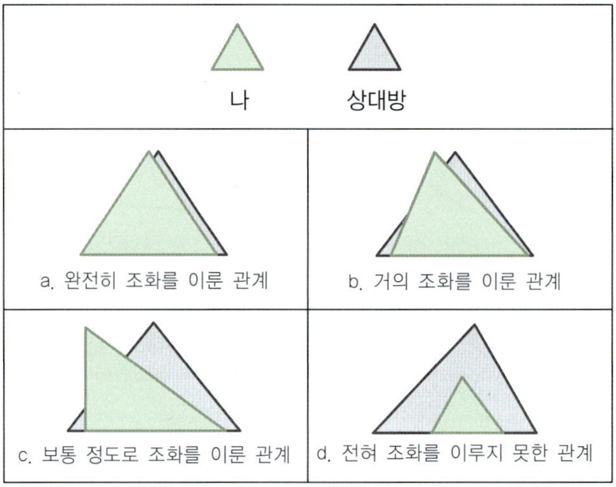

출처: Sternberg, R. J., & Barnes, M. L.(1988). *The psychology of love*. New Heaven, CT: Yale University Press.

사랑에 빠진 뇌

사랑에 빠진 뇌는 마약·도박·알코올·니코틴에 중독되었을 때와 흡사하다. 뇌에서 욕망을 일으키는 신경 전달 물질인 도파민이 마구 분비되면서 흥분과 쾌락을 느낀다. 사랑하는 사람을 위해 뭐든지 할 수 있는 것도 도파민 때문이다.

사랑은 황홀함과 함께 고통을 안겨 준다. 카이스트 바이오 및 뇌 공학과 정재승 교수는 "사랑은 감정이 아닌 무언가를 갈망하는 욕망이기 때문에 사랑하면 행복감과 관련된 신경 전달 물질인 세로토닌이 오히려 감소한다."고 말했다.

영원히 활활 타오를 것 같던 사랑도 점차 식는다. 미국 코넬대 인간행동연구소 신시아 하잔(Cinthia Hazan) 교수는 "점차 상대에게 익숙해지면서 사랑에 내성이 생긴다."고 주장했다. 도파민이나 페닐에틸아민·옥시토신 등 사랑을 지배하는 뇌 분비 물질이 줄어들기 때문이다. 결국 사랑의 감정은 시작한지 1년 후 50%로 떨어진다. 18~30개월이 지나면 거의 사라진다.

• 열정은 식지만 다른 차원의 사랑 시작

정재승 교수는 "사람의 뇌는 예민해서 같은 상대에게 도파민 분비가 다시 왕성해지긴 어렵다."고 말했다.

하지만 도파민이 줄었다고 사랑이 끝나는 건 아니다. 다른 차원의 새로운 사랑이 시작된다. 처음 사랑을 시작했을 땐 배우자에게 선택받기 위해 도파민이 분비돼 애쓰다, 욕망이 성취되면 가정과 자녀에게 충실하도록 하는 옥시토신 호르몬이 증가한다.

옥시토신은 남녀의 첫 만남에서부터 서서히 증가해 애착 관계가 형성돼 있는 동안 계속 분비된다. 옥시토신은 마사지나 성관계 등 피부 접촉 시에도 증가한다. 서울성모병원 정신과 채정호 교수는 "개인차가 있지만 사랑의 형태가 변하는 것은 확실하다."며 "하지만 성적인 끌림으로 출발했던 사랑은 점차 친밀한 애착 관계로 발전한다."고 강조했다.

출처: 한겨레(2016. 11. 13.). 사랑에 빠진 연인들의 뇌는 무엇이 다른가.
중앙일보(2011. 1. 10.). 사랑도 리모델링되지요, 그 출발은 스킨십.

2) 사랑의 분류

사랑을 표현하는 방법과 행태는 동서고금에 따라 다르다. 고대 그리스에서는 사랑을 에로스(eros)라고 칭하였는데, 이것은 육체적인 사랑뿐만 아니라 진리에 이르고자 하는 동경과 희구를 내포하는 말이다. 기독교에서의 사랑, 즉 아가페(agape)는 신에 대한 사랑 또는 인간에 대한 신의 무조건적 사랑을 의미한다. 인간이 인간에 대하여, 인간이 이성에 대하여 경험하는 사랑의 모습은 다양하다. 사람들은 '사랑'이라는 이름으로 환희를 경험하기도 하고 '사랑'이라는 이름으로 슬픔과 고통 등과 같은 경험을 하기도 한다. 이처럼 다양한 형태의 사랑을 심리학적으로 분류해 보는 것은 바람직한 사랑의 모습을 설정하는 데 있어서 매우 의미 있는 작업이다.

스턴버그는 사랑의 3가지 요소, 즉 친밀감, 열정, 결심·헌신의 조합 형태에 따라 사랑의 종류를 7가지로 분류하였다(김애순, 윤진, 1997; 김영희, 김경미, 2020). 그는 친밀감, 열정, 결심·헌신 중 한 요소도 포함되지 않은 경우는 사랑이 아닌 것으로 보았다. 그리고 친밀감, 열정, 결심·헌신 3가지 요소의 유무에 따라 좋아함, 도취적 사랑, 허구적 사랑, 공허한 사랑, 낭만적 사랑, 동반자적 사랑, 완전한 사랑 등 사랑을 7가지 유형으로 분류하였다.

먼저 '좋아함(liking)'은 친밀감을 주된 요소로 하여 정서적으로 따뜻함을 느끼는 우정과 같은 감정이다. 좋아함은 강한 열정이나 장기적인 헌신 없이도 상대방에 대해 따뜻함을 느끼거나 힘들 때 서로 위로해 줄 수 있는 친구 이상도 이하도 아닌 관계이다.

'도취적 사랑(infatuated love)'은 열정적 사랑으로 표현될 수 있으며, 호르몬 분비나 심장 박동과 같은 신체적 증상을 동반하는 강한 열정은 있으나, 친밀감이나 책임감이 없는 눈먼 사랑이다. 예를 들면 '첫 눈에 반한 사랑' 또는 상대를 이상화시켜서 보는 사랑이 도취적 사랑이다. 이러한 사랑은 상대방을 있는 그대로 바라보는 것이 아니기 때문에 두 사람의 관계에 문제를 일으킬 수도 있다.

'허구적 사랑(fatuous love)'이란 친밀감은 없고, 열정이나 결심·헌신만이 존재하는 유형이다. 다시 말해, 열정을 느껴 사랑을 하여 관계가 이루어지거나 결혼을 하는 경우에 해당하나, 친밀감이 발달하지 못할 경우에는 '허구적 사랑'이 되고 만다. 허구적 사랑을 하다가 열정이 사라지기 시작하면, 상대방에 대해 실망감이 느껴져 결심·헌신하는 정도가 점점 약화되어 관계를 지속하기 어려워질 수 있다.

'공허한 사랑(empty love)'은 사랑해야 한다는 의지와 결심 또는 상대방에 대한 책임감으로 이루어진 상태로서, 친밀감이나 열정은 없는 사랑이다. 중매결혼의 초기 또는 한때의 격한 열정이나 매력이 사라진 뒤 체면이나 법적인 관계에 얽매여 오랫동안 미지근한 관계를 유지해 오고 있는 중년의 결혼 생활에서 흔히 볼 수 있는 현상이다. 공허한 사랑을 한다고 해서 그 관계가 종결되었다는 것은 아니다.

'낭만적 사랑(romantic love)'은 좋아하는 것 이상의 강한 친밀감과 상대에 대한 매력, 열정을 느끼는 사랑이다. 친밀감과 열정이 존재하는 사랑으로 서로 감정적으로나 육체적으로 밀착되어 있는 사랑이다.

'동반자적 사랑(companionate love)'은 '우애적 사랑'이라고도 불리는데 열정이 없이 친밀감과 결심·헌신 요소가 결합된 사랑이다. 이 유형은 열정은 없으나 상대방과 친밀하고 사랑을 지속하려고 노력하며, 서로를 일생의 동반자나 친구처럼 느끼게 되는 사랑이다.

마지막으로 친밀감, 열정, 결심·헌신의 3가지 요소가 균형 있게 갖추어진 사랑이 바로 '완전한 사랑(consummate love)'이다. 완전한 사랑은 성숙한 사랑이라고도 불리며, 이러한 유형의 사랑은 도달하기도 어렵고, 지키기도 어려운, 모든 사람이 추구하고 갈망하는 사랑이다.

〈표 4-1〉 스턴버그의 사랑의 분류

사랑의 분류	사랑의 요소		
	친밀감	열정	결심·헌신
사랑의 부재(non-love)	X	X	X
좋아함(liking)	O	X	X
도취적 사랑(infatuated love)	X	O	X
공허한 사랑(empty love)	X	X	O
낭만적 사랑(romantic love)	O	O	X
동반자적 사랑(companionate love)	O	X	O
허구적 사랑(fatuous love)	X	O	O
완전한 사랑(consummate love)	O	O	O

출처: 허혜경 외(2017). 현대사회와 가정. 서울: 동문사.

〈그림 4-4〉 스턴버그의 사랑의 유형

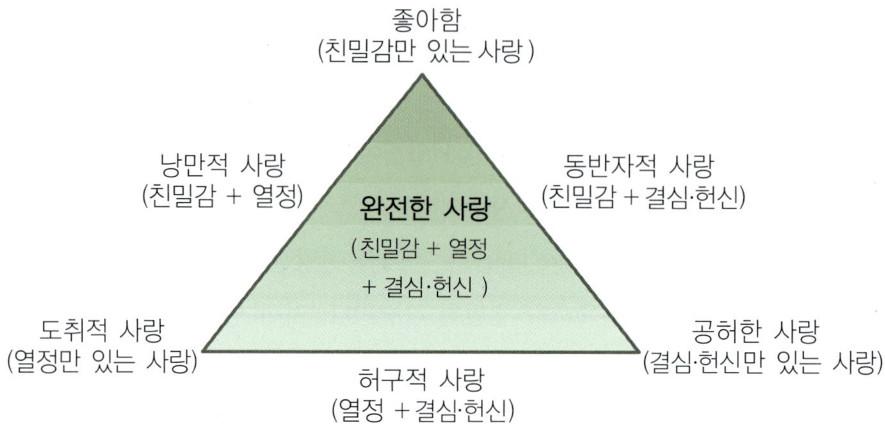

출처: Sternberg, R. J.(1986). A triangular theory of love. *Psychological Review, 93,* 119-135.

3. 리의 사랑의 유형 이론

사랑의 정의가 사람마다 다른 만큼, 사랑에는 여러 가지 유형이 있다. 캐나다의 사회학자인 리(Lee)는 『사랑의 색깔(*Color of love*)』(1973)이라는 저서에서 사랑을 다음과 같은 6가지 유형으로 분류하였다.

① 낭만적 사랑
② 유희적 사랑
③ 우정과 같은 사랑
④ 소유적 사랑
⑤ 논리적 사랑
⑥ 헌신적 사랑

사랑의 유형 이론에서 색깔은 두 가지 의미를 지닌다(김영희 외, 2020). 첫째는 개인마다 선호하는 색깔이 다르듯이 좋아하는 사랑의 유형도 다르다는 의미이고, 둘째는 각자 선호하는 사랑의 유형을 지닌 두 사람이 서로 만났을 때 어떻게 어울리도록 배합할 것인가의 의미를 지닌다. 리(Lee)는 대개 둘 이상의 유형이 혼합된 사랑을 하고 있으며 그중에서 우세한 유형과 열세한 유형이 있다고 보았다. 우리가 살아가는 동안 사랑의 유형은 변화할 수 있다고 주장한다. 그는 캔버스 위에 원색 물감들이 서로 배합되면 다양한 색상이 만들어지듯이, 사랑의 3원색인 일차적 사랑이 혼합되면 또 다른 색깔을 띤 이차적 사랑이 이루어진다고 보았다(김애순 외, 1997).

일차적 사랑에는 3가지 색깔의 원형적 사랑인 낭만적 사랑(romantic love; 에로스 eros), 유희적 사랑(game-playing love; 루더스 ludus), 우정과 같은 사랑(best friends love; 스토르게 storge)이 포함된다.

낭만적 사랑, 유희적 사랑, 우정과 같은 사랑과 같은 원형적 사랑, 즉 사랑의 3원색이 혼합되면 또 다른 색상을 지닌 이차적 사랑이 형성된다. 이차적 사랑에 해당하는 유형은 소유적 사랑(possessive love; 마니아 mania), 논리적 사랑(logical love; 프라그마 pragma), 헌신적 사랑(unselfish love; 아가페 agape)이다.

사랑의 유형 이론은 사랑의 색깔이 잘 어울리는 사람을 찾도록 도와준다. 또한 사랑의 색깔이 다른 두 사람이 어우러져서 아름다운 배합이 되도록 도와준다.

〈표 4-2〉 리의 일차적 사랑과 이차적 사랑

일차적 사랑(사랑의 3원색)	이차적 사랑
• 낭만적 사랑(eros) • 유희적 사랑(ludus) • 우정과 같은 사랑(storge)	• 소유적 사랑(mania : eros + ludus) • 논리적 사랑(pragma : storge + ludus) • 헌신적 사랑(agape : eros + storge)

출처: 김애순, 윤진(1997). p. 153.

1) 낭만적 사랑(romantic love), 에로스(eros)

낭만적 사랑은 첫눈에 반하는 사랑이다. 큐피드의 화살이 심장을 찔러 잠자던 격정을 일순간에 일깨워 놓는 유형의 사랑이다. 낭만적 사랑을 하는 유형은 사랑을 위하여 어떠한 위험을 감수할 준비가 되어 있으며, 신체적 매력에 탐닉하게 되고, 사랑하는 대상을 빨리 알게 되기를 간절히 원한다. 낭만적 사랑에서 가장 중요한 요건은 신체적 매력이므로, 낭만적 사랑에 빠지게 되면 대부분 신체적 접촉부터 시작한다. 만일 상대방의 신체적 매력이 차츰 덜해지면 그들의 사랑도 시들해지나, 그럴 때면 과거의 추억을 되살려서 현재의 상대를 이상화하여 보기도 한다. 원래 사랑이란 어느 정도는 착각인데, 이들은 이러한 착각에서 깨어나기를 거부하는 사람들이며, 사랑은 조건을 따지는 것이 아니라 느끼는 데 있다는 원리에 충실하다.

2) 유희적 사랑(game-playing love), 루더스(ludus)

루더스(ludus)는 게임이나 놀이를 나타내는 라틴어에서 비롯되었다. 유희적 사랑을 하는 유형은 사랑이란 하나의 시합이며 즐기는 도전이라고 생각한다. 여기에서 헌신이니 책임이니 장래에 대한 언약이니 하는 것 따위는 고려의 대상이 되지 않는다. 게임의 목적은 어떻게 재미있게 놀이를 진행하는가 하는 것뿐이며, 친밀감을 조장하는 것은 오히려 방해가 된다고 생각한다. 그래서 이 사람들은 한 상대와 너무 오래 사귀지 않으며, 너무 정이 들려고 하면 관계를 깨어 버리기도 한다. 또 질투를 가장 유치한 행위라고 생각한다. 이 유형은 상대방이 자신에게 너무 몰입하는 것을 피하기 위하여 파트너를 자주 보는 것을 싫어하며, 사랑이 삶에서 가장 중요한 것도 아니다. 그러므로 이 같은 사고방식에 동조하지 않는 사람들에게는 매우 상처를 주는 사랑의 형태라 할 수 있다.

3) 우정과 같은 사랑(best friends love), 스토르게(storge)

스토르게(storge)는 형제자매 간이나 놀이 친구 간에 서서히 무르익는 사랑의 감정을 의미하는 고대 그리스어에서 비롯되었다. 오랫동안 가까운 친구로 서로 알던 관계가 언제부터인지도 모르게 사랑으로 변하여 애인 사이가 된 사랑이다. 주요한 특징으로는 서로가 좋은 동반자이며, 의사소통이 잘 되고, 서로 함께 취미도 즐기며 의존하고, 서서히 자신을 노출하는 스타일이다. 사랑의 상대에 대하여 백마를 타고 오는 왕자나 무남독녀 공주와 같은 환상을 갖지도 않으며, 서로 잘 알지 못하는 사람을 사랑하게 된다는 것은 상상도 할 수 없는 일이라고 생각하는 사람들이다. 갑자기 열정적으로 뜨거워지는 사랑도 아니며, 한순간에 로맨스에 빠지는 사랑도 아니다. 이들의 사랑은 사려 깊고 온화하며 좋은 동반자적 애정으로, 그 사랑은 은근하며 깊이가 있다. 어쩌다 싸웠다고 해서 사랑에 금이 가지도 않으며, 한동안 떨어져 있다고 해서 서로 간에 부정을 저지르거나 의심하지도 않는다. 따라서 이들 사이에서는 이혼율이 낮을 수밖에 없다.

4) 소유적 사랑(possessive love), 마니아(mania)

사랑은 상대방을 완전히 소유하는 동시에 상대방으로부터 나 자신이 소유당하는 것이라고 생각하는 유형이다. 사랑의 흥분에서 절망의 나락으로 금방 빠지거나, 철저한 헌신이 일순간에 질투의 불길로 변하고, 자신이 원하는 정도의 사랑을 받지 못하면 분노하는 등 감정의 변화가 심하다. 소유적 사랑을 하는 사람은 연인에게 사로잡혀 버리며, 질투와 소유욕이 강하고 사랑을 확인하거나 증명하기를 원한다. 그들은 함께 한곳을 바라보는 그런 사랑이 아니라 상대방으로부터 버림받지 않을까 하는 불안감에 휩싸여 있기 때문에 그들에게 사랑한다는 것은 항상 상대방의 사랑을 확인해야만 하는 괴로움의 연속이다. 그들은 자기 가치를 스스로 인정하는 충분한 자아존중감이 부족하기 때문에, 타인의 인정이나 애정에 마치 마약에 중독된 사람처럼 의존하게 되며, 사소한 거부 행위에도 과민하게 반응하는데, 마치 질투를 사랑의 구성 요인인 것으로 착각한다. 이러한 유형은 상대가 시간에 늦거나 약속을 어기면 분별력을 잃고 화를 내며, 상대에게 더 많은 애정과 헌신을 요구하고, 상대를 매일 만나고 싶지만 막상 만나게 되면 평온을 얻지도 못하는 상당히 피곤한 관계를 맺는다.

5) 논리적 사랑(logical love), 프래그마(pragma)

논리적 사랑을 하는 사람은 분별력 있게 자신과 잘 어울리는 상대를 찾는다. 서로 사랑하는 사람이 되기 위해서는 한 사람의 남편과 아버지, 또는 아내와 어머니로서 갖추어야 할 조건이 있는 것이어서, 그 조건을 만족시키지 않은 사람과는 결합할 수 없다는 사고방식이다. 이런 의미에서 논리적 사랑을 하는 사람들은 매우 현실적이다. 이들은 자기가 원하는 상대가 어떤 사람인지 분명하며, 그런 사람이 나타날 때까지 기다린다. 상대방의 교육 수준, 성격, 가정 배경 및 외모 등이 자기 자신과 어울려야 할 뿐만 아니라, 자기의 조건, 가령 얼마만큼의 돈을 모아야 한다든가, 어떤 학위를 마쳐야 한다든가 하는 조건이 충족될 때까지는 사랑을 회피하거나 연기하는 사람들이다. 그러므로 이들에게는 이성이 감정보다 우선시된다.

6) 헌신적 사랑(unselfish love), 아가페(agape)

헌신적 사랑은 무조건적 그리고 이타적 사랑의 표본으로, 사랑은 나보다 상대방의 필요에 따라서 결정된다고 믿고 베푸는 유형의 사랑이다. 참된 사랑이란 받는 것보다는 주는 것이며, 자신보다는 상대방의 행복을 위한 것이고, 상대방의 목표를 위해 자기희생적인 사랑이라 생각한다. 즉 사랑이란 가슴보다는 머리로, 감정보다는 의지로 베풀어 주어야 하는 의지적 사랑이라 생각한다. 헌신적 사랑을 하는 사람은 심지어 상대가 자신보다는 다른 사람과 함께 있는 것이 더 행복하다고 생각하면, 상대를 위해 기꺼이 그 관계를 단념할 수도 있다. 그들은 상대방이 다른 사람을 사랑하더라도 나를 필요로 하는 한 나의 사랑을 포기하지 않는다. 그러므로 배우자도 자신의 희생과 헌신적 사랑을 필요로 하는 사람으로 선택한다.

실제로 사람들이 하고 있는 사랑은 위의 6가지 유형의 사랑으로 정확하게 구분되는 것은 아니고, 그 6가지의 색깔이 혼합되어 있을 수 있다. 또한 일생을 통해서 볼 때, 사람은 교제하는 상대방에 따라 각기 다른 색깔의 사랑을 할 수도 있다. 첫사랑은 분명히 낭만적인 색깔이 짙었는데, 현재 진행 중인 대상과는 논리적인 사랑을 할 수도 있다. 간혹 한 사람과 장기간 사귀다 보면 사랑의 색깔이 변할 수도 있다. 처음 사귀는 무렵에는 황홀한 감정에 모든 것을 바칠 수 있을 것 같은 낭만적이고 헌신적인 색깔이 짙었는데, 몇 년이 지난 다음 사랑의 색깔이 변해서 소유적이고 의존적인 색깔을 띨 수도 있다. 자신의 사랑의 색깔을 인식할 수 있을 때 더욱 성숙한 사랑으로 만들어 갈 수 있을 것이다.

사랑이란 인간에게 있어 가장 근원적인 감정의 움직임이며 인생의 가장 중요한 부분인 결혼 생활의 근거가 되는 요인이다(허혜경 외, 2015). 어떤 사랑이 자신의 자존감을 높이고, 삶의 가치감을 느끼게 하며, 인격을 성숙하게 하는 사랑인지 신중하게 생각해 보아야 한다.

4. 사랑의 생화학적 성분

사랑을 할 경우 우리의 뇌는 마약, 도박, 알코올, 니코틴 등에 중독되었을 때와 같다고 한다. 뇌에서는 욕망을 일으키는 도파민(dopamine)이라는 신경 전달 물질이 분비되면서 흥분과 쾌락을 느끼게 된다.

리보비츠(Liebowitz, 1983)와 피셔(Fisher, 1992)에 의하면, '첫눈에 반하다.'라는 사랑의 현상은 신체의 생화학적 성분 때문에 생기는 것이라고 한다. 열정적인 사랑에 빠지면 마치 마약에 취한 상태와 같이 기분이 황홀해지는데, 이러한 현상은 사랑이나 마약이 우리 신체의 특정 신경 화학 물질을 활성화시키기 때문이다. 이로 인해 활기가 넘치고, 행복감에 도취되며, 상대방을 미화하고, 의기양양해지는 기분이 생기는데, 리보비츠는 이 모든 것이 페닐에틸아민(phenylethylamine)이라는 화학물질 때문에 일어나는 현상이라고 하였다. 사랑에 눈이 멀어 부모의 말이 들리지 않고 판단이 흐려지는 것도 바로 이 화학물질 때문이라고 해석된다.

열정적인 사랑에 의해 생성되는 또 다른 화학물질은 엔도르핀(endorphin)이다. 이것은 동물의 뇌 등에서 추출되는 모르핀(morphine)과 같은 진통 효과를 가져오는 물질을 총칭하는 것으로서 이 물질은 사람에게 평온과 안정, 충족감을 가져다준다. 엔도르핀이라는 말은 내인성의 모르핀을 뜻하는 'endogenous morphin'에서 유래한 용어다. 이 물질은 동물 뇌 안의 시상 하부, 뇌하수체 후엽에서 추출된 모르핀과 같은 펩티드(peptide)로서 마약성 진통제의 수용체인 오피에이트(opiate, 아편제) 수용체에 특이하게 결합한다. 1976년에 처음 발견된 엔도르핀은 뇌하수체에 존재하여 호르몬과 같은 활동을 하고 있는 것으로 알려져 있지만, 그 생리적 작용체계는 아직 밝혀지지 않고 있다. 인체의 특정한 경혈(뜸자리)을 침으로 자극하여 통증을 잊게 하는 메커니즘에 의하여 엔도르핀의 작용이 증명되기도 하였다.

사랑과 관련된 화학물질 중에는 신체 접촉으로 자극을 받으면 쾌감과 만족감을 느끼게 하는 옥시토신(oxytocin)도 있다. 하지만 영원할 것 같던 사랑도 점차 식는다. 코넬 대학교 인간행동연구소 신시아 하잔(Cinthia Hazan) 교수에 의하면 점차 상대에게 익숙해지면서 사랑에 내성이 생기는데, 이는 도파민, 페닐에틸아민, 옥시토신 등 사랑을 지배하는 뇌 분비 물질이 감소하기 때문이다. 결국 사랑의 감정은 1년 후에는 약 50%, 18~30개월이 지나면 거의 사라지게 된다. 성적인 끌림으로 시작했던 사랑은 점차 친밀한 애착 관계로 발전하는데, 이때 옥시토신이 분비된다. 옥시토신은 마사지나 성관계 등 신체 접촉 시에 분비되는데, 남녀의 첫 만남에서부터 서서히 증가해 애착 관계가 형성돼 있는 동안은 계속 분비되는 것이다(한겨레, 2016).

5. 사랑의 학습

1) 사랑의 능력과 기술

사랑은 아무나 하는 것인가, 아니면 배워야 할 수 있는 것인가? 프롬(Fromm)은 사랑은 감정이 아니라 의지라고 보았다. 그래서 그는 사랑이란 능력이며 배워서 익혀야 하는 기술이라고 주장한다. 즉, 사랑할 수 있는 능력은 경험과 학습을 통해서 얻어진다는 것이다. 그는 사랑의 의지적 요소를 정확히 통찰하였고, 이러한 사랑의 의지적 요소 때문에 성서에 기록된 "서로 사랑하라."는 말씀도 공허한 도덕경이 아니라 현실 생활에서 따를 수 있고 따라야 하는 실현 가능성을 지니게 되는 것이라고 했다.

프롬은 사랑이란 학습되어야 하는 기술(art)이기 때문에 사랑하기 위해서는 사랑에 관한 지식을 배우고 익히는 노력이 필요하다고 했다. 사랑을 하기 위해서는 사랑의 의미와 가치를 알아야 한다. 사랑이 무엇이며, 그것이 인생에서 차지하는 의미가 무엇이고, 그것이 추구할 만한 가치를 지니는지에 관하여 분명한 인식이 있어야 참다운 사랑이 가능하다. 그런 다음 사랑의 기술을 배우고 익히고 실행함으로써 사랑이 있는 삶을 영위할 수 있게 된다. 프롬은 사랑하는 기술에 대해 다음과 같이 열거하고 있다.

- 상대에게 자신의 욕구를 분명히 밝힌다: 마음이 평화롭지 않으면 사랑이 불가능하다. 스스로 욕구 불만인 상태에서는 다른 사람을 사랑한다는 것이 곤란하기 때문에 자신의 기본적인 욕구를 먼저 충족시켜야 한다. 따라서 자기가 상대방에게 원하는 것이 무엇인지를 상대방에게 분명히 알려 주어야 한다. 사랑하는 사람들끼리 어떻게 사랑받고 싶은지를 자유롭게 말할 수 있다는 것은 그만큼 두 사람의 사랑이 기본적인 전제 조건을 충족하고 있다는 것을 의미한다.

- 상대방의 욕구를 알고 충족시키려고 노력한다: 사랑은 서로 반응하는 교호적(交互的)인 것이므로 상대방 또한 그 욕구가 충족되어야만 나를 사랑할 수 있다. 그러므로 상대방의 욕구가 무엇인지를 알고 그것을 충족시켜 주어야 교호적 사랑이 가능하다. 상대방의 욕구를 충족시키기 위해서는 다양한 기술과 노력이 필요하다. 상대방이 깔끔하고 부지런하기를 원하면 그렇게 하도록 노력해야 할 것이다. 또 유머 있는 사람이 되기를 원하면 그렇게 되도록 노력해야 할 것이다.

- 상대방의 사랑하는 방식을 이해하고 존중한다: 사랑을 표현하는 방식은 사람마다 다르고, 심지어 지역이나 문화마다 다양하다. 대부분의 사람들은 어린 시절 자신이 사랑받았던 방식대로 사랑을 표현한다. 어떤 사람은 상대방을 성실하고 책임감 있게 보살피지만, 정감이 우러나는 말이나 열정은 전혀 보이지 않을 수도 있으며, 또 그 반대일 수도 있다. 따라서 자기 방식의 사랑만이 진정한 사랑이라고 생각하는 것은 독선이다. 상대방을 자신의 방식대로 바꾸려 하기보다 상대방이 사랑하는 방식을 존중하고 이해해야 할 것이다.

- 사랑을 지킬 용기와 인내가 있어야 한다: 사랑은 우여곡절을 겪을 수도 있다. 이성 간의 사랑은 상대적이다. 사랑을 주기만 하고 받기를 포기하는 희생적인 사랑은 드물다. 사랑하는 과정에는 욕구 불만도, 좌절도, 그리고 상실감도, 실망도, 견디기 어려운 고통도, 위험도 있을 수 있다. 그러나 진정으로 그 사랑 관계를 유지하기를 원한다면 이러한 모든 것을 감수하고 견디는 용기와 인내가 필요하다. 때로는 상대방이 원하는 대로 자신을 변화시킬 수 있는 유연성도 있어야 할 것이다.

2) 사랑의 학습 조건

(1) 사랑하는 능력의 발달

사랑하기 위해서는 사랑하는 능력을 갖추어야 한다. “사랑을 받아 본 사람이 사랑을 할 줄도 안다.”는 말이 있듯이 사랑하는 능력은 사랑을 받은 경험이나 사랑하는 행동을 통해 모델링하여 학습된다. 이러한 학습은 우리가 자궁 속에 있을 때부터 시작되며 출생 후 부모와의 상호 작용을 통하여 계속된다.

사랑의 능력은 일차적으로 부모-자녀 간의 애착 관계를 통하여 형성된다. 부모-자녀 간의 애착 관계는 양육의 질에 달려 있다. 즉, 부모가 유아의 요구에 즉각적으로 반응해 주고 충분한 관심과 사랑을 베풀어 주면 유아는 안정적인 애착 관계를 형성하게 된다. 어린 시절 부모와 안정적인 애착 관계를 형성한 사람들은 정서적으로 안정되어 자신뿐 아니라 타인 역시 신뢰하고 긍정적으로 생각한다. 이들은 성장 후에도 긍정적인 자아상을 갖고 있으며, 대인 관계도 원만하고, 타인을 사랑할 수 있는 능력을 소유하고 있다.

그러나 부모가 유아의 요구에 제대로 반응해 주지 못할 뿐만 아니라 무관심하고 거부적일 경우, 유아는 불안정한 애착을 형성하게 된다. 이들은 정서적으로 불안정할 뿐만 아니라 자신과 타인을 신뢰하지 못하고 부정적인 자아상을 형성할 수 있다. 성장 후에도 이들은 자신이 사랑받을 만한 존재가 아니라고 생각하며 타인들과 친밀한 관계를 형성하는 데 어려움을 느낀다.

(2) 자기애, 자아개념, 자아존중감

자신에 대한 사랑, 즉 자기애(自己愛)는 종종 이기심과 같은 것으로 오해되지만 결코 같지 않다. 자신의 욕구나 유익에만 집착해 있을 뿐 진정으로 자신을 사랑하거나 가치 있게 생각하지 않는 이기심과 자기애는 구별된다.

에크하르트(Eckhart)는 "만일 그대가 그대 자신을 사랑한다면, 그대는 모든 사람들을 그대 자신을 사랑하듯 사랑할 것이다."라고 하였다. 또한 성서에는 "네 이웃을 네 몸처럼 사랑하라."고 기술되어 있다. 이러한 말은 자기 자신을 사랑하는 것과 타인을 사랑하는 것은 양립할 수 없는 것이 아니라 오히려 자기애가 타인에 대한 사랑의 전제라고 풀이된다. 어떤 한 사람을 사랑할 수 있는 능력은 자신을 포함한 인간 자체를 사랑할 수 있는 능력과 밀접한 관련이 있다. 만약 어떤 사람이 자신을 긍정하고 가치 있게 생각하며 진정으로 사랑한다면, 그는 다른 사람도 소중하게 생각하고 사랑할 수 있는 능력을 갖춘 것이다.

사랑할 수 있는 능력은 긍정적인 자아개념과 밀접한 관련이 있다. 자기 자신을 사랑할 수 있는 사람은 자아개념이 긍정적으로 형성된 사람이다. 긍정적 자아개념의 소유자는 자신을 가치 있게 생각하며 높은 자아존중감을 갖고 있다. 이들은 자신의 감정이나 느낌을 솔직하게 표현하며, 자신의 경험을 타인에게 공개하는 데 매우 개방적이다. 자신과 타인에게 모두 개방적인, 이른바 열린 마음(open-mind)의 소유자다. 그래서 자신의 단점이나 결함을 인정하고 수용하며, 자신의 욕구를 솔직하게 상대방에게 알릴 뿐 아니라, 타인의 단점이나 결함도 수용하고, 상대방의 욕구를 알아차리고 충족시키는 데서 기쁨을 얻는다. 반대로 자아개념이 부정적으로 형성된 사람은 자아존중감이 낮고, 자기혐오나 열등감에 빠져 있기 때문에 자기 노출을 회피하고 폐쇄적이다. 또한 자신의 느낌이나 감정을 솔직하게 표현하지 못하며 방어적이다. 따라서 이들은 자신을 수용하지 못할 뿐 아니라 남도 수용하지 못한다. 즉, 이들은 폐쇄적인 성격 때문에 남을 받아들일 여지가 없는 사람이다.

자아개념과 자아존중감은 사랑의 전제 조건으로 여겨져 왔다(허혜경 외, 2013). 자아존중감이 높은 사람은 비교적 자신을 가치 있고 유능하며, 성공할 수 있고, 중요한 사람이라고 받아들인다. 또한 이들은 자신의 생각이나 느낌을 솔직하게 표현하며, 자신의 경험에 대해 매우 개방적이고, 자신의 단점을 인정하며, 타인의 비난에 대해 심각하게 괴로워하지 않는다. 이들은 타인의 존재를 존중하고 수용하며, 상대방의 욕구를 알아차리고 충족시키는 데서 기쁨을 얻는 '자타 긍정(I am OK, you are OK)'의 생활 태도를 보인다. 따라서 높은 자아존중감은 다른 사람을 진정으로 사랑하는 데 필요한 조건이라 할 수 있다(신용주 외, 2017). 그러나 자아존중감이 낮은 사람은 자신의 가치를 인정하지 않고 열등의식에 빠지기 쉬우므로 자신의 존재가 가치 없다고 여긴 나머지 솔직하게 자신의 생각이나 느낌을 표현하기를 주저하고 방어적이다. 자신을 수용하지 못하는 청년들은 상대방을 인정하고 수용하는 것도 어렵기 때문에 상대방을 사랑할 여유가 없다. "자기 자신이 두 발로 설 수 없기 때문에 누군가에게 매달린다면, 그것은 사랑의 관계가 아니며, 상대방은 단지 생명의 구원자일 뿐이다."라고 한 프롬의 말과 같이 자아개념과 자아존중감은 사랑할 수 있는 능력과 밀접한 관련이 있다.

6. 사랑과 성 행동

이성 간의 사랑에서 성적 욕구는 매우 자연스런 현상이다. 사랑에 빠진 남녀는 언제나 같이 있고 싶고, 서로 안고 싶고, 또 같이 자고 싶은 갈망이 있다. 성적 욕구는 인간의 본능적 측면에서 볼 때 고통스런 긴장 상태로부터 벗어나 쾌락을 추구하려는 생물학적인 동기에서 생긴다. 이러한 생물학적인 차원에서의 성욕은 인간이나 동물이나 다를 바 없다. 성욕은 식욕이나 갈증처럼 본능적인 생물학적 욕구이기는 하나, 그 욕구를 충족시키는 데는 사회·문화적인 제약을 받는다. 또한 성욕은 다른 생물학적인 욕구와는 달리 특정 대상(파트너)을 통해서만 충족될 수 있다.

성적인 욕망은 이러한 고통스러운 긴장의 해소라는 차원을 넘어서 외로움에서 벗어나려는 소망에서 생기기도 하고, 정복하거나 또는 정복 당하려는 소망에 의해, 상처를 주고 파괴하려는 욕망에 의해, 심지어는 허영심에 의해 생기기도 한다. 남녀 상호 간에 '하나됨(oneness)'의 갈망이 일어난다는 이유만으로 서로가 사랑하고 있다고 오해할 수가 있다. '하나됨'을 이루려는 소망이 '사랑'에 의해 자극될 때 상호 이해와 보살핌, 존경과 책임감이 수반된다. 육체적으로 하나됨의 욕구가 사랑에 의해 자극될 때는 자신의 욕구 충족만이 아니라 상대방의 만족까지도 배려할 수 있다.

남녀가 서로 성 행동을 하기 전에 고려해야 할 사항을 살펴보면 다음과 같다(김영희 외, 2020).

첫째, 성관계에서 자신의 역할을 분명하게 인식하는 것이다. 여기서 자신의 역할이란 성관계에서 여성 또는 남성으로서의 역할을 의미하기보다는 두 사람이 서로 사랑하고, 존중하며, 함께한다는 동반자의 역할을 의미한다.

둘째, 만약 자신의 신체상(body-image)과 성 행동에 대하여 부정적이거나 왜곡된 경우에는 자연히 자신의 성 행동과 성관계에 부정적인 영향을 미칠 수 있다. 그러므로 자신의 신체상과 성 행동에 대한 왜곡과 편견을 극복해야 한다.

셋째, 성에 대하여 올바른 지식을 습득한다. 전문가 또는 전문적인 매체를 통해 올바른 성 지식을 습득할 필요가 있다. 성에 대한 남녀의 신체적 차이를 이해하는 것은 자신의 성 행동을 이해하고 인정하는 데 도움이 된다.

넷째, 성 행동에 대하여 긍정적인 개념과 시각을 가진다. 성 행동에 대한 죄의식이나 부정적인 성관계 경험으로 인한 부정적인 시각은 본인은 물론 상대방에게 상처를 줄 수 있다. 따라서 긍정적인 성 개념을 가질 뿐 아니라, 자신의 성 행동, 성 가치관, 성 태도, 성에 대한 신념 체계 등이 건강한지 점검해 볼 필요가 있다. 아울러 상대방에 대한 배려와 책임감, 그리고 자신의 성 행동에 대하여 긍정적인 시각을 가진다.

건강한 사랑을 하는 남녀는 양성평등한 사고방식을 지니며, 성 행동에 있어서도 생명, 사랑, 몸과 마음의 조화, 책임감, 그리고 성 행동의 윤리를 추구한다. 인간의 성 행동에는 반드시 성 윤리가 수반되어야 한다. 성 윤리는 성에 대한 가치를 반영하며, 인간의 행동을 규제할 수 있다. 특히 성 윤리는 자신의 성 행동에 대한 의사 결정과 성 행동에 영향을 줄 수 있다. 인간의 성 행동에는 반드시 다음과 같은 성 윤리가 지켜져야 한다(김영희 외, 2020).

첫째, 강압적으로 성 행동을 하지 않겠다는 원칙(Principle of non-coercion)이 지켜져야 한다.

둘째, 성의 표현에 있어 서로 속이지 않겠다는 원칙(Principle of non-deceit)이 지켜져야 한다.

셋째, 성관계는 힘이나 권력(Power)을 소유했다는 표현이 아니라, 인간관계를 형성했다는 표현으로 사용된다는 원칙(Principle of treatment of people as ends)이 지켜져야 한다.

넷째, 성관계 시에는 상대방의 성적인 신념(beliefs)과 가치(values)를 존중하겠다는 원칙(Principle of respect for beliefs)이 지켜져야 한다.

참고문헌

김영희, 김경미(2020). **결혼과 가족.** 경기: 파워북.

신용주, 김혜수(2017). **다음 세대를 위한 부모교육.** 서울: 학지사.

중앙일보(2011. 01. 10.). 사랑도 리모델링되지요, 그 출발은 스킨십.

한겨레(2016. 11. 13.). 정재승 사랑에 빠진 연인들의 뇌는 무엇이 다른가.

허혜경, 김혜수(2015). **청년심리와 교육.** 서울: 학지사.

허혜경, 김혜수, 박인숙(2013). **현대가정의 이해.** 서울: 문음사.

허혜경, 박인숙, 김혜수(2017). **현대사회와 가정.** 서울: 동문사.

Fisher, H. E.(1992). *Anatomy of love: The natural history of monogamy, adultery, and divorce.* New York: Norton.

Liebowitz, M. R.(1983). *The chemistry of love.* Boston: Little Brown.

Sternberg, R. J.(1986). A triangular theory of love. *Psychological Review, 93*, 119-135.

Sternberg, R. J., & Barnes, M. L.(1988). *The psychology of Love.* New Heaven, CT: Yale University Press.

Marriage & Family

1. 결혼의 대안

1) 결혼의 대안

사람들은 친밀한 인간관계를 맺으며 살아가기를 원하는데, 그 이유를 살펴보면 다음과 같다(김영희 외, 2016).

첫째, 친밀한 사람들과 함께 일상생활을 공유하기 위해서이다. 일상생활을 공유한다는 것은 함께 밥을 먹고, 생활하며, 산책하고, 영화 보고, TV 보고, 장을 보며, 이야기할 수 있다는 의미이다.

둘째, 서로에게 그 존재 자체만으로도 힘이 되는 친구를 갖고 싶어 한다.

셋째, 나를 인정해 주고 지지해 주는 사람을 갖길 원한다.

넷째, 다른 사람들이 다 내가 틀리다고 하더라도 나를 옳다고 믿어 주고, 언제나 내 편이 되어 주는 사람을 갖길 원한다.

다섯째, 어려운 일이 생길 경우 공감해 주고 위로해 줄 사람을 갖길 원해서다.

사람들이 다른 사람과 같이 사는 것을 선택하는 이유도 친밀한 인간관계를 갖고 싶어 하는 이유와 같다. 독신을 선택한 사람들도 친밀한 인간관계를 나눌 친구를 가질 수 있다. 독신과는 달리 결혼과 동거를 선택한 사람들은 친밀한 인간관계와 함께 삶의 동반자를 갖기 위한 이유가 더 추가된다. 물론 결혼이 동거보다 두 사람 간의 관계가 합법적이고, 안정적이며, 지속적인 경향이 있다. 본 장에서는 결혼의 대안에 대한 선택, 결혼의 대안으로서 독신과 동거, 그리고 결혼을 하기 위한 배우자 선택에 관하여 살펴보고자 한다.

2) 결혼의 대안 선택 시 고려할 사항

인생을 살아가면서 하게 되는 수많은 선택 중 결혼의 대안에 대한 선택은 삶과 직결되므로 보다 신중하고 책임감 있는 의사 결정이 요구된다. 결혼, 독신, 동거에 대하여 어떠한 선택을 하느냐는 옳고 그름의 차원보다는 얼마나 건강하고 행복한 삶의 방식으로 선택하는가의 문제라 할 수 있다. 또한 자신이 선택한 결정을 수용하고, 이에 대해 스스로 책임질 수 있어야 한다. 결혼의 대안에 대한 선택을 하게 될 경우에는 다음 사항을 고려하는 것이 바람직하다(김영희 외, 2016).

(1) 선택은 연속적인 과정이다. 인생은 끊임없이 크고 작은 결정을 내려야 하는 선택의 연속이고, 각각의 선택이 독립적일 수도 있으나, 때로는 선택한 결정 간에 서로 영향을 주고받는 연속성을 지니기도 한다. 예를 들어, 결혼을 선택한다면 결혼한 후 자녀를 가질 것인지, 딩크족(DINK; Double Incomes No Kids 族)으로 살 것인지 등 연속적으로 많은 선택을 계속해야 한다.

(2) 선택은 긍정적인 측면과 부정적인 측면을 동시에 가지고 있다. 즉, 대부분의 선택에는 장점과 단점이 있기 때문에 선택의 옳고 그름보다는 그 선택이 건강한지, 행복한지, 가치가 있는지 등이 더 중요하다.

(3) 선택하지 않는 것도 선택이 된다. 예를 들어, 성관계를 할 때 피임을 하지

않으면 임신할 것을 잠정적으로 선택하는 것이다. 선택을 하거나 선택을 하지 않거나 어떤 일이 결정되기 때문에 선택의 결과는 자신이 책임질 수밖에 없다.

(4) 최선의 선택을 하기 위해서는 과학적이고 체계적인 방법으로 입증된 연구 결과와 충분한 정보가 필요하다. 최상의 선택을 필요로 하는 상황에 놓여 있을 때 무엇이 최선의 선택인지 분별하는 것은 쉽지 않다. 인터넷 검색도 손쉽게 이용할 수 있지만, 주변 사람들의 조언을 통해서 얻는 정보는 현실성과 실천성이 부족할 수 있음을 감안한다.

(5) 선택은 사회·문화적인 영향을 받는다. 선택은 시대적 요구나 사회적 상황에 따라 변화될 수 있는데, 특히 독신, 동거, 결혼의 선택은 시대와 사회 변화 양상에 따라 상당히 영향을 받는다.

(6) 대부분의 경우 선택한 사항은 수정하거나 변경될 수 있다. 그러나 결혼의 대안으로 내린 선택 중에는 변경될 수 있는 선택과 변경될 수 없는 선택이 있다. 선택이 변경된다는 것은 삶의 변화가 있음을 의미하며, 특히 결혼에 대한 선택을 변경할 경우에는 용기와 결단이 수반되기도 한다.

2. 독신의 선택

1) 독신의 개념

독신 생활을 결혼의 전 단계라 할 수도 있겠지만 일부 사람들이 자신의 삶의 양식으로 독신을 선택하기도 한다. 독신의 사전적 의미를 살펴보면, 미혼이나 이혼, 사별 등으로 법적 배우자가 없는 상태를 말한다. 비혼, 이혼, 사별, 별거 등으로 혼자 생활하는 개인이 선택하는 삶의 유형이다. 우리 사회에서는 일반적으로 결혼 적령기가 지나도록 결혼하지 않고 혼자 지내는 사람의 생활 유형을 독신이라 한다. 한국보건사회연구원(2020)이 19~49세 미혼 남녀 947명을 대상으로 '결혼을 연기하거나 하지 않는 이유'를 조사한 결과 전체 1위로 '주거 불안정(31.0%)'을 들었다. 성별에 따라 결혼을 연기하거나 하지 않는 이유가 다르게 나타났는데, 미혼 여성은 '독신의 여유로움과 편안함(31.0%)'이 가장 많았지만, 미혼 남성은 '주거 불안정'이 35.0%로 가장 많게 나타났다(연합뉴스, 2020). 이로 미루어 남성과 여성 간에 결혼 연기와 비혼 이유가 다름을 알 수 있다.

2) 독신의 유형

독신인 사람들은 자신이 원해서 독신 생활을 선택하는 경우도 있고, 결혼하고 싶은데도 불구하고 독신으로 사는 경우도 있다. 어떻게 독신 생활을 선택하느냐에 따라 생활 방식이나 삶의 질에 차이를 보이게 된다. 독신 생활은 자발적으로 선택했는가 또는 얼마나 지속 가능한가에 따라 4가지 유형으로 분류할 수 있다(Stein, 1981).

〈표 5-1〉 독신의 유형

자발적·일시적 독신	비자발적·일시적 독신
• 현재 미혼 상태로 결혼을 고려하지 않으며, 연령이 비교적 어린 경우가 많음 • 우리나라의 경우 자발적·일시적 독신의 비율이 높으며, 결혼 제도의 구속 때문에 일시적으로 결혼을 연기하는 경우가 많음	• 독신의 의사가 없으며 결혼을 원하는 비자발적 유형으로, 현재의 삶에 만족하지 못하는 경우가 많음 • 혼인 연령의 상승으로 많은 사람들이 이러한 형태를 일시적으로 경험하게 됨
자발적·안정적 독신	**비자발적·안정적 독신**
• 자발적으로 '독신주의'를 주장하며, 영원히 독신 생활을 고수하기로 결정한 경우 • 이혼을 했으나 재혼 의사가 없는 경우, 또는 동거하고 있으나 결혼할 생각을 하지 않는 유형	• 독신의 의사는 없으나(결혼을 원했으나), 결혼 적령기를 지나 결혼 가능성이 희박한 유형 • 배우자를 구하지 못한 고학력 전문직의 40대 이상 독신자들 또는 농촌 총각들이 여기에 속함

출처: 임혜경 외(2017). 사랑과 결혼. 경기: 양서원, 수정.

비교적 자발적으로 독신을 선택하는 경우, 구체적으로는 자발적·일시적으로 독신을 선택하는 경우와 자발적으로 평생 독신을 선택하는 두 경우가 삶의 만족도가 비교적 높은 편이다.

3) 독신 생활의 특징

우리나라에서는 결혼의 대안으로 독신을 선택하도록 만드는 사회적 요인이 점점 증가하고 있다. 미혼의 경우, 개인적 측면으로는 학업·직업을 통한 자아실현의 욕구가 증가하게 되고, 사회적 측면으로는 결혼하지 않고도 자유롭게 성관계를 가질 수 있는 사회적 분위기가 조성되고, 가치·윤리적 측면으로는 성 의식이 개방되고 여성의 순결을 강요하던 전통적인 성 윤리가 해제됨에 따라 독신을 매력적인 대안으로 여기는 경향이 증가하고 있다. 이외에도 이혼, 별거, 사별 등의 이유로 독신 생활을 하게 되는 경우도 있다. 이와 같이 독신에 이르게 되는 과정은 다양하다.

첫째, 미혼 독신자들의 경우 과거에 비해 학업, 직업 등의 이유로 결혼을 지연시키고 있는 경향이 있다. 성인기 초반에 자신에 대해 책임을 지고 학업을 마치며, 직장에서 기반을 잡아 경제적 및 정서적으로 독립을 하고자 하는 미혼 독신자들이 증가하고 있다.

둘째, 별거하거나 이혼한 독신자들의 경우이다. 이들은 불행한 결혼 생활을 지속시키기보다 혼자 사는 생활이 더 낫다고 생각한다. 이들은 별거나 이혼 직후에는 다소 힘들어할 수 있으나, 점차 적응하면 비교적 안정적으로 독신 생활을 하게 된다.

셋째, 배우자의 죽음으로 독신이 된 경우이다. 배우자와 사별한 사람들은 자신의 의지와는 상관없이 독신이 된 사람들이므로, 혼자 사는 생활이 익숙지 않아 초기에는 심리적·경제적인 어려움을 겪지만, 이후에는 긍정적으로 자신의 삶을 영위하는 사람들도 있다.

독신 생활의 장점과 단점을 살펴보면 다음과 같다(이기숙 외, 2001; Macklin, 1986).

〈표 5-2〉 독신의 장점과 단점

독신의 장점	독신의 단점
• 자유로움: 독신자는 기혼자에 비해 생활의 자유와 융통성, 직업과 여행의 자유로움 등을 누릴 수 있다. • 사회적 경쟁력: 기혼자들이 자녀나 배우자를 위해 투자하는 시간을 독신자들은 자신의 발전을 위해 투자할 수 있어, 사회적 경쟁력을 쌓기 용이하다. • 자유로운 대인 관계: 동성, 이성 구분 없이 자유롭게 친구 관계를 유지할 수 있다.	• 외로움: 상호 작용할 수 있는 가족 없이 외롭게 혼자 지내야 한다. 특히 정서적 애착을 형성할 대상이 없다. • 결혼한 사람과의 사회적 관계 시 제한적임: 우리 사회는 아직도 독신자와 기혼자가 자유로이 사회적 관계를 형성하는 것이 제한된다. • 독신에 대한 부정적 인식: 독신자에 대해 부정적인 사회적 인식이나 편견이 아직도 존재하므로 적응에 어려움이 있을 수 있다.

출처: 김영희 외(2016). 결혼과 가족. 경기: 양서원, 수정.

안정적인 독신 생활을 이루기 위해서 독신자들이 갖추어야 할 사항은 다음과 같다.

- 자신의 강점을 인정하고, 자신에 대해 긍정적인 사고방식을 가진다.
- 자기 인생에 대한 책임감을 가진다. 자기 자신에게 의존하고, 다른 사람에게 너무 많은 것을 기대하지 않는다.
- 풍요로운 여가 생활을 위하여 다양한 취미 활동을 즐긴다.
- 여러 사람과 잘 어울릴 수 있도록 대인 관계망을 확보한다.
- 가족과의 관계도 원만하게 유지한다.
- 혼자 있는 시간을 즐길 수 있는 나만의 방법을 찾는다.
- 적당한 운동을 통해 건강을 유지한다.
- 규모 있는 경제 생활을 통해 젊어서부터 노후를 위한 대책을 마련한다.

3. 동거의 선택

1) 동거의 개념

동거란 혈연 관계나 친족 관계가 아닌 두 남녀가 혼인 신고를 하지 않고 주거 공간을 공유하는 생활 형태를 의미한다. 즉, 동거란 이성 간에 법적으로 혼인 신고를 하지 않은 상태에서 공동 기거, 공동 취사, 성적 욕구 충족 및 경제적 기능을 수행하며 두 사람이 함께 거주하는 것이다.

우리나라 동거 문화의 시대적 변화를 살펴보면, 과거에는 저소득층이 경제적인 이유로 동거를 선택하는 경우가 많았다. 그러나 혼전 순결과 성에 대한 개방적인 태도가 확산됨에 따라 혼전 동거에 대한 인식이 개선되었다. 즉, 동거가 점점 증가하고 있는 이유는 동거를 결혼 준비 형태로 이해하는 동거에 대한 인식의 변화를 들 수 있다.

동거의 형태는 다양하지만 대체로 구혼 과정 중의 한 부분이거나 시험 결혼의 성격을 갖기도 하며, 결혼의 대안이 되기도 한다. 동거의 장점으로는 결혼을 전제로 한 동거의 경우, 결혼하기 전에 예비 배우자를 파악함으로써 보다 행복하고 안정적인 결혼 생활에 도움이 될 수 있다. 또한 반드시 결혼을 전제하지 않는다 하더라도 동거는 경제적 이점이 있으며, 결혼이라는 틀에 얽매이지 않으므로 역할 분담 등에 있어서 비교적 평등한 관계를 형성할 수 있다.

그러나 동거는 법적 보호가 취약하다는 것이 가장 큰 단점이다. 동거하는 사람들은 사실상의 부부 관계를 유지하고 있으나, 우리나라는 법률혼 사회이기 때문에 법적 혜택을 보장받을 수 없다. 따라서 동거 부부는 법적으로 결혼한 부부에 비해 책임감도 적고, 생활의 만족도가 낮은 편이다. 동거는 결혼 생활에 비해 상대적으로 단기간 유지되며, 아직까지도 우리나라에서는 동거에 대한 편견이 존재하므로 동거를 선택할 때에는 보다 신중한 자세가 요구된다.

2) 동거의 유형

라이들리 등(Ridley et al., 1978)이 제시한 동거의 유형을 살펴보면 다음과 같다(김영희 외, 2020).

(1) 라이너스 담요형

라이너스 담요형 동거는 코미디 연재만화인 '피너츠(Peanuts)'에서 안전 담요를 어디든 가지고 다니는 라이너스(Linus)란 배역에서 유래되었다. 이 관계의 경우 한쪽이 너무 의존적이어서 혼자 있기보다는 누군가와 항상 관계 맺는 것을 선호하는 유형이다. 이 유형은 약한 사람과 강한 사람이 동거하는 경우에 해당된다. 약한 사람은 개방적으로 의사소통하지 못하고, 강한 사람은 약한 사람을 무조건 받아들여 주어야 하므로 이 유형은 성공적으로 유지되기 어렵다. 그러므로 관계가 끝났을 때 약한 사람의 경우 자존감은 더욱 낮아지게 되고, 떠나는 사람은 죄책감을 느끼게 된다.

(2) 자유 추구형

동거의 동기는 사람마다 다양한데 어떤 사람들은 부모의 영향력으로부터 벗어나기 위해 동거를 선택한다. 하지만 스스로 자립하지 못한 사람들은 동거 생활에서도 완전한 해방감을 느끼지 못하므로 상대를 자주 바꾸는 경향이 있다. 자유 추구형의 경우 상대방의 희생을 통해 자신의 자유를 추구하기 때문에 상대방은 어려움을 겪게 된다.

(3) 편리 추구형

편리 추구형 동거는 서로 편의를 주고받는 관계이다. 이 유형에서는 주로 남성이 여성에게 경제적 안정을 제공하고, 여성은 그 대가로 가사 일을 하게 되는 경우이다. 다시 말해, 편리 추구형은 서로에게 편의를 제공해 주며 동거하는 유형이다.

(4) 실험형

실험형 동거는 결혼을 실험하기 위하여 동거를 선택하는 경우이다. 이때 두 사람이 비교적 성숙하고 함께 사는 데 필요한 책임감이 전제된 경우라면 동거는 결혼 생활과 어느 정도 유사할 수 있다. 그러나 동거에서는 실제 결혼 생활에서 요구되는 헌신을 찾아보기 힘든 경우가 많다.

이 외에 매클린(Macklin, 1986)은 동거의 유형에 결혼에 대한 일시적인 대안형과 영구적인 대안형을 포함시켰다. 결혼에 대한 일시적인 대안형은 두 사람이 결혼을 하기로 약속했지만 결혼할 여건이 갖추어지지 않아 동거를 먼저 택하고, 결혼할 여건이 갖추어지면 동거 관계를 마무리하는 유형이다. 영구적인 대안형은 두 사람이 서로에 대한 장기적인 책임감을 가지고 함께 동거하는 유형이다.

3) 동거의 특징

동거는 결혼과 달리 합법적인 관계가 아니기 때문에 동거하기 전에 신중하게 법적인 문제를 고려해야 한다. 일반적으로 동거하는 사람들은 결혼한 사람들보다 관계적 측면에서 안정성이 떨어진다. 동거 관계가 끝나면 개인 재산이나 함께 사는 동안 벌어들인 소득에 관한 문제가 발생할 수도 있다. 그러므로 동거를 하려는 사람들은 자신을 보호하기 위하여 법적 계약을 하는 것이 좋다. 물론 계약 내용에는 소득의 분배, 자녀에 대한 보호·양육 및 자녀 양육비 지불 등이 포함되어야 한다. 이러한 내용의 법적 계약은 동거가 끝났을 때 관계의 정리, 합리적이고 정당한 재산 분배, 향후 자녀 양육 문제 등을 위한 보완 대책이 될 수 있다. 특히 노인들이 동거할 경우 동거 관계 해제 시 재산의 분배와 같은 경제적 문제로 인해 젊은 사람들보다 더 큰 타격을 받을 수 있다.

동거라는 대안적인 생활 형태는 장·단점이 있다. 이기숙 등(2001)과 매클린(Macklin, 1986)은 동거의 장·단점을 다음과 같이 제시하고 있다.

〈표 5-3〉 동거의 장점과 단점

동거의 장점	동거의 단점
• 편리함: 결혼과 같은 복잡한 법적·행정적 절차나 결혼에서와 같은 책임감이 없다. • 서로에 대한 이해: 특히 실험형 동거의 경우 결혼 전에 여러 가지 문제를 사전에 파악할 수 있다. • 개인적인 성장의 기회: 동거의 경험 역시 동거자들의 개인적 성장과 성숙함을 가져온다.	• 법적인 보호 미흡: 동거의 장점인 편리함 이면에는 동거 생활에 문제가 발생하였을 때 법적인 보호가 미흡하다는 단점이 있다. • 서로에 대한 책임감 부족: 동거 자체가 갖는 관계의 모호성으로 인하여 주변의 지원이나 서로에 대한 책임감이 부족하다. • 부정적 고정 관념: 동거가 증가하고 있음에도 불구하고 아직도 동거에 대한 부정적인 고정 관념이 존재한다.

출처: 김영희 외(2016). 결혼과 가족. 경기: 양서원, 수정.

4. 결혼의 선택

결혼은 개인이나 개인이 속한 집단에게 중대한 사건이며, 결혼의 성공 여부는 배우자 선택에 의하여 상당 부분 결정된다. 현대 사회에는 가족의 기능이 변화하면서 배우자에 대한 정서적 및 애정적 기능이 강조되고, 가족의 안정성과 자녀 양육의 문제도 배우자 선택에 의해 크게 영향을 받는다. 그러므로 결혼 적령기에 있는 사람과 그 부모는 적절한 배우자의 선택으로 고민하게 된다.

1) 배우자 선택의 원리

배우자를 선택하는 데에는 몇 가지 원리가 존재하는데, 이는 사회학적, 심리학적, 경제학적 원리로 설명할 수 있다.

(1) 사회학적 원리

사회학적 관점에서는 배우자 선택이 '동질혼(homogamy)'과 '족내혼(endogamy)'의 원칙에서 이루어진다고 본다. 동질혼이란 가치나 태도, 그리고 사회적 배경 등에서 서로 유사한 동질성을 지닌 사람들끼리 서로를 배우자로 선택한다는 것이다. 같은 사회 집단에 속한 사람들은 여러 가지 면에서 동질적이므로, 이러한 사회 안에서 결혼하는 족내혼이 보편적이다.

물론 동질혼과 족내혼의 원칙에서 벗어나는 경우도 있다. 그 대표적인 예가 근친 금혼(incest taboo)으로 같은 혈연 집단이야말로 가장 밀접한 집단이며, 가장 동질적인 집단임에도 불구하고 동서고금을 통해 일반적으로 가까운 혈연 집단 내에서의 결혼을 금하고 있다.

근친 금혼의 규정 외에도 동질혼과 족내혼의 예외가 발견되는 경우가 있다. 집단 크기가 작거나, 집단 내에서 성비의 균형이 맞지 않거나, 집단 내의 사람들 간의 이질성 정도가 큰 경우에는 다른 집단의 사람들과 결혼하는 것을 종종 발견할 수 있다. 예를 들어, 미국 속의 이민 한국인 집단은 그리 크지 않기 때문에 결혼 연령에 속한 사람들도 그리 많지 않다. 더구나 미국은 인종적 또는 문화적 이질성이 크기 때문에 이민 2세대는 이질적인 다른 집단 사람들과도 쉽게 친해지고 교류하면서 이민 한국인 집단이 아닌 다른 집단에서 배우자를 선택하는 경향이 있다.

(2) 심리학적 원리

배우자 선택에서 '유사성'과 '보상성'과 같은 개인 간의 특성이 심리학적 원리로 작용하게 될 경우 호감을 느끼게 된다.

① 유사성 원리

일반적으로 사람들은 자신과 유사한 조건을 가진 사람들에게 친근감과 편안함을 느끼게 되는데, 이것이 유사성 원리이다. 유사성 원리는 출신 지역, 연령, 교육 수준, 종교, 사회·경제적 지위, 가정 환경뿐만 아니라 흥미나 태도, 가치관이 유사한 사람들에게 호감을 느끼게 되는 경향이 있다는 것이다. 유사성이 배우자 선택의 기준으로 작용한다는 설명은 사회학적 관점에서의 동질혼 및 족내혼의 원칙과 일관적이다.

실제 상황에서는 유사성에 대해 매력을 느끼는 정도가 일정한 방식으로 나타나지 않는다. 사람의 태도는 다양한 주제에 따라 다르게 나타나며, 사람에 따라 또는 상황에 따라 유사성에 대하여 다른 방식으로 반응할 수 있기 때문이다.

그러나 유사한 사람이라고 해서 반드시 매력을 느낀다는 보장은 없다. 상대방의 특성이 바람직한 것인가 혹은 바람직하지 않은 것인가에 따라 유사성이 호감을 유발하기도 하지만 오히려 부정적인 감정을 유발할 수도 있다. 예를 들어, 내 스스로도 힘들어 하는 다혈질적인 성격을 상대방도 갖고 있을 때에는 유사성으로 인한 매력보다는 오히려 거부감이 들 수 있을 것이다.

② 보상성 원리

보상성 원리는 상대방이 자신이 갖추지 못한 부족한 점을 보상해 주기 바라는 욕구를 충족해 줄 수 있다고 느낄 때 상대방에게 매력을 느끼는 경향이다. 남녀가 서로 하나 또는 두 개의 속성이 다름으로 인해 보상이 되어 서로에게 만족을 제공하게 된다. 배우자 선택에서 이러한 보상성이 작용하는 경우는 대개 성격, 심리적 욕구, 단순한 행동이나 조건에서 보상성이 나타날 때이다. 일단 연령, 사회·경제적 지위, 인종, 교육 등의 기본적인 특성에서 유사할 경우, 서로 간의 보상적인 특성이 작용하기 쉽다.

(3) 경제학적 원리

경제학적 원리로는 먼저 남녀가 소유한 자원에 있어서 교환 자원 공평성 원리를 살펴보고, 다음으로 결혼 생활을 선택할 경우 독신 생활과 비교하여 그 순이익을 계산·비교해 보는 사회 교환의 원리를 살펴보고자 한다(건강가정컨설팅연구소, 2017; 허혜경 외, 2017).

① 교환 자원 공평성 원리

경제학에 기초한 교환이론에서는 서로 주고받는 자원의 교환이 있어야 그 관계가 성립되고 지속될 수 있다고 주장한다. 교환 자원 공평성 원리에 의하면 교환되는 자원이 상호 보충적으로, 상호 공평한 거래가 이루어질 때 연인 관계가 안정적으로 유지될 수 있다. 즉, 배우자 선택에 있어서 이성 간에 상호 보상을 줄 수 있는 자원의 교환이 공평하게 이루어질 때 그 관계가 계속 유지되고, 나아가 결혼까지도 선택할 수 있다. 상호 교환되는 자원으로는 경제력, 사회적 지위, 가정 환경, 연령, 직업, 학벌, 신체적 매력, 성, 사랑, 정서적 지원 등 다양하다.

② 사회 교환의 원리

경제학적 원리에서는 사회 교환의 원리에 의해 남녀의 교제 행위를 이성적이며 계산된 행위로 간주한다. 즉, 사람들은 자신에게 최대의 보상을 줄 수 있는 배우자를 선택하고자 하고, 그 특정 대상과 결혼하는 것과 독신으로 사는 것 각각의 이익과 비용을 계산해서 그 사람과의 결혼이 이익이 될 때 결혼이 이루어진다고 설명한다(문숙재 외, 2001).

결혼 성립의 조건을 공식으로 표현하면 〈그림 5-1〉과 같다. 즉, 결혼의 이익에서 비용을 뺀 순이익이 독신의 순이익보다 크거나 같을 때 결혼을 한다는 것이다.

〈그림 5-1〉 결혼 성립 조건의 공식

$$(M_b - M_c) = M_n,\ (S_b - S_c) = S_n$$
$$M_n \geqq S_n$$

M : 결혼 S : 독신
b : 이익 c : 비용 n : 순이익

출처: 허혜경 외(2017). 현대사회와 가정. 서울: 동문사.

여기서 결혼 비용이란 결혼을 하기 위해 또는 결혼 생활을 유지하는 데 필요한 여러 비용을 포함한다. 예를 들어, 결혼식을 위해 필요한 비용, 즉 결혼식 비용, 신혼여행 비용, 배우자 예단 및 예물 비용, 살림살이 비용, 주택 비용 등을 들 수 있다. 또한 결혼 생활을 유지하는 데 필요한 비용에는 결혼 생활을 유지하기 위한 노력, 시간, 정신적 스트레스, 그리고 결혼의 기회 비용, 즉 결혼을 위해 포기해야 하는 독신 생활, 커리어 등과 같은 다양한 비용이 포함된다.

결혼이 주는 이익이란 결혼을 함으로써 얻게 되는 금전적 및 비금전적 이익을 의미한다. 결혼의 이익은 3가지 측면에서 이해할 수 있다. 첫째, '가족공공재 사용의 효과'가 있다. 한 배우자가 어떤 재화나 용역을 사용한다고 해서 다른 배우자의 사용 기회를 감소시키지 않으므로, 같은 자원으로 보다 여러 사람이 혜택을 입는다. 둘째, '외부 효과'인데, 한 배우자의 재화 및 용역의 사용이 다른 사람의 복지에 영향을 미치게 되므로 역시 같은 자원으로 여러 사람이 혜택을 받는다. 셋째, '상호 부양의 효과'는 결혼이 주는 이득이다. 한 배우자가 다른 배우자의 복지를 위해 의도적으로 하는 행위로서, 배우자가 신체적·정신적으로 건강을 유지하도록 예방적 차원에서 건강 관리에 노력하며, 또한 배우자 건강이 손상되었을 때에는 회복할 수 있도록 치료적인 도움을 제공하는 기능이다.

이러한 결혼의 비용과 결혼의 이익을 계산한 순이익이 독신 생활의 순이익보다 크거나 같을 때, 사람들은 독신 생활을 포기하고 결혼을 한다는 것이다. 그러나 결혼의 이익과 비용에 대한 판단은 주관적이기 때문에 이 공식을 획일적으로 적용하기는 어렵다.

2) 배우자 선택의 결정권

배우자 선택의 결정권이 어디에 있느냐에 따라 아래와 같이 양극을 잇는 하나의 연속선상에서 생각할 수 있다. 연속선의 왼쪽 끝은 중매혼(arranged marriage)이며, 오른쪽 끝은 자유혼(free choice of mate)이다(〈그림 5-2〉). 다시 말해 왼쪽에서 오른쪽으로 갈수록 배우자 선택에 있어서 개인의 자유의사가 강하게 반영됨을 나타낸다.

〈그림 5-2〉 중매혼과 자유혼의 관계

중매혼 (arranged marriage) → 자유혼 (free choice of mate)

출처: 허혜경 외(2017). 현대사회와 가정. 서울: 동문사.

중매혼이란 배우자 선택의 결정권이 결혼 당사자에게 주어지지 않는 경우이다. 주로 가족, 특히 가족 내의 연장자가 배우자 선택의 유력한 의사 결정자가 된다. 의사 결정권자인 가족은 결혼을 보편적으로 기존 가족의 안정과 연속을 위해, 누가 집안 식구로서 적절할 것인가의 입장에서 배우자를 선택하게 된다. 일반적으로 중매혼에서 고려되어야 할 요건은 결혼 당사자와의 관계와 함께 집안 식구들과의 관계가 원만할 것인가, 기존 가족의 질서에 순응할 수 있을지를 고려하게 된다.

자유혼은 누구의 간섭도 없이, 사회적 규범과도 상관없이 전적으로 결혼 당사자의 자유에 의해 배우자를 선택하는 경우이다. 결혼 당사자의 선택과 결정에 의해 사랑하여 결혼하는 연애혼은 자유혼의 일종이라 할 수 있다. 그러나 현실적으로 완전한 의미에서 자유혼은 존재하기 어렵다. 완전한 의미에서의 자유혼이란,

돈, 권력, 사회적 지위, 직업, 교육, 연령, 근친 관계, 가족 상황, 성 같은 상대방의 특성에 대한 주변의 의견이나 사회적 규범과는 무관하게 배우자를 자유롭게 선택하는 것을 의미하기 때문이다(문숙재 외, 2005).

〈표 5-4〉 연애혼과 중매혼의 비교

영역	연애혼	중매혼
이성 교제	매우 중요함	고려되지 않음
사랑	매우 중요함	중요하지 않음
상대방에 대한 지식	많이 알고 있음	비교적 적음
함께 하는 시간	많음	비교적 적음
혼전 성관계	있을 수 있음	거의 없음
부모 동의	약간 중요함	매우 중요함

출처: Davis H. Olson, John DeFrain, & Amy K. Olson(2007). 행복한 결혼 건강한 가족(21세기가족문화연구소 편역). 경기: 양서원, p. 24, 수정.

이외에도 중매혼과 자유혼을 절충한 형태인 절충혼이 있는데, 이는 배우자 선택의 결정권이 부모로부터 점차 당사자에게 주어지는 형태이다. 절충혼에는 두 가지 유형이 있는데, 하나는 당사자가 자유로운 교제를 거쳐 결혼 상대를 선택한 후 부모에게 소개하고 동의를 얻는 방법이며, 다른 하나는 중매로 상대를 선택한 후 자유로운 교제를 통해 결혼에 이르는 방법이다. 절충혼이라 하더라도 부모와 자녀 중에서 최종 선택권이 누구에게 있느냐에 따라 자유혼적인 성격이 강하기도 하고, 중매혼적인 성격이 강해지기도 한다. 배우자의 소개 경로를 보면 집안 어른이 소개하는 경우, 친구가 소개하는 경우, 본인이 직접 만나는 경우, 그리고 결혼정보회사와 같은 결혼 대행업체에서 주선하는 경우 등이 있는데, 이는 배우자 소개의 시대적 양상을 반영한다(신용주 외, 2011). 절충혼은 중매혼의 단점을 보완할 수 있고 상대를 구할 수 있는 범위가 넓으므로 많은 젊은이들이 선호하는 편이다. 어떤 면에서는 오히려 부모의 역할에 의존하고 판단을 신임하는 경향도 있는데, 이는 부모를 통해서 상대방의 배경을 알고 교제할 경우 안전성이 높고 부모와 갈등을 초래하지 않는다고 생각하기 때문이다(유영주 외, 2000).

현대 사회에서는 의사 결정권 소재의 측면에서 배우자 선택 방식이 중매혼에서 자유혼의 방향으로 움직여 왔으며, 최근에는 절충혼도 흔한 편이다. 배우자를 선택하는 데 있어서 부모의 결정권은 점점 약해지고 자유혼처럼 개인의 선택이 점차 중요해지더라도, 자신이 속한 가족과 사회의 규범으로부터 온전히 자유롭기는 어렵다. 단지 배우자 선택에 있어서 개인의 의사 결정권이 어느 정도 존중되는가의 문제이다.

3) 배우자 선택 이론

(1) 여과망 이론(filter theory)

여과망 이론을 처음 소개하였던 케르코프와 데이비스(Kerkoff & Davis, 1962)는 배우자 선택의 다양한 요인을 발달적 모형으로 제시하였다. 약혼 단계의 대학생 커플을 종단적으로 연구한 결과, 그 관계의 초기 단계에는 인종·연령·종교·사회 계층과 같은 사회적 특성이 중요한 요인으로 작용하였으며, 관계가 진전되면서 가치관의 공감이 중요해졌고, 좀 더 오랜 기간 사귄 친밀한 관계에 이른 단계에서는 상호 보완의 기능이 중요한 것으로 나타났다.

우드리(Udry, 1971)는 배우자 선택에 영향을 미치는 요인에 관한 이론을 정교화시켜 모든 가능한 데이트 상대로부터 관계를 맺기 시작하여 결혼에 이르기까지 6개의 여과망(filter)을 거치면서 점차 그 대상이 좁아지고 제한되어 마지막에 한 사람을 선택하게 되는 여과망 이론을 제시하였다. 여과망 이론에서 배우자 상대를 걸러 내는 여과망으로는 근접성의 여과망, 매력의 여과망, 사회적 배경의 여과망, 의견 합치의 여과망, 상호 보완성의 여과망, 그리고 결혼 준비의 여과망이 있으며, 이것을 그림으로 나타내면 〈그림 5-3〉과 같다.

〈그림 5-3〉 배우자 선택의 여과망 이론

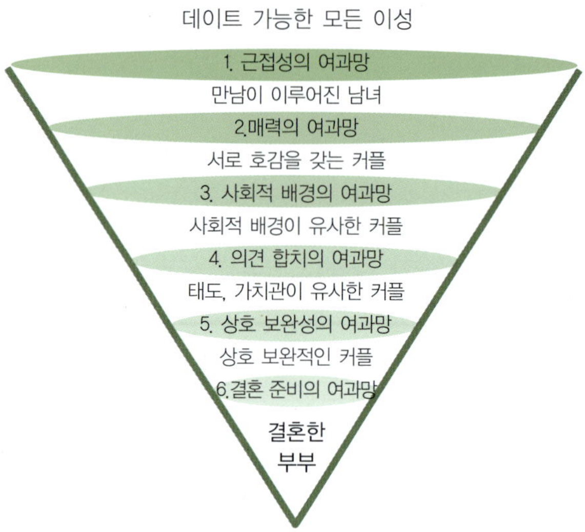

출처: 건강가정컨설팅연구소(2017). 결혼과 가족생활. 서울: 시그마프레스, p. 97.

① 근접성의 여과망

만남이 이루어진 남녀가 물리적으로 근접한 거주 지역 또는 활동 지역에 살 경우 만남의 가능성이 높아진다.

② 매력의 여과망

근접성의 여과망을 통과한 후 서로의 매력을 찾아 호감을 갖게 된다. 매력을 느끼는 요인에는 개인차가 있으나, 일반적으로는 외모, 능력, 상대방의 성격 등이 있다. 초기에는 외모에서 상대의 매력을 찾겠지만, 점차 배려, 이해심, 친절 등과 같은 상대방의 성격 특성에 매력을 느끼게 된다.

③ 사회적 배경의 여과망

매력의 여과망을 통과하고, 사회적 배경이 유사할 경우에 호감을 느끼게 된다. 그러나 서로 간에 사회적 배경이 너무 다르면 격차를 느껴 어울리지 않는다고 여기게 된다.

④ 의견 합치의 여과망

사회적 배경의 여과망을 통과하면, 서로의 가치관, 신념, 태도 등이 유사한가에 대한 의견 합치의 여과망 단계를 거치게 된다. 인생관이나 결혼관과 같은 가치관과 태도가 유사할 경우 스트레스와 마찰이 적기 때문에 서로 조화롭게 적응할 가능성이 높다.

⑤ 상호 보완성의 여과망

유사성 원리에 의거한 사회적 배경의 여과망과 의견 합치의 여과망을 통과하면, 서로에게 부족한 점을 상호 보완해 줄 수 있는지를 고려해 보는 상호 보완성의 여과망을 거치게 된다.

⑥ 결혼 준비의 여과망

보상성 원리에 기초하여 상호 보완성의 여과망을 통과하면, 최종적으로 결혼 준비의 여과망을 거쳐 배우자를 선택하게 된다. 여러 여과망을 통과했다고 하더라도 막상 결혼 준비 상태가 되어 있지 않다면 결혼이 성사되기 어렵다.

(2) 자극-가치-역할 이론(stimulus-value-role: SVR 이론)

머스틴(Murstein, 1987)은 배우자 선택 과정이 자극, 가치, 역할의 3단계를 거치며 진행된다고 하는 자극-가치-역할 이론(SVR 이론)을 제시하였다(허혜경 외, 2017). 남녀가 만남을 거듭하면서 자극, 가치의 비교, 역할의 적합성 등을 검토하여 배우자를 선택하게 되는 자극-가치-역할의 3단계를 살펴보면 다음과 같다.

① 자극 단계(stimulus stage)

배우자 선택에서 1단계는 자극 단계이다. 여기서 자극이란 매력에 의한 것을 의미한다. 초기 만남에서는 무엇보다도 서로에게 매력적인 자극이 느껴지는 것이 중요한데, 그 이유는 자극이 있어야 다음 단계의 만남으로 진행될 수 있기 때문이다. 이 단계는 최소한의 상호 작용만 존재하는 단계이므로, 사람들은 외적으로 나타나는 특성에 의해 상호 매력을 느낀다. 즉, 상호 작용 전에 관찰 가능한 상대방의 신체적·사회적·심리적 속성에서 매력을 발견하는 것이다. 각자가 지니고 있는 조건, 예컨대 외모, 사회성, 지적 능력, 명성과 같은 특성에 대한 상대방의 평가를 기초로 이루어지며, 매력은 상대방이 소유한 자원과 가능성의 교환에 달려 있다. 자극 단계에서는 쌍방이 가지고 있는 자원을 비교하는데, 이때 상대방으로부터 어느 정도의 보상을 받느냐에 따라 그 관계가 지속된다. 상대방의 외모·사회적 기술·명성·지적 능력 등이 기초가 되어 공평한 교환이 이루어질 수 있는지 분석하고, 서로 총체적 매력이 균형을 이룬다고 판단하면 다음 단계로 진전된다. 자극 단계는 우드리의 여과망 이론에서 2~3단계에 해당하는 단계라 할 수 있다.

② 가치 단계(value stage)

자극 단계를 거쳐 서로에게 호감을 가지고 만남을 거듭하면서 서로의 가치관, 삶의 태도, 사고방식 등이 유사한지를 비교하게 된다. 즉, 가치 단계에서는 인생관이나 성·결혼에 대한 가치나 태도 등을 비교하여 모순되지 않는지, 서로에게 적합하고 수용할 수 있는지를 평가한다. 가치 측면에서 상호 유사성이 느껴지면 관계는 더욱 발전하게 되어 다음 단계로 넘어간다. 가치 단계는 우드리의 4단계라 할 수 있다.

③ 역할 단계(role stage)

일부는 자극 단계 혹은 가치 단계를 기초로 결혼하지만 가치의 유사성만으로는 배우자를 선택하기에 충분치 않기 때문에, 대부분의 사람들은 역할 단계로 넘어간다. 역할 단계는 역할의 적합성을 판단해 보는 단계로서, 서로가 기대하는 역할을 받아들일 수 있는지, 또는 상호 보완이 가능한지를 탐색해 보는 단계이다. 역할 단계에서는 두 사람이 가족이라는 단위로 기능할 수 있는가에 관심을 가지며, 역할이 서로에게 적합할 수 있을지를 확인하는 단계이다.

여기서 역할이란 남편 혹은 아내로서 수행해야 할 역할을 의미한다. 두 사람이 부부로서 수행하여야 할 역할, 즉 배우자로서의 역할이나, 가족의 경제적 안정을 유지하기 위한 활동적 역할, 부모로서의 역할 등 다양한 역할을 예상하며 그 역할의 수행 가능성을 예측해 보는 것이다. 역할 단계에서는 자신과 미래의 배우자가 함께 서로의 기대를 확인하고, 협상하며, 기대를 만족시키도록 타협한다. 이 단계에서는 특정한 상황에서 각자에게 기대되는 행동과 역할을 정립하는 것이 중요하다. 역할 단계는 우드리의 5단계와 비슷하다고 할 수 있다.

이 3단계가 성공적으로 이루어지면 일반적으로 결혼에 도달하게 된다. 그러나 어느 단계에서든지 서로가 맞지 않으면 두 사람의 관계는 그 단계에 머무르거나 종결되며 다음 단계나 결혼으로 진전되지 않는다. 자극-가치-역할 이론에서는 자극 단계, 가치 단계, 역할 단계가 연속적이며 단계적으로 일어난다고 하지만, 전 단계에 걸쳐 이 3가지 요인이 함께 작용할 가능성도 있다.

〈그림 5-4〉 배우자 선택의 자극-가치-역할 이론

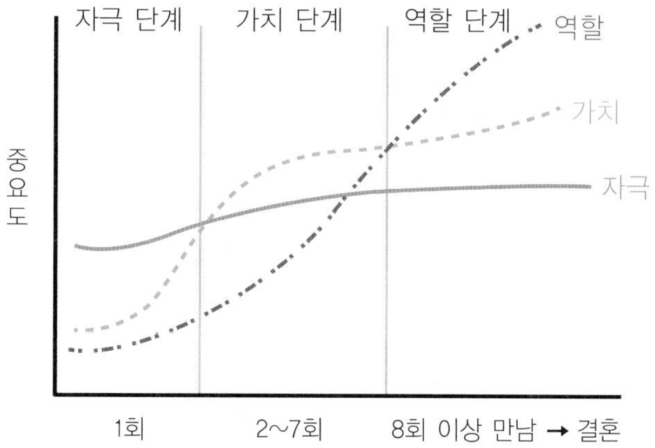

출처: Murstein, B. I.(1987). Feedback, a clarification and extension of the SVR theory of dyadic paring. *Journal of Marriage and the Family, 49*(4), pp. 929-933.

(3) 결혼 전 배우자 관계 형성 이론 (premarital dyadic formation theory)

루이스(Lewis, 1973)의 결혼 전 배우자 관계 형성 이론(premarital dyadic formation theory)은 남녀가 관계를 형성해 가는 과정에 초점을 두며 라포 형성과 자기 개방이라는 개념을 추가하였다. 배우자 관계 형성 이론은 다음과 같은 6단계로 이루어지며, 그 내용은 다음과 같다(건강가정컨설팅연구소, 2017; 홍길회 외, 2015).

1단계는 유사성 인식 단계로 사회·문화적 배경, 가치관, 인성, 흥미 등에서 상호 유사성을 인식하면서 관심을 갖게 되는 단계이다. 이 단계에서는 유사성 원리가 작용한다.

2단계는 라포 형성 단계이다. 라포(rapport)란 남녀 상호 간의 신뢰감을 의미한다. 초기 단계에는 아직 낯선 상대에게 자신을 개방하기 어려우나, 계속 만나가면서 서로가 친화력을 이루는 라포 형성 과정을 갖게 된다. 이 단계에서는 대화를 통하여 서로 신뢰감을 형성하면서 친밀감을 느끼게 된다.

3단계는 자기 개방 단계이다. 라포가 형성된 후에는 점차 솔직하고 개방적으로 자기표현을 하게 된다. 자기 개방 단계에서는 서로를 긍정적으로 받아들이며 상호 친밀한 관계로 발전하게 된다.

4단계는 역할 취득 단계로서, 서로가 기대하는 역할에 대하여 정확한 개념을 파악한다. 서로의 역할에 대한 공감이 이루어질 때 두 사람의 관계가 더욱 발전될 수 있다.

5단계는 역할의 적합성 단계이다. 즉 서로가 기대하는 역할이 수행 가능한지, 상호 보완적인지, 유사한지 등의 적합성을 파악하는 단계이다.

6단계는 커플로서의 결정 단계이다. 이 단계에서는 커플로서 '우리'라는 정체감을 수립하며, 결혼에 대한 약속을 실행한다. 주위에서도 결혼할 커플로 인정을 받게 되며, 이로써 최종적으로 서로를 배우자로 선택하게 된다.

결론적으로 사랑은 행복한 결혼 생활의 필요조건이지만 충분조건은 아니다. 사람들은 자신과 가치관, 사고방식, 사회적 배경 등이 유사하거나, 부족한 부분을 서로 보완하면서, 또한 서로에게 기대하는 역할을 충족시켜 줄 수 있는 배우자를 찾는다.

4) 배우자 선택에 영향을 미치는 요인

배우자 선택에 영향을 미치는 요인들은 매우 다양하다. 여기에서는 신체적 요인, 사회 경제적 요인, 상호 작용적 요인의 3가지 측면에서 각 요인들이 배우자 선택에 어떠한 영향을 미치는지를 살펴보고자 한다.

(1) 신체적 요인

배우자 선택에 영향을 주는 신체적 요인으로 주로 상대방의 외모가 작용한다. 현대 사회의 문화는 외모라는 피상적 특성에 대해 많은 가치를 부여하며, 이에 대한 선호는 데이트, 구애, 결혼에서 가장 두드러지게 나타난다. 배우자 선택에 있어서 외모가 중요한 요인이 되는 이유는 3가지로 설명할 수 있다.

첫째, 현대 사회에서는 외모가 개인을 평가하는 중요한 기준 중 하나로 작용하기 때문이다. 문화적으로 약간의 차이는 있지만 현대인들은 외모에 기초하여 다른 사람을 판단하며, 신체적으로 매력적인 사람들은 성격이나 능력 등에서도 긍정적인 특성을 가지고 있는 것으로 생각하는 경향이 있다.

디온 등(Dion et al., 1972)은 신체적 매력에 대한 사람들의 고정 관념에 대해 연구하였다. 연구자들은 남녀 대학생들에게 외모가 아름다운 사람들의 사진, 보통으로 생긴 사람들의 사진, 못생긴 사람들의 사진 등 3종류의 사진을 보여 주며 그 사진 속의 인물에 대한 여러 속성을 평가하도록 하였다. 연구 결과, 대학생들은 신체적으로 매력적인 사람들이 성격, 능력, 직업, 결혼 생활 등에서 더 좋은 속성을 지니고 더 행복하다고 생각하는 것으로 나타났다.

둘째, 상대의 외모가 타인으로부터 받은 자신의 평가 기준이 될 수 있기 때문이다. 신체적으로 매력적인 배우자를 둔 사람은 다른 사람들로부터 부러움을 받고, 더 좋은 평가를 받는다. 그러나 이러한 '미의 방출 효과(radiating beauty effect)'에는 성차가 있다.

셋째, 신체적으로 매력적인 사람들이 그렇지 못한 사람들에 비해 자아개념이나 사회적 기술이 더 긍정적인 경향이 있기 때문이다. 물론 신체적 매력은 나이가 들면서 변하기 때문에 이것이 개인의 생애 전반에 걸친 발달에 영향을 미칠 것인가에 대한 의문이 생길 수 있다. 그러나 사람들은 다른 사람의 외모를 평가하는 일반적인 기준을 가지고 있어서 그 사람에 대해 시간이 지나도 비교적 일정한 신체적 매력의 이미지를 가진다. 따라서 신체적으로 매력적인 사람들은 시간이 지나도 계속 매력적이라는 이미지를 가지며, 이로 인해 계속 긍정적인 피드백을 받게 되는 것이다.

그러나 여기에서 언급한 신체적 매력이란 각 개인에 따라서 상대적으로 작용할 가능성이 있다. 그 첫 번째 가능성은 외모의 관점으로, 이는 문화, 시대, 장소에 따라 다른 상대적 개념이므로 다른 사람들이 서로 다른 외모의 기준으로 상대방을 평가할 수 있다는 점이다. 두 번째 가능성은 신체적 매력을 무엇으로 평가하는가의 문제이다. 특정 부위보다는 전체적인 인상으로 상대의 매력을 평가하기 때문에 단순히 얼굴의 아름다움과 같은 특정 부위가 아닌 다른 기준으로 서로의 매력을 볼 가능성이 있다. 세 번째 가능성은 신체적 매력만이 아니라 다른 사회 경제적 능력 또는 성격적 장점 등의 속성들도 감안하여 서로의 적합성을 가늠하기 때문이다. 마지막 가능성은 배우자 선택의 초기인 거르는 단계(screening stage)에서는 신체적 매력이 중요하게 작용하지만, 일단 신체적으로 매력적이지 못한 사람들이 걸러진 상황에서는 다른 종류의 속성들이 배우자 선택에서 더 중요시될 수 있기 때문이다.

(2) 사회 경제적 요인

① 연령

대부분의 사람들은 비슷한 연령에서 배우자를 선택하므로, 우리나라의 경우 부부 간의 연령차가 지속적으로 줄어들고 있는 추세이다. 최근에는 남성 연상 부부의 비율은 점차 감소하고 있는 반면 여성 연상 또는 동갑 부부의 비율은 지속적으로 증가하고 있다.

그러나 아직까지는 남성이 여성보다 연령이 더 많은 경우가 대부분인데, 이는 남성의 신체적 성숙이 더 늦다는 이유와 함께 군복부, 그리고 주 경제 부양자가 되기 위한 준비 기간이 필요하기 때문이다. 이와 같이 남성이 여성보다 결혼 연령이 높기 때문에, 출산율의 변화로 인해 결혼 적령기 인구의 성비 불균형 현상이 생기게 되는데, 이러한 현상을 '혼인에 대한 외압 현상(marriage squeeze)'이라고 한다.

② 사회 계층

대부분의 사람들은 비슷한 계층의 사람들끼리 결혼한다. 부모의 직업이 서로 비슷하거나, 여성이 약간 열세인 경향이 있다. 여성이 약간 열세인 경우는 여성의 외모나 기타 다른 보상 요인이 있는 경우가 대부분이다.

③ 종교

일반적으로 같은 종교를 가진 사람들끼리 결혼하는 경향이 있다. 그러나 종교의 유형에 따라 다른 종교와의 결혼을 허용하는 정도가 다르다. 기독교와 가톨릭 신자들 간의 결혼은 종종 발견된다.

(3) 상호 작용적 요인

① 물리적 근접성

물리적 근접성은 사람들의 접촉 가능성을 높이고, 상호 작용을 빈번하게 해 주기 때문에 배우자 선택에 중요한 요인으로 작용한다. 물리적으로 가깝거나, 같은 거리라도 접촉 가능성이 더 많은 경우에 사람들은 서로 결혼할 가능성이 크다. 보사드(Bossard, 1980)의 연구에서 결혼 직전의 주소지를 조사한 결과 결혼한 사람들의 반 이상이 20블록 이내의 근거리에 거주하던 사람들이라는 사실을 통해 물리적 근접성의 중요성을 알 수 있다.

② 정서의 상대성

대부분의 경우 인간은 상대방과 상호 작용하는 가운데 자신의 기분이나 상대방의 반응에 대한 자신의 지각에 의해 영향을 받기 쉽다. 사람들은 자신이 기분이 좋을 때는 상대방을 긍정적으로 평가하는 경향이 있지만, 기분이 나쁠 때는 다소 부정적으로 평가하게 된다. 또한 상대방이 자신에 대해 어떤 반응을 하는지를 감지하여 그에 따라 상대방에게 반응하게 된다. 사람들은 자신을 좋아하는 사람에게 긍정적인 태도를 형성하고, 싫어하는 사람에게 부정적인 태도를 형성한다.

③ 바람직하다고 여겨지는 특성

사람들은 바람직하다고 여겨지는 특성을 가진 사람들에게 더 매력을 느낀다. 일반적으로 사람들은 자신보다 지나치게 우월한 상대보다는 자신의 눈높이에서 약간 더 우월한 사람에게 더 매력을 느낀다.

5) 배우자 선택 시 고려 사항

현대 사회에서 결혼의 동기는 개인의 행복 추구나 자아실현, 나아가 당사자 간의 애정이나 인성을 바탕으로 한 개인적 측면이 강조되고 있다. 젊은이들은 자유로운 이성 교제를 통해 폭넓은 배우자 선택의 가능성을 가진다. 수명의 연장과 함께 한두 명의 자녀를 낳아 독립시키고 난 뒤에 두 부부만이 생활하는 주기가 장기화되고 있음을 감안할 때, 어떤 배우자를 만나느냐는 평생 동안 결혼 생활의 행복 또는 불행을 좌우하는 결정적인 요인이다. 그러므로 행복하고 건강한 가족생활을 위해서는 앞서 살펴본 신체적 요인, 사회 경제적 요인, 상호 작용적 요인과 함께 가치관, 배려·매력 등 배우자의 특성에 대해 충분히 고려하여 신중하게 선택하여야 한다. 배우자 선택 시 고려할 점은 다음과 같다(송진숙 외, 2006; 임혜경 외, 2017).

(1) 사랑한다는 것만으로는 결혼의 이유가 충분하지 못하다. 결혼은 책임과 의무가 수반되는 냉혹한 현실이다. '사랑은 모든 장애를 극복할 것이다.'라는 일반적 생각은 우리의 환상일 따름이며 현실과는 맞지 않는다.

(2) 외모와 같은 신체적 매력이나 외적 조건이 사랑의 전부는 아니다. 상호 애정·존경·신뢰 등이 수반되지 않는 한, 외적 조건이 아무리 훌륭하여도 그 관계는 행복하게 지속되기 어렵다. 그러므로 서로의 인생관·결혼관 등 기본적인 가치관이 상호 조화를 이루어야 한다.

(3) 상대방의 단점·약점을 있는 그대로 받아들일 수 있어야 하며, 자신의 약점 또한 솔직하게 보일 수 있어야 한다. 한 사람을 배우자로 선택한다는 것은 상대방의 약점이나 부족한 점도 함께 수용하는 것을 의미한다. 개인의 욕구를 100% 충족시켜 줄 상대방은 존재하지 않기 때문에 상대방으로부터 완전함을 기대하는 것은 무리다.

(4) 교제 기간이 길다고 해서 반드시 성공적인 결혼 생활이 보장되는 것이 아니지만, 충분한 교제 기간을 통하여 서로를 이해하고 파악한 후에 결혼하는 것이 부부 간의 적응에 보다 도움이 된다.

(5) 결혼하면 자신 또는 상대방이 변하리라는 기대는 잘못된 생각이다. 따라서 상대방을 변화시키려는 시도보다는 서로에게 적응하려는 노력이 중요하다.

(6) 특정한 상황에서 느낄 수 있는 매력이 또 다른 상황에서는 전혀 다른 느낌을 줄 수도 있으므로, 다양한 상황에서 상호 관계를 통해 서로의 관계를 재검토하고 이해도를 높여 간다.

(7) 부모님이나 친구 또는 주위 사람들의 지지가 결코 무시되어서는 안 된다. 특히 자녀의 행복에 가장 큰 관심을 기울이는 부모님이 반대할 경우에는 반대하는 이유를 냉정하게 검토해 볼 필요가 있다.

참고문헌

건강가정컨설팅연구소(2017). **결혼과 가족생활.** 서울: 시그마프레스.

김영희, 김경미, 조주영, 황종귀(2016). **결혼과 가족.** 경기: 양서원.

반신환, 유옥(2011). **결혼과 가족.** 서울: 동문사.

신용주, 김혜수(2011). **대학생을 위한 부모교육.** 서울: 학지사.

연합뉴스(2020. 4. 15.). 결혼않거나 미루는 첫 이유… 男 '주거불안정' vs 女 '독신 여유'.

임혜경, 이현, 안윤영, 유정선(2017). **사랑과 결혼.** 경기: 양서원.

장휘숙(1995). **가족심리학.** 서울: 박영사.

허혜경, 박인숙, 김혜수(2017). **현대사회와 가정.** 서울: 동문사.

홍길회, 황정해(2015). **결혼과 가족 관계.** 서울: 동문사.

Davis H. Olson, John DeFrain, & Amy K. Olson(2007). **행복한 결혼 건강한 가족**(21세기가족문화연구소 편역). 경기: 양서원.

Lewis, R. A.(1973). A longitudinal test of a development framework for premarital dyadic formation. *Journal of Marriage and Family, 35,* pp. 16-25.

Murstein, B. I.(1987). Feedback, a clarification and extension of the SVR theory of dyadic paring. *Journal of Marriage and the Family, 49*(4), pp. 929-933.

Ridley, C. A., Peterman, D. J., & Avery, A. W.(1978). Cohibition: Does it make for a better marriage? *Family Coordinator,* pp. 129-136.

Stein, P. J.(1981). *Single life: unmarried adults in social context.* New York: St. Martin's Press.

Udry, J.(1971). *The social context of marriage.* Lippincott Company.

Marriage & Family

1. 약혼

1) 약혼의 개념과 특성

장차 결혼하고자 하는 두 남녀가 서로 결혼을 약속하는 것을 약혼이라 한다. 두 사람이 서로 결혼한다는 것을 가족 및 친지 등에게 알림으로써 심리적인 안정감을 얻을 수 있으며, 결혼을 위한 정서적·경제적 준비를 하게 된다.

최근에는 약혼식이 허례허식적이고 낭비적인 요소가 있어서 점차 사라져 가는 추세이다. 「건전가정의례준칙」 제7조에 의하면, 약혼을 할 때에는 약혼 당사자와 부모 등 직계 가족만 참석하여 양쪽 집의 상견례를 하고 혼인에 관한 모든 사항을 협의하되, 약혼식은 따로 하지 아니한다고 권고하고 있다.

이와 같이 약혼은 반드시 약혼식이 수행되어야 하는 것은 아니다. 오히려 실질적으로 약혼 기간 동안 결혼의 실질적 준비를 물리적·정서적으로 진행하는 것이 일반적이다. 약혼 기간이란 결혼하기로 결정하고 결혼식을 올리기 전까지의 기간을 의미한다. 약혼 기간 동안에는 예비부부가 서로를 충분히 파악하고, 양가 가족에게 적응하며, 결혼 생활에 대한 구체적 준비가 이루어진다.

약혼 기간은 결혼을 계획하기 위한 인생의 중요한 시기이므로 이 시기를 생산적으로 보내기 위해서는 전문가들이 제시하는 다음 사항에 대해 진지하게 검토하여야 한다(Knox & Schacht, 1994; 박경란 외, 2001, 재인용; Olson et al., 2007; 신용주 외, 2011).

첫째, 예비부부는 깊이 있는 대화를 통해 서로를 알아 가고자 노력한다. 대부분의 예비부부들은 결혼을 약속한 후에 현실적인 결혼식 준비로 분주해지기 쉽다. 그래서 정작 필요한 결혼의 정서적 준비에는 소홀해지기 쉽거나, 오히려 서로에게 심한 마음의 상처를 주는 경우가 빈번하다.

둘째, 예비부부가 서로의 장점과 성장 가능성에 대해 탐색한다. 상대방의 성격 특성에 따라 자기 성격의 다른 측면이 더욱 부각될 수 있기 때문에 가능한 한 상대방의 장점이나 잠재 가능성을 긍정적으로 바라보는 것이 관계 발달에 중요하다.

셋째, 자기주장과 적극적 경청을 포함하는 의사소통 기술을 함양한다. 건강하고 생산적인 관계를 형성하기 위해서는 상대방에게 자신을 효과적으로 표현할 수 있는 능력과 함께 상대방의 의견을 귀담아듣는 적극적인 경청의 자세가 필요하다.

넷째, 갈등이 발생할 경우에는 건설적으로 해결한다. 예비부부의 관계를 포함한 모든 인간관계에는 갈등이 존재하기 마련이다. 그러나 갈등의 발생 여부보다 더욱 중요한 것은 갈등 후 회복 능력이다. 갈등이 발생하면 생산적인 방법으로 의사소통하여 해결하는 것이 중요하다. 결혼 전부터 현명하게 갈등을 원만히 해결해 온 커플의 경우에는 결혼 후에도 갈등을 대화를 통해 해결함으로써 결혼 생활을 유지할 가능성이 높다.

다섯째, 결혼 상대자의 원가족의 특성을 파악한다. 결혼은 결혼 당사자들뿐만 아니라 가족 간의 결합이므로 배우자 가족에 대한 적응이 필요하다. 결혼 전에 상대방을 이해하는 가장 좋은 방법 중 하나는 상대방이 자신의 원가족(family of origin)과 어떻게 상호 작용하는지 눈여겨보고 이해하는 것이다. 대부분의 경우 개인의 태도와 행동은 그가 성장한 원가족에서 형성되기 때문이다. 그러므로 결혼 상대자의 가족과 많은 상호 작용의 시간을 가짐으로써 상대방 가족의 문화나 생활, 가치관 등을 익히는 것이 바람직하다.

여섯째, 예비부부 간의 경제적 적응 가능성을 검토하기 위해 실행 가능한 예산과 재정 계획을 함께 수립한다. 부부나 가족 구성원은 돈이나 소득, 소비에 대해 개방적으로 대화하기 불편할 수 있다. 특히 신용 카드의 보편화로 인해 소비에 대한 비현실적인 생각으로 결혼 생활을 할 경우, 경제적인 문제는 그 가정의 피할 수 없는 갈등 요인으로 자리 잡게 된다. 그러므로 예비부부는 결혼 전부터 돈, 소득, 소비에 관한 가치관에 대해 충분한 대화를 하는 것이 중요하다.

일곱째, 직업과 돈, 종교, 자녀 계획, 성, 친구 및 동료 관계, 여가 생활, 자신 및 원가족에 대한 감정 등을 토대로 예비부부가 서로 조화로울 수 있는지를 재검토해 보는 시간을 가진다.

여덟째, 예비부부는 결혼 전 교제 시기를 알코올 남용이나 도박, 언어적·성적·신체적 폭력성, 과도한 질투나 소유욕, 엄격함, 무뚝뚝함, 과장된 평가, 충동, 자제력 부족, 비도덕성, 가족과 관련된 심각한 문제, 사회성 부족 등과 같이 잠재적으로 문제의 소지가 있는 특성들을 결혼 전에 파악하는 유용한 시기로 삼는다.

마지막으로, 개인, 예비부부, 그리고 가족의 목표를 함께 수립한다. 예비부부는 약혼 기간 동안에 결혼이란 부부가 함께 성장하며 적응해 나가는 생활임을 깨닫고 서로 상의하여 미래를 설계하는 것이 바람직하다.

예비부부는 지금은 서로 사랑하고 이해하고 있더라도 앞으로 닥칠 모든 문제를 사랑만으로 극복할 수 있다는 안이한 생각에서 벗어나 현실적인 판단력을 가져야 한다. 한편 결혼은 개인의 결합인 동시에 두 집안의 결합이므로 서로 상대방의 가족 문화에 적응하고자 노력해야 한다.

결혼 후 경제적 문제는 일상생활에서 직면해야 하는 현실적 문제이므로 결혼 준비를 진행하면서부터 수입과 지출을 고려하여 현명하게 소비하는 것이 중요하다. 따라서 예비부부는 결혼에 대한 막연한 기대와 환상보다는 결혼을 현실적으로 이해하고 서로 신뢰하며 적응해 나가는 것이 약혼 기간을 현명하고 생산적으로 보내는 방법이다.

2) 약혼의 내용

우리나라의 경우 법령에 명시된 약혼의 내용에 대하여 살펴보면 다음과 같다.

(1) 「민법」에 명시된 약혼 내용

① (약혼의 자유) 성년에 달한 자는 자유로 약혼할 수 있다(「민법」 제800조).

② (약혼연령) 18세가 된 사람은 부모나 미성년후견인의 동의를 받아 약혼할 수 있다(「민법」 제801조).

③ (성년후견과 약혼) 피성년후견인은 부모나 성년후견인의 동의를 받아 약혼할 수 있다(「민법」 제802조).

④ (약혼의 강제이행금지) 약혼은 강제이행을 청구하지 못하므로(「민법」 제803조), 정당한 사유가 있으면 언제든지 해지할 수 있다.

⑤ (약혼해제의 사유) 다음에 해당하는 사유가 있는 경우 상대방은 약혼을 해제할 수 있다(「민법」 제804조).

ㄱ. 약혼 후 자격정지 이상의 형을 선고받은 경우
ㄴ. 약혼 후 성년후견개시나 한정후견개시의 심판을 받은 경우
ㄷ. 성병, 불치의 정신병, 그 밖의 불치의 병질(病疾)이 있는 경우
ㄹ. 약혼 후 다른 사람과 약혼이나 혼인을 한 경우
ㅁ. 약혼 후 다른 사람과 간음(姦淫)한 경우
ㅂ. 약혼 후 1년 이상 생사(生死)가 불명한 경우
ㅅ. 정당한 이유 없이 혼인을 거절하거나 그 시기를 늦추는 경우
ㅇ. 그 밖에 중대한 사유가 있는 경우

⑥ (약혼해제의 방법) 약혼의 해제는 상대방에 대한 의사 표시로 한다. 그러나 상대방에 대하여 의사 표시를 할 수 없는 때에는 그 해제의 원인있음을 안 때에 해제된 것으로 본다(「민법」 제805조).

⑦ (약혼해제와 손해배상청구권) 상대방의 과실로 인해 약혼이 해제될 때에는 손해의 배상을 청구할 수 있다(「민법」 제806조).

ㄱ. 약혼을 해제한 때에는 당사자 일방은 과실 있는 상대방에 대하여 이로 인한 손해의 배상을 청구할 수 있다.

ㄴ. 전항의 경우에는 재산상 손해 외에 정신상 고통에 대하여도 손해 배상의 책임이 있다.

ㄷ. 정신상 고통에 대한 배상 청구권은 양도 또는 승계하지 못한다. 그러나 당사자 간에 이미 그 배상에 관한 계약이 성립되거나 소를 제기한 후에는 그러하지 아니하다.

(2) 「건전가정의례준칙」에 명시된 약혼 내용(「건전가정의례준칙」 제7조)

① 약혼을 할 때에는 약혼 당사자와 부모 등 직계 가족만 참석하여 양쪽 집의 상견례를 하고 혼인에 관한 모든 사항을 협의하되, 약혼식은 따로 하지 아니한다.

② 제1항의 경우 약혼 당사자는 다음 각 호의 서류를 첨부하여 약혼서를 교환한다.

ㄱ. 당사자의 건강진단서

ㄴ. 「가족 관계의 등록 등에 관한 법률」 제15조 제1항 각 호의 증명서 일부 또는 전부(당사자의 합의에 따라 필요한 경우에만 첨부한다.)

〈표 6-1〉 약혼서

〈개정 2015. 12. 30.〉

약 혼 서

(「건전가정의례준칙」 제7조 제2항 관련)

구분	남	여
성명		
생년월일		
주소		

위 두 사람은 다음과 같이 혼인할 것을 약속한다.

1. 혼인 예정일
2. 그 밖의 조건

년 월 일

약혼자

(남) ○ ○ ○ (서명 또는 인)

(여) ○ ○ ○ (서명 또는 인)

입회인

(남자 측): 주소

성명 ○ ○ ○ (서명 또는 인)

(여자 측): 주소

성명 ○ ○ ○ (서명 또는 인)

※ 첨부: 1. 건강진단서 1부

2. 「가족 관계의 등록 등에 관한 법률」 제15조 제1항 각 호의 증명서 일부 또는 전부(당사자의 합의에 따라 필요한 경우에만 첨부한다.)

※ 「민법」 제808조에 따른 동의를 받아야 하는 경우에는 입회인을 그 동의권자로 한다.

2. 결혼과 결혼 문화

1) 결혼식

결혼식은 제3자가 지켜보는 가운데 남녀가 배우자로서 성심을 다할 것을 서약하여 부부 관계를 맺는 예식이다. 결혼식은 법적으로는 민사 계약의 하나이나, 이와는 별도로 전통적인 관습, 종교적 의식 등을 통해 이루어지는 경우가 많다.

우리나라의 결혼식은 전통 혼례 방식과 현대식 혼례 방식으로 크게 분류되며, 다양한 장소에서 여러 형태로 진행되고 있다. 먼저 전통 혼례 방식은 주자가례가 가정의례로 권장되던 조선 시대부터 장기간에 걸쳐 변화되었으며, 의혼, 납채, 납폐, 친영, 폐백 등의 절차에 의해 실시되었다(김양희 외, 2009). 현대식 혼례 방식은 일본과 서구 문화가 도입되면서 양복과 예식용 드레스를 입고 주로 결혼식장에서 치르는 혼례 방식이다. 신부 집으로 신랑 친구들이 찾아가는 함들이, 혼수 등의 교환이 끝나고 결혼식이 행해진다. 결혼식에서는 개식 선언, 주례 소개, 신랑 입장 후 신부 입장, 맞절, 혼인 서약, 성혼 선언, 주례사, 양가 부모에 대한 인사, 내빈 인사, 신랑·신부 행진, 폐식의 순으로 진행된 뒤 폐백이나 피로연의 선택 여부에 따라 종결된다. 최근에는 신랑 신부가 시댁 친척에게만 폐백례를 행하는 것은 불공평하다고 인식되어, 신부 부모에게도 폐백을 드리기도 한다. 현대식 혼례 방식의 특징 중 하나는 결혼식을 마친 뒤 신혼여행을 가는 것을 거의 필수적으로 연결하고 있다(김양희 외, 2011). 선상 결혼식 또는 야외 결혼식 등 결혼식장이나 결혼 방식에 개성을 추가하여 의미를 부여하는 이색 혼례 방식도 종종 볼 수 있다.

혼인 당사자는 결혼이 결정되면 서로 상의하에 자신의 가치관이나 여러 상황을 고려하여 혼인 예식일과 혼례 방식을 정하여 결혼식을 올린다. 신혼여행의 경우 국내 유명지, 해외여행, 크루즈 여행 등 다양하지만, 호화 신혼여행이 현대 결혼식의 문제점으로 부각되고 있는 바, 예비부부의 경제 조건과 생활 조건, 가치관 등에 따라 서로 상의하여 현명하게 결정하는 것이 바람직하다.

결혼식 외에도 혼수, 신혼살림, 거주지 결정 등과 같은 결혼 생활의 설계가 필요하다. 결혼 날짜가 정해지면 자신의 가치관, 직업, 경제력, 거주지 등을 고려하여 혼수 목록과 혼수 예산을 수립한 후, 혼수와 신혼살림을 준비하는 것이 바람직하다.

서로의 직장까지의 거리, 양가 부모님과의 거리, 경제적 상황, 가치관 등을 고려하여 신혼집을 마련하거나 부모님과 함께 신혼살림을 시작하는 등의 거주지를 먼저 결정하고, 그에 맞게 신혼살림을 구비한다. 예를 들어, 부모님과 함께 살 경우에는 신혼방을 꼼꼼히 점검한 후에 신혼살림을 마련하는 것이 중요하다. 자기투자를 계속해야 하는 직업이나 학생의 경우, 또는 예산이 부족한 경우에는 가능한 현금 내에서 우선순위를 정해서 결혼 설계를 하는 것이 합리적이다.

아직까지도 신혼집은 신랑 측에서 마련하고 신혼살림은 신부 측에서 마련하는 것이 관행같이 이어져오고 있다. 최근에는 양성평등 의식의 확산, 집값 상승 등으로 인해 신랑에게만 온전히 집을 마련토록 하는 것은 무리한 요구이다. 따라서 신랑 신부가 신혼집과 살림살이를 공동으로 마련하되, 합리적으로 소비하는 태도가 요구된다.

혼인 예식 이렇게 바꿉시다!

- 과시적이고 경쟁적인 혼례식을 자제하고 분수에 맞는 혼례를 치릅시다.
- 일생에 한 번뿐이라는 생각으로 혼례를 성대히 치르려는 가치관을 고치고, 합리적이고 실용적인 가치관으로 혼례를 치릅시다.
- 혼례의 참 의미를 이해하고, 번잡한 혼례 절차는 지양합니다.
- 상업주의에 편승한 상향된 호화 사치 풍조를 지양합니다.
- 자녀의 혼례 비용을 주도하려는 부모들의 의식을 바꿉시다.
- 혼례 비용을 부모님께 의존하려는 미혼 남녀의 의식을 바꿉시다.
- 공동체 의식을 가지고 건전한 혼례를 주도하려는 의식을 가집시다.

출처: (사)한국가정생활개선진흥회. 혼례는 이렇게 치르도록 합시다.
허혜경, 박인숙, 김혜수(2017). 현대사회와 가정. 서울: 동문사, 재인용.

2) 결혼 문화의 변화

통계청(2020)에서 실시한 2020년 사회조사에서 결혼식 문화에 대한 견해를 조사한 결과, 우리 사회의 결혼 비용이나 의식 절차 등을 포함한 결혼식 문화에 대하여 13세 이상 응답자의 74.3%가 과도한 편이라고 생각하였으며, 이는 2년 전보다 3.7%p 증가한 수치이다.

우리나라의 결혼식 문화가 과도한 편이라고 응답한 비중은 도시 지역이 75.2%로 농어촌 지역보다 5.1%p 더 높게 나타났으며, 연령대별로 살펴보면 30대와 40대가 80% 이상으로 높게 나타났다.

〈그림 6-1〉 우리나라 결혼식 문화에 대한 견해

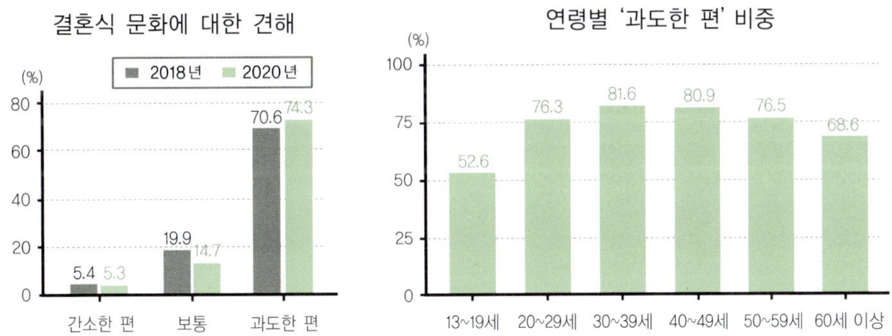

출처: 통계청(2020). 2020년 사회조사.

우리나라에서 결혼 문화의 변화를 시대적으로 살펴보면, 결혼식과 함께 혼수 마련의 허례허식을 타파하고자 하는 양상이 뚜렷하다. 우리나라의 혼례 문화에서 드러나는 문제점으로는 결혼 문화와 관련된 과시적이고 과소비적인 혼례 문화를 들 수 있다. 특히 지나친 예물과 혼수 준비는 과다한 결혼 비용으로 연결되어 결혼 당사자들과 부모들에게 경제적 부담을 초래할 수 있다. 일부 부모들은 체면, 과시 욕구, 보상 심리 등으로 인해 과다한 예물을 주고받기 원하며, 때로는 예비

부부들도 '일생에 단 한 번'이라는 생각에 분에 넘치는 호화 예물을 받고 싶어 한다. 또한 신부 측 혼수 중에서 시댁에 정성과 예의를 표하는 예단도 그 고유한 의미는 퇴색하고, 예단의 많고 적음을 시댁에 대한 예우의 척도로 간주하기도 한다. 사회적으로는 양성평등 의식이 확산되었음에도 불구하고, 아직도 신랑 측이 집을 마련해야 한다는 고정 관념이 존재하며, 집값 상승으로 인해 신혼집 마련에 드는 결혼 비용은 날로 증가하고 있는 추세이다.

정부는 1960년 가정의례에서 허례허식을 없애고 낭비를 막기 위하여 「가정의례준칙」을 제정하였다. 그러나 1990년대까지 우리나라는 경제적으로 급성장하면서 다시 분수에 넘치는 과도한 혼례와 혼수 문화가 성행하게 되었다. 1990년대 후반 외환 경제 위기를 계기로 정부는 1999년에 가정의례준칙을 폐지하고 「건전가정의례준칙」을 새롭게 제정하였다.

「건전가정의례준칙」은 성년례·혼례·상례·제례·수연례 등 가정의례에서 의식 절차를 엄숙하고 간소하게 행하도록 권고하는 내용을 담고 있다. 2008년도에는 「호적법」이 폐지되고, 「가족 관계의 등록 등에 관한 법률」이 제정됨에 따라 「건전가정의례준칙」은 다시 개정을 거치게 되었다. 「건전가정의례준칙」에 명시된 혼례에 관한 내용은 다음과 같다(「건전가정의례준칙」 제8조 혼인).

(1) 혼인 예식을 거행할 때에는 다음 각 호의 사항을 지켜야 한다.
  ① 혼인 예식의 장소는 혼인 당사자 어느 한 쪽의 가정 또는 혼인 예식장이나 그 밖에 건전한 혼인 예식을 하기에 적합한 장소로 한다.
  ② 혼인 당사자는 혼인 신고서에 서명 또는 날인한다.
  ③ 혼인 예식의 복장은 단정하고 간소하며 청결한 옷차림으로 한다.
  ④ 하객 초청은 친척·인척을 중심으로 하여 간소하게 한다.
(2) 혼인을 할 때 혼수(婚需)는 검소하고 실용적인 것으로 하되, 예단을 보내는 경우에는 혼인 당사자의 부모에게만 보낸다.
(3) 혼인 예식을 마치고 치르는 잔치는 친척·인척을 중심으로 간소하게 한다.
(4) 혼인 예식의 식순, 혼인 서약 및 성혼 선언의 내용은 〈표 6-2〉와 같다.

〈표 6-2〉 혼인 예식의 식순, 혼인 서약, 성혼 선언

혼인 예식의 식순, 혼인 서약 및 성혼 선언

(「건전가정의례준칙」 제8조 제4항 관련)

1. 혼인 예식의 식순
   가. 개식
   나. 신랑 입장
   다. 신부 입장
   라. 신랑 · 신부 맞절
   마. 혼인 서약 및 서명
   바. 성혼 선언
   사. 주례사
   아. 양가 부모에 대한 인사
   자. 신랑 · 신부의 초대 손님에 대한 인사
   차. 신랑 · 신부 행진
   카. 폐식

2. 혼인 서약

혼인 서약

저는 ○○○양(또는 ○○○군)을 아내(또는 남편)로 맞아 어떠한 경우라도 항시 사랑하고 존중하며, 어른을 공경하고 진실한 아내(또는 남편)로서의 도리를 다하여 행복한 가정을 이룰 것을 맹세합니다.

년 월 일

○○○ (서명 또는 인)

3. 성혼 선언

성혼 신언

이제 신랑 ○○○군과 신부 ○○○양은 그 일가친척과 친지를 모신 자리에서 부부가 되기를 굳게 맹세하였습니다. 이에 주례는 이 혼인이 원만하게 이루어진 것을 엄숙하게 선언합니다.

년 월 일

주례 ○○○ (서명 또는 인)

그러나 2010년 이후 다시 허례허식의 결혼 문화가 고개를 들기 시작하자, 2010년부터 여성가족부의 작은 결혼식 캠페인과 함께 유명 연예인의 '스몰 웨딩(small wedding)'이 주목을 받으며 작은 결혼식이 최근 예식 트랜드로 등장하게 되었다.

'스몰 웨딩' 또는 '작은 결혼식'이란 기존 결혼식의 문제점으로 지적되던 허례허식에서 벗어나 적은 비용으로 가족과 지인 등 친한 하객들만 초대하여 조촐하게 치러지는 결혼식을 의미한다. 스몰 웨딩은 100명 내외의 하객을 초청하여 적은 비용으로 진행하되, 신랑 신부에게 의미 있는 예식으로 진행하는 데 의의를 둔다. 스몰 웨딩은 거품 없는 결혼식을 지향하는 개념 있는 젊은 세대들의 새로운 결혼 문화로 여겨진다.

요즘 젊은 세대의 결혼 관련 소비 양상은 '혼테크(婚-tech)'라는 신조어를 통해 엿볼 수 있다. 혼테크란 '결혼'과 '재테크'의 합성어로서, 결혼을 재산 증식을 위한 투자의 일종으로 여기는 젊은 층의 시각을 반영한다. 또한 신세대 부부들은 예식과 혼수 비용을 절감하여 현금 자산을 확보하고자 하는 경제적 결혼관을 가지고 있는데, 이러한 사고방식은 스몰 웨딩의 트랜드와 잘 어우러진다.

바람직한 신(新) 결혼 풍속도로 여겨지는 작은 결혼식에 대한 국가적 지원도 뒤따르고 있는데, 예를 들면 여성가족부는 검소한 웨딩을 하는 사회적 기업을 지원하고, '작은 결혼식' 장소로 일반인에게 개방돼 있는 공공시설 예식장을 확대하여 거품 없는 결혼 문화를 정착시키고 있다.

최근에는 의미 있는 나만의 결혼식, 작은 결혼식, 주례 없는 결혼식 등 결혼의 의미에 충실한 개성 있는 결혼식을 하는 추세이다. 검소한 결혼식을 위해 결혼 당사자가 직접 결혼식장을 꾸미거나 직접 청첩장을 제작하는 등 'DIY(do it yourself) 웨딩'도 눈에 띈다.

2020년부터 코로나-19가 장기화되면서 결혼식 문화에도 변화 양상이 뚜렷하게 나타나고 있다. 예를 들면 코로나-19 바이러스의 확산 위험이 비교적 낮은 야외에서 결혼식을 하거나, 소규모 장소에서 가까운 사람들만 불러 결혼식을 올리는 '작은 결혼식'을 선호하는 추세이다. 특히 지자체에서는 숲이나 야외 공원을 야외 결혼식 장소로 제공하여 코로나-19 바이러스 걱정에서 벗어나 '나만의 작은 결혼식'을 올릴 수 있도록 지원하고 있다(경향신문, 2021).

결혼 설계에 있어서 가장 중요한 것은 혼인 당사자의 확실한 주관이 있어야 한다는 점이다. 확실한 주관 없는 무리한 결혼 준비는 양가 부모님이나 결혼 당사자에게 스트레스와 경제적 부담을 가중하여 행복한 결혼 생활을 시작하는 데 어려움을 줄 수 있다. 예비부부 서로가 원하는 결혼식을 위해서 부부가 가장 중요하게 생각하는 것은 무엇인지, 어떤 부분에 중점을 두어 지출을 할 것인지 결정하여야 한다. 예비부부는 혼수를 새로운 결혼 생활에 대한 기념과 생활용품의 마련이라는 개념에서 접근하여야 할 것이다. 특히 예물과 혼수, 살림살이, 신혼집 등은 결혼 당사자의 예산과 라이프 스타일을 고려하여 준비하는 것이 바람직하다.

결혼 당사자들은 경제적 및 인격적으로 독립된 주체가 되어 결혼 설계와 준비를 규모 있게 해 봄으로써 가정 경영인의 첫 걸음을 잘 뗄 수 있다. 무엇보다도 결혼 당사자의 의지대로 결혼식의 규모와 예산을 정하고, 각자 부모님을 설득하여, 두 집안 간에 감정 다툼을 미연에 방지하는 것이 중요하다. 결혼 비용은 목록과 예산액을 작성하여 지출하되, 큰 항목들 및 반드시 해야 할 지출 항목부터 정해 나가고, 예산을 절감할 수 있는 항목이 있는지 검토해 보며, 혹여라도 예상치 못한 지출이 발생할 경우를 대비하여 예비비를 설정해 놓도록 한다.

작은 결혼식 설계하기

1. 작은 결혼식의 예식 장소를 정한다. 공공시설 예식장은 작은결혼정보센터(www.smallwedding.or.kr)에서 확인 가능하다. 사전에 미리 신청을 받는 장소도 있으니, 미리 장소를 정하여 신청 기간을 확인하고, 해당 시설에서 제공되는 서비스를 꼼꼼히 살펴본다.
2. 예식 전 의례, 결혼 예식, 예식 후 의례 중에서 생략할 단계를 결정하고 어떤 규모로 진행할 것인지도 정한다(예: 주례자, 축가, 하객의 규모, 접대 방법 등)
3. 체크 리스트를 작성하여 결혼 비용을 미리 설계한다.
4. 나만의 결혼식을 설계한다. 부부의 가치관에 맞게 결혼식을 설계하거나, 신혼여행 경비를 줄여 기부를 하거나, 결혼식 비용을 줄여 국내 일주 여행을 떠나는 등 부부만의 고유한 결혼식을 설계한다.
5. 혼인 서약서를 작성한다.

출처: 임혜경 외(2017). 사랑과 결혼. 경기: 양서원, 수정.

3) 결혼 생활의 심리적 준비

결혼을 연습할 수는 없지만, 결혼을 준비할 수는 있다. 약혼 기간에 물질적인 혼수 마련과 결혼식 준비로 분주하다 보면, 정작 결혼 생활을 하게 될 결혼 당사자들은 심리적으로 소진되기 쉽다. 따라서 결혼 생활을 잘 영위하기 위하여 결혼 당사자들은 마음의 혼수를 잘 준비할 필요가 있다(건강가정컨설팅연구소, 2017).

결혼 당사자들은 실질적이고 구체적인 결혼 생활을 기대하며 대화, 갈등 해결 방식, 성생활, 가사 노동 분담, 재정 관리, 여가 생활, 부모 역할, 양가 가족들과의 융합 등과 관련하여 서로의 가치관과 사고방식, 현재 상황 등을 알아보고, 타협하고, 양보하며, 적응하여야 한다. 또 결혼 당사자들은 상호 간에 미리 준비하고 의논해야 할 영역인 경제, 원가족, 대화와 갈등, 자녀, 가사, 여가, 건강, 성이 포함된 결혼 준비도 체크 리스트를 활용하여 결혼 준비를 할 수 있다.

〈표 6-3〉 결혼 준비도 체크 리스트

분류	항목	OX
경제	배우자의 급여, 재정과 신용 상태에 대하여 자세히 알고 있는가?	
	통장 관리와 재테크 등은 누가 주관할 것인가? 공동으로 할 것인가?	
	배우자의 평소 소비 습관에 대해 만족하는가?	
	각자 지출을 할 때 금액이 얼마가 넘으면 배우자와 협의할 것인가?	
원가족	배우자의 가족들은 서로 화목한가? 만약 아니면, 그 이유가 이해되는가?	
	배우자의 부모를 모셔야 할 상황이 온다면 모실 수 있는가?	
	양가 부모에게 각각 얼마의 용돈을 드릴 계획인가?	
	우리 부부 관계에 양가 부모가 개입할 가능성이 있는가?	
	서로의 가족 문화(종교, 제사 등)를 받아들일 수 있는가?	
	원가족 방문 시 순서와 횟수에 대한 원칙을 정했는가?	
대화와 갈등	올바른 대화의 기술이 있는가?	
	갈등 해결 능력이 있는가?	
자녀	원하는 자녀 수는?	
	양육은 주로 누가 맡을 것인가?	
	배우자가 어떤 부모가 되기를 바라는가?	
직업	둘 다 취업을 원하는가?	
	직업으로 인해 이사, 자녀 양육, 가사 분담 등의 문제에 어떻게 대처할 것인가?	
가사	가사 분담은 어떻게 할 것인가?	
	가사 업무 수행에 있어 개인적 또는 배우자에게 어떠한 역할을 기대하는가?	
여가	휴일과 여가 시간을 어떻게 보낼 것인가?	
건강	건강 진단서를 서로 교환했는가?	
	임신에 대비한 검진과 치료를 하였는가?	
성	피임은 누가 어떻게 할 것인가?	
	성관계를 원할 때와 원하지 않을 때 주고받는 신호는?	
	배우자가 어떻게 해주는 것이 좋고, 어떻게 하는 것은 싫은가?	

출처: MBC 스페셜(2007. 6. 16.). '新궁합-결혼 체크리스트' 편, 수정.
김종운 외(2016). 인간관계 심리학. 서울: 학지사, 수정.

〈표 6-4〉 결혼 설계하기

결혼 설계하기

자신의 가치관과 계획을 빈 칸에 적어본 후, 상대방과 서로 토론하면서 여러분의 결혼 설계를 구체적으로 해 봅시다.

	본인	파트너
현재 나이		
직업		
결혼 시기		
결혼 예상 비용		
주거 형태		
결혼 생활에서 중요한 것	① ② ③ ④ ⑤	① ② ③ ④ ⑤
혼수 우선순위 다섯 가지	① ② ③ ④ ⑤	① ② ③ ④ ⑤
신혼여행	________에서 보내고 싶다. 예산: 일정: 계획:	________에서 보내고 싶다. 예산: 일정: 계획:
자녀 계획		
결혼 생활을 통해 꼭 이루고 싶은 것		

출처: 김명자 외(2012). 아는 만큼 행복한 결혼 건강한 가족. 경기: 양서원.

참고문헌

건강가정컨설팅연구소(2017). **결혼과 가족생활.** 서울: 시그마프레스.

경향신문(2021. 3. 2.). 코로나19시대에는 '야외 스몰 웨딩'이 대세… 세종시 등에서 인기.

김명자, 계선자, 강기정, 김연화, 박미금, 박수선, 송말희, 유지선, 이미선(2012). **아는만큼 행복한 결혼 건강한 가족**(5쇄). 경기: 양서원.

김종운, 박성실(2016). **인간관계 심리학.** 서울: 학지사.

이투데이(2016. 11. 28.). 여성가족부, 예비신혼부부 위한 작은 결혼식 명소 15곳 공개.

임혜경, 이현, 안윤영, 유정선(2017). **사랑과 결혼.** 경기: 양서원.

통계청(2016). 2016년 사회조사 보도자료.

통계청(2017). 2017 청소년통계.

허혜경, 박인숙, 김혜수(2017). **현대사회와 가정.** 서울: 동문사.

MBC 스페셜(2007. 6. 16.). '新궁합-결혼 체크리스트' 편.

Ⅲ 결혼 생활하기

Marriage & Family

1. 가족생활주기

1) 가족생활주기의 개념

가족은 결혼, 자녀의 출산과 양육, 자녀의 결혼 및 독립, 배우자와 본인의 사망에 이르기까지 끊임없는 변화를 겪는다. 가족생활주기(family life cycle)란 결혼하여 함께 사는 가족 구성원과의 생활 주기를 의미한다. 개인의 인생 주기가 시간의 흐름에 따라 변화하듯이 가족생활주기도 체계적인 발달 과정을 거친다. 가족생활주기에 따라 가족생활의 내용, 가족의 기능, 부부 관계, 부모-자녀 관계, 형제-자매 관계와 같은 가족 구성원 간의 상호 작용, 가족의 역할 등도 체계적으로 변화한다. 가족생활주기의 변화 추세를 파악함으로써 결혼관과 생활 양식의 변화, 갈등과 문제점 등을 파악할 수 있다.

2) 가족생활주기의 단계

가족발달이론의 창시자인 듀발(Duvall)과 힐(Hill)에 따르면, 가족도 인간과 마찬가지로 발달 과정에 의해 영향을 받는 사회 집단이다. 그들은 개인이 전 생애에 걸쳐 뚜렷한 발달 단계를 겪는 것과 마찬가지로 가족도 명확한 단계로 구분되는 가족생활주기를 경험한다고 주장한다. 또한 가족은 가족 구성원의 단순한 집합체가 아니라, 하나의 역동적 단위로 간주되었다.

1948년 듀발과 힐은 첫 자녀의 연령에 기초하여 8단계의 가족생활주기를 소개하며, 각 단계마다 부모와 자녀 모두 성취해야 할 발달 과업을 제시하였다. 즉, 가족도 개인과 마찬가지로 각 단계의 발달 과업을 성공적으로 수행하여야 다음 단계로의 이행이 순조롭다고 가정하였다. 가족생활주기는 확장과 축소의 주요한 두 단계를 거치게 되는데, 확장기에는 자녀 출산과 양육이 이루어지며, 축소기에는 성장한 자녀가 원가족으로부터 독립하게 된다. 이러한 확장과 축소의 주기로 인해 가족생활주기라는 용어가 만들어졌다(Duvall, 1977; 허혜경 외, 2011, 재인용).

듀발(Duvall, 1985)은 첫아이의 연령과 학년을 기초로 8단계의 가족생활주기를 구분하였으며, 각 단계별 발달 과업을 다음과 같이 제시하였다.

〈표 7-1〉 가족생활주기와 가족의 발달 과업

단계	지위와 역할	발달 과업
1. 부부만의 시기	아내 남편	• 서로 만족하는 결혼 생활하기 • 임신과 부모 역할에 적응하기 • 가족 관계망에 조화시키기
2. 자녀 출산 및 영아기	아내-어머니 남편-아버지 영아기의 자녀	• 자녀 출산과 영아기 자녀에 적응하며, 영아의 발달을 지원하기 • 부모와 영아 모두가 만족스러운 가족 관계 형성하기
3. 유아기	아내-어머니 남편-아버지 딸-자매 / 아들-형제	• 성장을 자극·촉진시키기 위해 유아의 욕구와 관심에 적응하기 • 부모는 부모 역할 수행에 따른 에너지 소모와 사생활 부족에 적응하기

단계	지위와 역할	발달 과업
4. 아동기	아내–어머니 남편–아버지 딸–자매 / 아들–형제	• 아동기 자녀를 위한 건설적인 가족 공동체 형성하기 • 자녀의 교육적 성취 장려하기 • 지역 사회에 조화시키기
5. 청소년기	아내–어머니 남편–아버지 딸–자매 / 아들–형제	• 성숙한 청소년으로서의 책임감과 부모로부터의 해방감의 균형 유지하기 • 청소년 자녀의 비행 다루기 • 성숙한 부모로서의 자질과 능력 갖추기
6. 진수기	아내–어머니–할머니 남편–아버지–할아버지 딸–자매–숙모 아들–형제–삼촌	• 군입대, 대학 입학, 취직, 결혼 등 자녀의 발달 과업에 직면하여 성인기로 자녀를 진수시키기 • 지지 기반으로서 가족의 기능을 유지하기
7. 중년기	아내–어머니–할머니 남편–아버지–할아버지	• 부부 관계에 다시 초점 맞추기 • 신구세대 간의 가족 유대감 유지하기
8. 노년기	미망인이나 홀아비 아내–어머니–할머니 남편–아버지–할아버지	• 은퇴 적응하기 • 사망이나 독신 생활에 대처하기 • 가족 해체나 가족의 종말에 적응하기

출처: Duvall & Miller(1985). Marriage and Family Development (6th ed.), p. 62, 수정.

3) 가족생활주기의 변화

최근 우리나라는 초혼 연령의 상승, 출산율 저하, 평균 수명 연장 등의 요인으로 가족생활주기가 변화하고 있다. 가족생활주기의 변화 양상을 정리하면 다음과 같다.

첫째, 평균 수명이 연장됨에 따라 가족생활주기 전 기간이 점점 길어지고 있다.

둘째, 고등 교육 기회의 확장과 초혼 연령의 상승으로 가족생활주기 이전의 기간이 장기화되고 있다. 우리나라는 1996년 이후 20대 후반 남성과 20대 초반 여성의 혼인 건수가 점차 감소하고 있는 반면, 30대 이상 혼인 건수는 지속적으로 증가하고 있는 추세이다. 궁극적으로 청년기가 점점 장기화되고 가족생활주기의 진입이 늦어져 가족생활주기의 시작이 늦어지고 있다.

셋째, 결혼에서 자녀 출산까지의 가족 형성기 및 확대기는 초혼 연령의 상승과 출산율 감소로 인해 상당히 단축되고 있다.

넷째, 자녀 양육 및 자녀 교육기에 해당되는 확대 완료기가 장기화되고 있다. 확대 완료기는 자녀의 교육 기간이 길어지고, 과거에 비해 자녀의 초혼 연령이 늦어짐에 따라 점차 길어지고 있다.

다섯째, 축소 완료기, 즉 자녀의 결혼과 남편의 은퇴가 시작되는 초로(初老) 부부기가 장기화되고 있다. 자녀 양육 및 교육 기간인 확대 완료기와 함께 자녀 수의 감소와 평균 수명의 연장으로 막내 자녀의 독립 이후에 부부가 함께 보내는 기간이 길어지고 있다.

여섯째, 초로 부부기를 거쳐 배우자가 사망하고 본인의 사망에 이르는 축소 완료기 및 해체기는 과거에 비하여 10년 이상 길어지고 있다. 가족생활주기의 변화 양상을 간단히 정리하면 다음과 같다.

〈표 7-2〉 가족생활주기의 변화 양상

	가족생활주기 ➡				
이전	형성기	확대기	확대 완료기	축소 완료기	해체기
장기화	단축	단축	장기화	장기화	장기화

출처: 신용주 외(2018). 결혼과 가족. 서울: 창지사, 수정.

가족생활주기를 통해 점차 장기화되고 있는 자녀 양육 및 교육 기간인 확대 완료기 동안 부모 역할의 중요성이 부각되고 있다. 또한 노년기가 길어짐에 따라 축소 완료기 및 해체기의 새로운 과업인 여가 시간의 활용, 바람직한 노부부 관계 형성 및 조부모상의 재정립 등이 요구된다. 현재의 가족생활주기는 주로 자녀의 발달에 따른 단계 구분으로 이루어져 있지만 최근 증가하고 있는 재혼 가족이나 무자녀 가족을 위한 가족생활주기의 체계적인 연구 역시 필요하다.

2. 가족의 기능

역사적으로 볼 때 가족은 시대의 변화에 따라 그 주요 기능이 달라지고 있다. 가족의 기능 중 일부 기능은 시간이 지남에 따라 상실되었으며, 어떤 기능은 지속적으로 유지되고, 또 어떤 기능은 한층 강화되고 있다.

전통적으로 가족은 〈표 7-3〉에서 보는 바와 같이 ① 가족 구성원에게 고유한 인간으로서의 정체감을 심어 주는 기능, ② 가정을 사회에 연결시키는 기능, ③ 전통의 유지·전달 기능을 수행하였다. 그러나 가족의 일반적 기능을 살펴보면 ① 생산의 기능, ② 사회화 기능, ③ 정서적 지원 제공 기능, ④ 경제적 지원 기능, ⑤ 가족 구성원 보호 및 자녀 양육 기능, ⑥ 가족 구성원의 자아실현 기능 등으로 다양하다.

현대 사회의 변화와 함께 가족의 기능은 본래 축소되거나 변형되었으며, 일부 기능은 사회 체계에 의해 대치되었다. 전반적으로 가족의 생산, 사회화 기능은 약화되고 있는 반면, 가족 구성원의 정서적 지원, 경제적 지원, 자아실현 기능 등은 강화되고 있다.

〈표 7-3〉 가족의 전통적 기능과 일반적 기능

가족 기능의 종류	내용
가족의 전통적 기능	① 고유한 인간으로서의 정체감을 심어 주는 기능 ② 가정을 사회에 연결시켜 주는 기능 ③ 전통의 유지·전달 기능
가족의 일반적 기능	① 생산의 기능 ② 사회화 기능 ③ 정서적 지원 기능 ④ 경제적 지원 기능 ⑤ 구성원 보호 및 자녀 양육 기능 ⑥ 가족 구성원의 자아실현 기능

3. 결혼 생활의 적응

남녀가 결혼을 하게 되면 부부 관계가 성립된다. 결혼해서 부부가 되면 남편 또는 아내로서 수행하여야 할 새로운 역할이 부여된다. 결혼 생활이란 인생의 동반자와 함께 삶을 영위하는 것을 의미하며, 그 영역은 법적, 인격적, 성적, 사회적, 경제적 등 다방면을 아우른다.

설령 사랑하는 배우자를 만나서 결혼하였더라도 행복한 결혼 생활을 유지하기 위해서는 서로 적응해 가는 과정이 필요하다. 즉, 부부 관계란 결혼한 남녀, 두 사람이 서로의 생리적·심리적·사회적인 욕구를 충족시키기 위해 상호 적응하는 관계를 의미한다. 여기서 적응이란 부부 간의 적응뿐만 아니라 사회 경제적 또는 모든 내적 및 외적 환경에의 적응을 포함한다. 행복한 부부 관계는 서로 노력하여 이루어 가는 것이다.

부부 관계에 적응하는 일은 다양한 측면에서 부부가 서로 노력하는 과정이다(Wells, 1984; 권석만, 2014, 재인용).

첫째, 결혼 생활에서 나타나게 되는 부부 간의 차이점과 단점에 대해서 서로 조화시켜 나가는 과정이다. 결혼하여 함께 생활하다 보면 자연스럽게 서로의 차이와 약점을 발견하게 된다. 특히 부부 간의 차이점은 성격, 가치관, 사고방식, 행동 습관, 감정 표현 등에서 비롯되며, 이것은 부부 갈등의 주요한 원인이 된다. 따라서 이러한 차이를 서로 수용하고, 서로의 단점을 이해·보완하며 조화로운 관계를 맺어가는 것이 바로 부부 관계의 적응이다.

둘째, 결혼을 약속한 개개인이 결혼 후에는 서로의 배우자로서 부부 관계를 형성하게 된다. 부부 관계는 연애할 때 또는 결혼을 약속한 사이였을 때의 관계와는 상당한 차이가 있다. 결혼 후에는 부부 간에 애정 표현 방식, 부부 간의 역할과 권력, 친인척 관계 등에 많은 변화가 생기게 된다. 특히 결혼 초에는 결혼 생활에 따른 변화에 적응해 가면서 서로에 대한 행동을 전환할 필요가 있다.

셋째, 결혼 생활에서 요구되는 일상적 과업을 배우고 익히며, 새로이 부과된 역할을 잘 감당하여야 한다. 남편으로서 또는 아내로서의 역할을 잘 수행하면서 사회적으로는 경제적 부양을 하고, 양가의 가족 구성원들과의 관계에 적응한다.

넷째, 결혼 생활에서 적응해야 하는 영역은 부부 관계, 부모–자녀 관계, 재정 관리, 사회적 관계, 역할 분담 등 다양하다. 부부는 다양한 영역에 걸쳐 많은 과업을 생활 속에서 수행해 가며 적응해야만 한다. 이외에도 부부는 여러 가지 필연적 또는 우연적으로 발생하는 적응 과제도 감당해야만 한다.

다섯째, 결혼 생활은 시간이 지남에 따라 적응해야 할 과업이 변화한다. 가족생활주기(family life cycle)에 따라 부부의 역할과 가족 관계가 변화하므로, 이러한 변화에 적응하는 것이 중요하다. 예를 들면, 결혼 후 신혼 초에 해당하는 가족 형성기, 출산 및 양육이 주된 과업인 가족 확대기, 자녀의 교육 또는 장성한 자녀의 독립을 지원하는 확대 완료기, 자녀가 독립한 후 두 부부만 남게 되는 축소 완료기, 그리고 배우자의 사망 및 남은 배우자가 혼자 살다가 사망하는 가족 해체기에 이르기까지 부부 관계와 역할은 계속 변화하므로 시간의 흐름에 따른 적응이 요구된다.

4. 성공적인 결혼 생활

성공적인 결혼이란 개인의 만족에까지 도달할 수 있도록 두 사람 상호 간에 역동적이고 발전적인 관계가 이룩되고 있는 결혼을 말한다. 성공적인 결혼은 부부의 내적 요인뿐만 아니라 외적 요인을 충족시켜 줄 때 이루어지는 것이다. 여기서 내적 요인이란 두 사람의 인성 특성, 적응 능력을 말하며, 외적 요인은 사회적·경제적·가족 여건을 들 수 있다. 필수적 태도와 법률적 요건 등 성공적인 결혼을 위하여 부부에게 필요한 사항은 다음과 같다(허혜경 외, 2017).

첫째, 성공적인 결혼에 필요한 필수적인 태도로는 상대방의 성격, 특성 등을 이해하고 서로 조화를 이루려고 노력하는 자세에 있다. 상대방의 능력, 자유, 자존심을 존중하고, 그의 목표에 도달할 수 있도록 용기를 주며, 격려하고 수용해 주어야 한다. 상대방의 모든 행동을 무시하거나 방해하거나 거부하는 태도는 두 사람의 관계를 저해하는 요인이 된다.

둘째, 성공적인 결혼을 위해 법률적 요건을 충족시켜야 한다. 즉 사회적 기대나 그 사회의 문화, 도덕, 윤리의 규범 안에서 허용되는 결혼이어야 한다.

이외에도 성공적인 결혼이란 건전한 정서적 발달을 추구하여야 하며, 그로 인해 좋은 가정 분위기를 형성하는 것이다. 결혼이란 두 사람만의 관계뿐만 아니라 가족, 친척 등과의 인간관계를 포함하는 것이므로 그 사회의 기대 수준에 부합되어야 그들의 결혼을 성공적으로 이끌 수 있다.

1) 성공적 결혼 생활의 영향 요인

(1) 성공적 결혼 생활에 영향을 미치는 '결혼 전 요인'

성공적 결혼 생활에 영향을 미치는 '결혼 전 요인'과 '결혼 후 요인'을 소개하고자 한다. 먼저 성공적 부부 관계에 영향을 미치는 결혼 전 요인을 살펴보면 다음과 같다(유영주 외, 2000; 오영희 외, 2005; 임혜경 외, 2017).

첫째, 부부의 가족 배경은 성공적인 부부 관계에 영향을 미친다. 성공적 결혼 생활을 한 부모를 둔 사람은 자신도 성공적인 부부 관계를 형성하는 경향이 있다. 부모의 부부 관계는 미래 자녀들의 부부 관계와 결혼 생활에 영향을 미치는 모델의 역할을 하게 된다.

둘째, 결혼 전 교제 기간이 길었던 사람들이 비교적 결혼 생활에 행복하고 성공적으로 적응할 수 있다. 교제 기간이 충분하면 상대방의 성격, 습관, 장단점 등을 파악할 기회가 많으므로 서로에 대한 인생관이나 가치관을 알 수 있어 부부 간의 오해와 갈등의 소지를 낮출 수 있다. 반면 갑작스런 기분이나 일시적인 충동으로 이루어진 결혼일수록 결혼 생활의 만족도 또는 행복의 지속성이 낮을 수 있다.

셋째, 결혼하는 사람의 연령과 성숙도는 부부 관계의 안정성에 영향을 미치게 된다. 조혼의 경우 결혼 생활에서 더 많은 문제에 직면하게 되어 결혼에 실패할 가능성이 높다. 조혼은 연령이 낮음으로 인한 교육 수준의 저하, 충분한 진로 탐색의 제한, 낮은 수입, 정서적 미숙, 개인적 발달 과업의 성취 부족, 부모됨의 준비 부족 등으로 인해 결혼의 실패 가능성을 높일 수 있다.

넷째, 순수한 사랑, 이해, 공통된 흥미와 목표 등이 결혼 동기로 작용할 경우에 성공적인 결혼 생활을 영위할 가능성이 높다. 그러나 돈, 명예, 일종의 도피처나 고독 해소, 상대방의 물질적 가치, 부모의 강압적 설득 등이 결혼 동기로 작용할 경우 결혼 생활의 만족도가 낮을 뿐 아니라 실패 가능성도 높아진다.

다섯째, 혼전 임신으로 결혼한 경우에는 성공적 결혼 생활에 이르기가 쉽지 않다. 왜냐하면 혼전 임신으로 인한 결혼에 대한 압박감, 걱정·두려움·후회와 같은 부정적 정서, 결혼 생활 준비의 부족, 혼전 임신으로 인한 교육·직업·결혼에 대한 계획의 변경 등은 성공적인 결혼 생활에 부정적인 영향을 미칠 수 있다.

여섯째, 부모의 승낙을 받고 결혼한 부부는 그렇지 못한 부부보다 더 행복하고 성공적인 결혼 생활을 하는 경우가 많다. 부모가 자녀의 결혼을 승낙하고 축복할 경우에 부모는 자녀에게 결혼 생활의 어려움이 발생했을 때 결혼 생활의 성공을 격려하고 지지하는 중요한 사회적 지원 체계(social support system)로 작용할 수 있지만, 그렇지 못한 경우에는 부부 관계를 악화시키거나 관계의 안정을 위협하는 요인이 될 수 있다.

(2) 성공적 결혼 생활에 영향을 미치는 '결혼 후 요인'

결혼 생활의 성공에 영향을 미치는 요인은 '결혼 전 요인'보다 '결혼 후 요인'이 더 강력하다. 성공적 결혼 생활에 영향을 미치는 '결혼 후 요인'을 소개하면 다음과 같다(유영주 외, 2000; 오영희 외, 2005; 임혜경 외, 2017).

첫째, 부부의 태도는 성공적 결혼 생활에 영향을 미친다. 상대방에 대해서 민주적이고 상호 존중적인 태도를 지닌 부부는 만족스러운 부부 관계를 형성하여 결혼 생활에 성공할 가능성이 높다. 반면 상대방에게 지배적이고 경쟁적이며 비하적인 태도를 보이는 부부는 결혼 생활에 실패할 가능성이 높다.

둘째, 관심사나 흥미의 유사성은 성공적 결혼 생활에 영향을 미친다. 부부가 공통된 취미를 갖거나 관심사가 유사할 경우에 함께 활동할 기회가 많아지고 서로를 이해하며 공감할 가능성이 높다. 또한 부부가 사회 경제적 지위, 교육 수준, 직업, 생활 수준, 성장 배경, 종교 등과 같은 사회·문화적 배경이 비슷할 경우 가치관, 역할 기대, 상호 작용의 측면에서 유사성이 높아 갈등 요인이나 사회·문화적 차이가 적어 결혼 생활이 성공적일 가능성이 높다.

셋째, 친인척과의 관계가 원만하면 결혼 생활의 만족도가 높고 성공적일 수 있다. 반면 시댁 식구, 처가 식구 등 친인척과의 관계가 나쁘면 부부 관계도 악화되는 경향이 있다. 특히 우리나라에서는 고부 갈등(시어머니와 며느리 간의 갈등), 장서 갈등(장모와 사위 간의 갈등)이 생길 수 있으므로 부부는 양가 친인척들과 좋은 관계를 유지하려는 노력이 필요하다.

넷째, 안정되고 적절한 수입은 성공적 결혼 생활과 밀접한 관련이 있다. 가족의 수입이 불충분한 경우에 부부 간의 갈등으로 이어질 수 있으며, 수입의 감소나 실업 등과 같은 수입의 불안정 요인 역시 결혼 생활에 부정적 영향을 미칠 수 있다.

다섯째, 종교 활동 참여와 성공적 결혼은 관계가 있다. 종교 활동이 결혼 생활에 긍정적 영향을 미치는 원인으로는 먼저 종교적 가치가 부부 관계에 긍정적으로 기여할 수 있기 때문이며, 부부가 함께 종교 활동에 참여함으로써 부부 공동의 활동과 동료감이 증가되기 때문이다.

2) 성공적 결혼 생활을 위한 적응 전략

성공적인 결혼은 사회의 요구와 기대에 어긋나지 않게 이루어진 결혼, 당사자가 원하고 기대했던 사람과의 결혼, 양가의 가족들이 지지하는 결혼, 현대 사회에서 살아갈 수 있는 경제적 능력이 있고, 서로를 잘 이해하고, 결혼 생활에 잘 적응할 수 있는 성숙된 부부의 태도와 밀접한 관련이 있다. 스티넷이 제시한 성공적 결혼 생활을 위한 적응 전략을 살펴보면 다음과 같다(Stinnett, 1985; 김종운 외, 2016).

- 긍정적인 마음을 가진다: 상호 간의 인정, 신뢰, 존중, 이해를 바탕으로 부부 간에 긍정적인 마음을 가진다.

- 존중한다: 부부 간에 상호 존중하는 마음을 솔직하게 표현하면 위협을 느끼지 않게 되고, 방어적인 의사소통을 덜 하게 된다.

- 서로의 다른 준거 틀을 이해하고 수용한다: 문화적 배경이 비슷한 부부는 생각, 태도, 경험 등이 비슷하기 때문에 준거 틀이 유사하여 의사소통이 원활하다. 그러나 과거 생활 경험이 다를 경우 같은 사건에 대한 견해가 부부 간에도 다를 수 있다. 따라서 부부 간에 서로의 준거 틀을 이해하면 불일치를 극복할 수 있다.

- 경청한다: "경청하는 사람은 싸우지 않고, 싸우는 사람은 경청하지 않는다!" 경청하는 것은 상대방을 존중한다는 의미이므로 경청은 부부 관계를 강화시켜 준다.

- 모호한 메시지의 의미를 구체화한다: 불명확한 메시지에 대한 자의적인 해석은 부부 간 오해와 갈등의 원인이 될 수 있다. 만약 대화 중 모호한 메시지가 있

을 경우, "내가 이해하기로는 ○○한 것 같은데, 맞는지 모르겠네요."라고 이해한 내용을 분명하게 짚고 넘어감으로써 소통의 정확성을 높일 수 있다.

- 공감한다: 의사소통이 잘 되는 사람은 상대방의 입장에서 볼 줄 아는 공감 능력을 가지고 있다. 부부 간에 서로 공감하면 사소한 일에서도 배우자의 감정, 욕구, 분위기, 요구 사항 등에 대한 이해 수준이 높아진다.

- 상대방의 감정을 알고 있음을 안다: 감정은 언제나 논리적이지는 않다. 배우자가 자신의 감정 상태, 특히 부정적 감정 상태를 알린다면, 상대방의 감정을 알고 이해함으로써 부정적 감정이 해소될 수 있다.

- 자신의 의견을 분명하게 말한다: 상대방의 기분만을 고려하여 해야 할 말을 피하거나 삼가는 것은 바람직하지 않다. 상대방에게 자신이 원하는 것이 무엇인지를 분명하게 말함으로써 서로 간에 오해와 부정적 감정이 발생할 소지를 없앨 수 있다.

- 자기 개방을 한다: 적당한 수준의 자기 개방을 하되, 부정적 자기 개방의 표현은 부부 관계를 훼손시킬 가능성이 있으므로 나 메시지(I-message)와 같은 방법으로 소통한다.

서로 존중하는 부부가 되기 위해서는 평소에 예의를 갖추면서 대화하거나 함께 보내는 시간을 갖는 등 상호 적응하는 노력이 필요하다.

존중하는 부부가 되기 위한 방법

• **무례한 호칭으로 서로 감정이 상할 때**

원하는 호칭을 배우자에게 미리 귀띔한다. '야~', '저 인간' 등 대신 배우자가 원하는 호칭으로 불러 준다.

• **함께 시간을 보낼 때**

스마트폰만 쳐다 보는 것은 아무리 가까운 부부라도 결례다. 함께하는 시간에는 대화를 통한 공감대 형성에 집중한다.

• **여가 시간 방식이 너무 다를 때**

서로의 취향을 강요하지 않는다. 예를 들어, 영화관에 간다면 시간대만 맞추고 다른 영화를 보는 것도 나쁘지 않은 선택이다.

• **너무 바빠서 교류할 시간이 부족할 때**

매주 혹은 매달 특정 요일을 '부부 타임'으로 정해 식사나 쇼핑, 운동 등을 함께 즐긴다. 오직 두 사람만의 시간을 가져야 한다.

• **성생활 욕구가 서로 어긋날 때**

협박, 비하의 뜻이 담긴 언어 폭력을 삼간다. 당장 한쪽에 맞추기가 어렵다면 '침대에서 대화'를 통해 물리적 친밀도를 높여 나간다.

출처: 동아일보(2018. 6. 5.). "야" "저 인간"… 무촌 부부, 무례 안돼요, [새로 쓰는 우리 예절 新禮記(예기)] 〈15〉 부부 사이에도 예법 지켜야죠, 수정.

Marriage & Family

1. 현대 사회에서의 부부 관계

1) 전통적 부부 관계의 의미

우리나라의 전통적 부부 관계는 유교적 가족주의의 영향을 받았다. 결혼은 가문 대 가문의 결합으로서의 의미를 지니고 있어, 개인의 행복보다는 집안 전체의 안녕을 더 중요시하였다. 그러므로 과거에는 개인의 자유의사에 의한 연애혼보다 부모의 의사에 의한 중매혼이 지배적이었다.

결혼은 집안의 가계 계승 및 발전을 목적으로 하였다. 결혼은 가족의 대를 이을 자녀, 즉 아들을 출산하기 위한 공식적이고 합법적인 근거를 마련해 주는 하나의 형식적 절차나 도구로서의 부차적인 의미를 가졌다. 따라서 결혼에 의해 새로운 가족이 창출되기보다는 이미 존재하고 있는 부계 가족, 또는 가문에 단지 여성이 혼입하여 들어가는 것으로 여겨졌다. 이러한 혼인의 목적 때문에 결혼 생활의 지속성을 강조하였고 이혼을 엄격하게 통제하였다.

부계를 영속적으로 계승해 나가는 것이 가족의 최상의 목표였던 만큼, '효(孝)'

라는 가족 중심 원리를 가지고 모든 가족원들이 이에 상응하는 가족 관계 그리고 지위와 역할이 형성되었다.

일단 가족의 중심축은 부자 관계였으며, 부부 관계는 부자 관계보다 부차적이고 종속적인 관계였다. 부자 중심의 가족 문화에서 아내는 심지어 남편을 사랑하지 않더라도 남편의 부모를 잘 섬기고, 자녀를 잘 키우면서 평생 가정생활을 지속해야만 했다.

또한 과거에는 가족 간에 성과 연령을 기준으로 지위와 역할이 배분되었으며, 남성 연장자가 '가부장권'을 가졌다. 남편의 가부장권은 가족의 의사와 이익을 대표하는 대표권, 가족 구성원의 사소한 행위에서부터 집안 대소사까지를 지시하여 지배, 감독하는 감독권, 가족이 공동으로 소유하는 자산을 관리하는 재산권, 그리고 조상에 대한 제사권으로 구성된다(신수진, 1998; 허혜경 외, 2011, 재인용). 이에 반해 아내에게 순종과 정절은 자신의 생명과도 같이 중요하게 여겨져서, 삼종지도, 부창부수, 여필종부, 칠거지악, 부부유별, 남존여비 등의 개념이 강요되었다.

여성은 한 개인으로 인정되는 것이 아니라, 부인 혹은 며느리라는 예속적 지위에 머물렀다. 그러므로 자신의 감정이나 주장은 억압하고, 생각을 가진 인격체로서가 아니라 오로지 시가의 가계를 계승하기 위해 아들을 낳고, 남편을 내조하며, 가족생활에 필요한 노동력을 제공하는 역할을 주로 담당하였다. 전통적인 부부 관계에서의 적응의 의미는 남편과 시가에 대한 아내의 일방적인 적응이었다.

이렇게 부부 간의 역할 수행에 따른 기능적 기대만 존재하였으므로, 가부장적이고 성 고정 관념적인 가족 문화가 팽배했다. 부부 간의 사랑이나 애정과 같은 감정적 표현은 무시되거나 표현할 수 없는 것으로 간주되었다. 또한 부부 간의 성 관계는 애정 표현이나 욕구를 충족하는 방법이 아니라 단지 자녀를 출산하기 위한 의무가 우선시 되었고, 자녀 양육 역시 가계를 계승하기 위해서였다. 부부 관계에서는 자신에게 주어진 역할을 잘 수행하여 가족의 기능적 안정을 꾀하는 것이 중요하게 여겨졌다.

2) 현대적 부부 관계의 의미

현대적 의미의 부부 관계는 서구 가족주의의 영향을 많이 받았다. 서구 가족주의는 핵가족 단위 내에서의 가족 결속을 강조하는 가치관이다. 따라서 부부 관계, 부모-자녀 관계를 포함하는 모든 가족 관계에 대해 애정적 유대가 중요한 요소가 된다. 그러므로 현대적 의미의 가족은 우애적 가족의 색채가 짙다.

이러한 우애적 가족에서 중심 원리는 '사랑'이다. 부부 관계에서도 역할을 수행하기보다는 부부 간의 정서적 유대가 더 중요하게 여겨져 부부 간의 성이나 사랑이 결혼의 성립과 유지의 중요한 쟁점이 되었다. 즉, 부부 관계가 결혼의 중심축이 된 것이다. 부모-자녀 관계에서도 부모와 자녀를 맺어주는 절대적 복종의 '효' 개념 대신 '사랑'이 중시되어, 부모가 자녀의 의견을 존중해 주는 보다 평등한 관계로 변화하였다.

〈표 8-1〉 전통적 부부 관계와 현대적 부부 관계

	전통적 부부 관계	현대적 부부 관계
가족 개념	• 제도적 가족	• 우애적 가족
결혼의 의미	• 가문 대 가문의 결합	• 개인 대 개인의 결합
결혼의 목적	• 가계 계승 및 발전 • 결혼의 책임과 영원성 강조	• 개인의 자유와 행복 • 결혼 해체의 가능성 증가
가족 중심 원리	• 효	• 사랑
가족 관계 중심축	• 부모-자녀 관계	• 부부 관계
부부 관계의 특징	• 가계 계승을 위한 부차적 관계 • 지배와 복종의 예속적인 불평등한 관계 • 성과 연령을 기준으로 지위와 역할 배분 • 역할 수행에 따른 기능적 기대	• 사랑을 기반으로 한 평등한 관계 • 각자가 지니는 자원에 의해 편의적 역할 배분 • 감정적 유대에 따른 정서적 기대

출처: 문숙재 외(2001). 현대사회와 가정. 서울: 교문사. 수정.

가족 구성원들이 평등해지고 또한 서로의 관계를 맺어 주는 가족 중심 원리가 '효'에서 '사랑'으로 대체되면서 가족 간 역할은 개인의 자원에 의해 편의적인 방향으로 나아간다. 아직까지도 남성은 가계 부양을 책임지는 도구적 역할을 주로 담당하고, 여성은 가정에서 가사를 수행하고 자녀를 낳아 기르는 표현적 역할을 담당하는 도구적-표현적 역할 분담이 존재한다. 그러나 앞으로는 기혼 여성의 경제활동 참여율이 증가함에 따라 점차 부부 간의 역할 구분이 예전처럼 엄격하지는 않을 것으로 예상된다.

부부 간의 권력 구조와 역할 분담에도 변화가 나타나, 과거의 권위주의적, 수직적 부부 관계에서 평등주의적, 수평적 관계로 바뀌었으며, 가장의 권위와 결정권의 집중 형태에서 부부 공동 결정의 유형으로 변화하고 있다.

자녀에 대한 가치관도 자녀의 인격을 존중하는 문화로 변화하고 있다. 부부 간의 성관계도 가계를 잇는다는 목적보다는 부부의 정서적 욕구 충족과 관련하여 사랑을 주고받을 수 있는 목적이 더 우선되었다. 이에 따라 자녀 양육 자체에 대한 보람과 자녀를 통한 자신의 자기 발전에 의의를 두는 경향이 많아지고 있다.

또한 부부 간의 역할 수행에 대한 기능적 기대보다는 감정적 유대에 따른 정서적 기대가 더 커졌다. 부부 간에 사랑의 표현이 자연스럽고, 성생활 또한 이제는 자녀 출산을 위한 것이 아니라 사랑의 확인이나 그 자체의 만족을 위해 행해지게 된 것이다. 이와 같이 우리 사회에서 가족 관계를 규제하는 규범이 크게 변화함에 따라 부부 관계와 배우자 간의 지위와 역할에 대한 기대 역시 바뀌게 되었다.

2. 부부 관계의 역할과 유형

1) 부부의 역할

가족 구성원은 가족 내에서 일정한 지위를 갖게 되며, 지위와 관련하여 가정적으로 뿐만 아니라 사회적으로 기대되는 역할을 수행해야 한다. 부부는 결혼에 의해 남편으로서, 또는 아내으로서의 지위와 함께 그에 따른 역할을 기대 받는다. 책임감 있는 남편 또는 아내로서의 역할을 얼마나 잘 수행하느냐의 여부가 한 가족의 결혼 만족도와 행복을 크게 좌우한다. 이와 같이 부부의 역할 수행은 개인에 국한된 것이 아니라 가정과 나아가 사회에 중요한 영향을 끼치게 된다.

부부의 역할은 성 역할 개념의 변화에 따라 역할 기대가 달라진다. 과거에는 남성은 남성성을, 여성은 여성성을 나타내는 역할을 수행하는 것이 건강하고 바람직하다고 보았다. 파슨스(Parsons, 1955)에 의하면 남성성은 목표 지향적이고, 주장이 강하며, 타인과 자신을 분리하는 독립적인 행동을 하고, 도구적이며, 기능적인 특성을 지니고 있다. 반면 여성성은 감성적이고 정서적이며, 이타적이고 독립된 개인이기보다는 상호 관계를 추구하고, 친화적이며, 표현적인 특성을 지니고 있다. 이러한 남성성과 여성성의 특성은 남녀 모두에게 공존하지만, 남성은 기능성이, 여성은 친화성이 좀 더 강하다고 보았다.

전통적으로는 남녀 구분이 명확한 성 고정 관념적인 남성성, 여성성을 소유해야 한다는 성 역할 개념이 지배적이었으나, 현대 사회에서는 남녀 구분 없이 한 개인이 남성성과 여성성을 아우르는 양성성을 지녀야 더 바람직하고 기능적이라 여겨지고 있다. 다시 말해 남녀 모두가 어느 한 성의 특성을 지니는 것보다 양성성의 특징을 지니는 것이 개인이나 사회가 발전적이다.

(1) 역할 변화에 따른 결혼의 의미

결혼의 의미는 독신의 생활에서 완전한 성생활, 책임감 있는 태도와 능력, 가족원을 위한 구매, 우리의 생활, 배우자의 입장, 며느리·사위의 입장, 가족 중심의 습관으로의 변화를 특징으로 들 수 있다(김양희, 2009).

- 독신의 불완전한 성생활에서 공인된 두 사람 간의 '완전한 성생활'로
- 낭만적 사랑에서 현실과 관련된 '책임감 있는 태도와 능력'으로
- 개인의 구매에서 '가족원을 위한 구매'로

- 나의 생활에서 '우리의 생활'로
- 자녀의 입장에서 '배우자의 입장'으로
- 자녀의 입장에서 '며느리·사위의 입장'으로
- 개인적 습관에서 '가족 중심의 습관'으로

〈그림 8-1〉 결혼의 의미

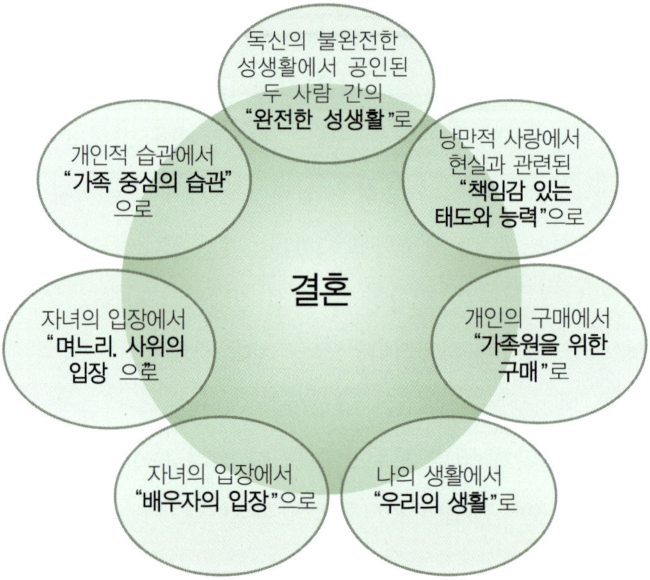

출처: 김양희(2009). 신혼기 건강가정을 위한 길라잡이: 우리 방금 결혼했어요. 동작구 건강가정지원센터.

(2) 부부의 역할

부부의 역할은 시대의 변천에 따라 크게 변화하였다. 특히 여성의 고등 교육 수준, 사회적 지위, 경제적 능력 등이 향상되면서 부부의 권력과 역할이 양성평등적으로 변화하고 있다. 부부의 역할은 크게 3가지 유형으로 분류할 수 있다(김태현, 1994; 권석만, 2014, 재인용).

- 부부 취업형 가족(dual career family)

부부 취업형 가족은 부부가 각자 직업을 갖고 사회적 활동을 하는 맞벌이 가족이다. 이 유형은 부부가 모두 직업을 통해 자아실현을 이루며 직업 생활에서 만족을 얻게 되는 반면 가사 분담과 자녀 양육의 어려움이 따른다. 부부가 모두 경제적 수입이 있는 동시에 직업을 통한 사회적 지위도 지니고 있어 부부 간에 평등한 가족권력이 주어지는 경우가 많다. 그러나 아직도 가족 권력과 가족 역할의 분담 과정에서 다양한 갈등이 초래되는 경우가 많다.

- 역할 공유형 가족(role sharing family)

역할 공유형 가족은 가정 내의 역할을 부부가 공평하게 분담하는 가족 유형이다. 이 유형은 성 역할 고정 관념이 비교적 적고, 가사일과 자녀 양육뿐 아니라 경제적 부양 역할 모두 부부가 함께 분담한다. 맞벌이 부부가 아니더라도 가족 역할의 공유 영역이 확대되고 가족 내 성 역할이 평등해지는 최근의 추세를 반영하고 있는 가족 유형이다.

- 역할 전환형 가족(role reversal family)

역할 전환형 가족은 전통적 가족에서 남편이 담당했던 역할과 아내가 담당했던 역할이 뒤바뀐 가족 유형을 의미한다. 현대 사회에서는 남성과 여성이 가족 부양자와 가사 분담 역할이 뒤바뀌거나 가정 내에서 직업 활동을 할 수 있는 다양한 자유 직업이 생겨나고 있다. 따라서 최근에는 가정 내에서 일하는 남편과 가정

밖에서 직업 활동을 하는 아내로 구성된 가족이 나타나고 있다. 가사일을 선호하는 남편, 경제적 부양 역할을 담당하는 아내와 같은 역할 전환형 가족이 출현하고 있다.

2) 부부 관계의 유형

큐버와 해로프(Cuber & Haroff, 1986)는 결혼 후 10년 동안 단 한 번도 이혼을 고려하지 않고 결혼 생활을 잘 영위하고 있는 부부 211명을 대상으로 연구를 진행한 결과, 부부 관계를 〈표 8-2〉와 같은 6가지 유형으로 범주화하였다(신용주, 김혜수, 2011, 재인용; 최규련, 2008).

〈표 8-2〉의 6가지 부부 관계 유형 이론에 의하면, 한 부부 관계 유형이 평생 동안 지속되는 것을 의미하는 것은 아니며, 갈등 유발 시 해결하는 방법도 부부 관계 유형별로 다양하다. 예를 들면, 배우자의 부정과 같은 사건이 발생한 경우 갈등이 습관화된 부부는 부부 싸움을 통해 해결하고 다시 부부 관계를 지속하는 반면, 전체적인 부부 관계는 결혼 생활의 해체라는 결론으로 갈등을 해결하는 경향이 있다.

〈표 8-2〉 부부 관계 유형

유형	특징
주기적 부부 관계 (the cyclical relationship)	부부가 극심한 갈등 상황에서 심리적으로 힘들어지나, 화해나 회복을 반복하여 다시 평정을 찾는 상황을 주기적으로 반복하는 부부 관계이다.
갈등이 습관화된 부부 관계 (the conflict-habituated relationship)	만성적으로 갈등과 불만이 쌓여 있고 불화가 있지만 이혼을 생각하지 않는 유형이다. 사소한 일상생활의 견해 차이에서부터 정치 및 종교와 같은 심각한 문제에 이르기까지 극심한 긴장과 갈등을 가진 불안정한 유형이나, 결코 부부 싸움이 가정을 해체시킬 만한 이유로는 작용하지 않는 부부 관계이다.
활기가 약화된 부부 관계 (the devitalized relationship)	신혼 초기에는 열정적이고 활기가 넘쳤으나 결혼 생활이 지속됨에 따라 점차 의무적으로 가족과 시간을 보내고, 자발적이기보다는 책임감으로 행동하며 그럭저럭 살아가는 부부 관계이다. 즉 결혼 초에는 부부 간에 상호작용과 친밀감이 많았으나, 세월이 지나면서 부부 상호 간에 활력이 없어진 유형이다.
냉담으로 일관된 부부 관계 (the passive-congenial relationship)	신혼 초기부터 활기가 없었다는 점에서 활기가 약화된 부부 관계와 큰 차이가 있다. 결혼을 친밀감보다는 자아실현, 경제적 안정, 자녀의 희망, 출세 등과 같은 안락한 삶의 방편으로 여긴다. 이 부부는 결혼에 대한 비현실적인 기대가 적으므로 이혼에 이르는 경우가 드물며, 상대의 불만족스러운 부분에 대해서는 개입하기보다는 체념하고 살아가므로 비교적 갈등도 적다.
활력적인 부부 관계 (the vitalized relationship)	결혼 초기부터 친밀감, 유대감, 상호 작용이 활발하게 교류되고 계속 유지되는 유형이다. 이 부부에게는 부부 관계 자체가 각자에게 중요한 삶이다. 각자가 독자성을 지니며 서로의 심리적인 행복과 사회적 성공에 모두 관심이 있다. 갈등이 생기면 현실적으로 문제의 핵심을 파악하여 조속히 갈등을 해결하고, 다시 활력적인 관계를 유지하려는 적응 능력과 노력이 강한 부부 관계이다.
전체적인 부부 관계 (the total relationship)	부부 두 사람 간에 친밀감, 유대감, 동반 활동이 가장 강하고, 다른 일보다 결혼 생활과 배우자와의 관계에 우선순위를 두는 유형이다. 이 부부는 비슷한 직업, 같은 직장이나 함께 운영하는 사업에 종사하는 경우가 많으며, 생활의 많은 부분에서 활력적인 부부 관계와는 차이가 있다. 이 유형은 갈등 시에는 갈등의 최소화에 주력하므로 누구의 잘잘못을 고려하기보다는 관계를 유지하며 해결하려는 데 초점을 둔다. 이 부부는 많은 시간을 부부 중심으로 지내기 때문에 자녀에게 소외감을 줄 우려가 있다.

출처: 신용주, 김혜수(2017). 다음 세대를 위한 부모교육. 서울: 학지사.

3. 부부 관계의 적응

결혼은 성적·인격적·경제적·생활문화적으로 적응하는 과정으로서 결혼을 선택한 부부는 행복한 가정을 이루고자 노력해야 한다. 부부 간의 적응은 성적 적응, 인격적 적응, 경제적 적응, 그리고 생활문화적 적응으로 구분할 수 있다(신용주 외, 2011; 허혜경 외, 2017; 홍길회 외, 2015).

1) 부부의 성적 적응

결혼 생활에서 부부 간의 성생활은 극히 자연스러운 일이며, 부부는 성적 적응을 통해서 재생산의 성공률을 증가시키고, 성적 욕구를 만족시킨다. 원만한 성적 적응을 위해서는 부부가 서로 동등한 위치에서 서로에 대한 신체적·심리적·인격적인 이해가 수반되어야 한다.

부부 관계에 있어서 성의 의미를 살펴보면 다음과 같다(김용미 외, 2006).

첫째, 부부 간에 성은 생식을 통한 자녀 출산의 목적이 있다.

둘째, 성은 부부 간의 사랑과 친밀감의 표현이라 할 수 있으며, 부부 간의 또 다른 의사소통의 유형이다.

셋째, 부부는 성을 통해 쾌락과 즐거움을 누릴 수 있다.

넷째, 부부 간의 성행위는 결혼이라는 합법적인 제도 하에 상대방에 대한 상호 신뢰 및 소유의 표현이다.

부부의 성적 적응 정도는 결혼 만족도뿐만 아니라, 부부 간의 친밀감을 형성하는 데에 상당히 중요하다. 그러나 부부 간의 갈등이나 성에 대한 무지, 비현실적인 성적 기대감, 피로와 스트레스, 신체적 질병 등은 성적 부적응을 유발하는 요인으로 작용할 수 있다.

〈그림 8-2〉 섹스리스 비율

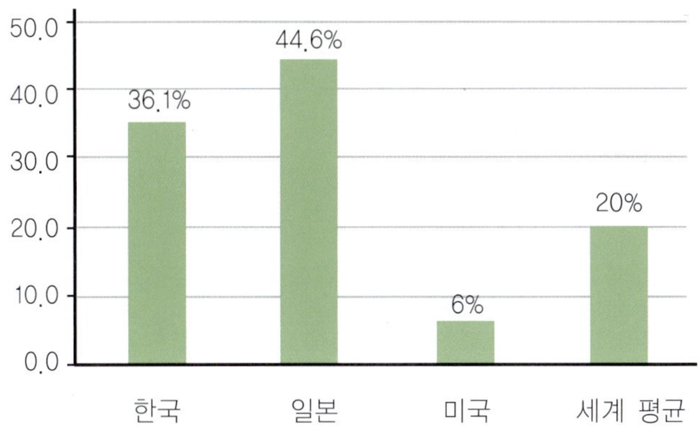

출처: 강동우 성의학연구소, 일본가족계획협회(2014), 미국가족과 문화연구를 위한 오스틴 연구소(2015); 뉴스투데이(2018. 3. 1.). 저출산의 뿌리, 로맨스 상실 ⑤ 비혼, 졸혼, 초식남, 건어물녀… 각박한 사회의 결과물, 재인용.

최근 우리나라 기혼 부부의 성적 적응에 있어서 가장 심각한 문제는 섹스리스 부부의 증가라 할 수 있다. 섹스리스(sexless)란 상대방으로부터 성적으로 긍정적인 반응을 얻지 못하거나 성관계로 인한 즐거움이나 만족감을 부인하는 경우, 또 다른 것에 에너지를 너무 많이 쓰기 때문에 성적 에너지가 부족할 경우에 생기는 현상이다(김영희 외, 2020). 2016년 7월 성생활 관련 설문 조사(1,090명 대상 성의학연구소) 결과에 의하면, 기혼 섹스리스 비율은 36.1%로 나타났다. 이것은 2014년 기준 일본의 섹스리스 비율이 44.6%에 이은 세계 2위 수준(전 세계 평균 약 20%)의 매우 높은 수치이다(뉴스투데이, 2018).

무한 경쟁 시대, 스트레스와 피로감, 정서적 여유의 상실 등으로 인해 부부 간에도 성적 적응이 쉽지 않다. 부부 간에 친밀감을 가지고 성적 만족감을 누리는 부부가 건강하고 행복한 삶을 누릴 수 있으므로 부부 간의 성적 적응이 필요하다.

2) 부부의 인격적 적응

부부의 인격적 적응이란 부부 간의 심리적 및 내적인 적응을 의미한다. 이는 부부 관계 속에서 자신의 인격이 지속적으로 변화될 수 있으며, 상대방의 인격 또한 적응시킬 수 있다는 특징을 지닌다.

물론 개개인의 타고난 성품이 원만하여 부부의 인격적 적응이 순조로운 경우도 있다. 그러나 대부분의 경우 부부가 인격적으로 적응하기 위해서 필요한 갈등을 정상적인 것으로 인식하되, 단시간 내에 발전적인 방향으로 갈등을 해결하려는 상호 간의 노력이 필요하다. 이를 위해서는 상대방의 인성과 행동을 이해하며, 서로를 독립적인 존재로 인정하는 사고방식이 필요하다.

부부의 인격적 적응을 위해서는 다음 사항을 고려하여야 한다(임혜경 외, 2017).

첫째, 부부 간의 차이를 수용한다. 부부는 서로 다른 환경에서 성장했기 때문에 각기 다른 인격을 지니는 것은 당연하다. 개인차를 다름으로 인정하고 상대방을 존중하는 것이 중요하다.

둘째, 부부는 상호 보완적인 관계이지만, 각자의 자율성과 독립성이 보장되어야 한다. 부부의 공동생활 영역 외에 다른 사회적 환경 내에서도 상호 보완적 역할이 있음을 인식하되, 개인의 자율성과 독립성을 확보하여 부부 각자의 사고와 행동 방식의 차이를 인정하여야 한다. 부부 개인의 견해차로 인해 부부 갈등이 생기지 않도록 서로 이해하고 효율적인 의사소통을 하여야 한다.

셋째, 부부는 상호 존중하여야 한다. 가장 가까운 부부 관계일수록 서로를 한 사람의 인격체로 더욱 존중해야 한다.

넷째, 부부 간의 갈등이 어느 정도는 존재하는 것이 당연하다. 부부 간에 인격적 적응을 통해 부부 갈등의 원인을 찾아 해결하며, 부부 관계를 건강하게 유지하여야 한다.

3) 부부의 경제적 적응

부부 관계에 있어서 경제적 적응은 현실적으로 상당히 중요하다. 부부의 경제력은 교육적 배경이나 직업과 밀접한 관계를 지니며, 이는 가족이 생활해 나갈 수 있는 경제적인 능력을 의미한다. 부부가 가정을 형성하게 되면서 부부가 공동으로 재정을 관리하며 경제적으로 적응하기 위해서는 부모로부터 받은 재산의 상속보다는 부부의 경제력과 소비에 대한 태도가 무엇보다도 중요하다. 금전적인 문제는 결혼 초기 거의 모든 부부가 직면하는 현실적인 문제이자 갈등의 주요 요인이 될 수 있으므로, 신혼기의 경제적 적응은 무엇보다 중요하다. 부부의 경제적 적응에 대한 내용은 다음과 같다(김양희 외, 2011; 신용주 외, 2011; 허혜경 외, 2017).

- 경제적 적응에 있어서 먼저 부부 간에 '경제적 부'에 대한 가치와 신념을 공유한다. 각자에게 있어서 돈의 의미와 가치, 가정에서 추구할 경제적 부에 대한 기대 목표를 함께 설정한다.
- 경제적 적응을 위해서는 부부의 수입원을 고려하여 예산 계획을 수립하고 지출 기록을 남겨서 부부가 함께 서로의 소비 패턴을 분석함으로써 예산 한도를 초과하거나 무절제한 지출을 지양할 수 있다.
- 우리나라에서는 대부분의 경우 경제권을 부인이 가지고 있으나, 부부 공동형으로 지출에 대한 의사 결정권을 행사하는 것이 가장 바람직한 형태이다. 재정 관리도 부부가 공동으로 하거나 아니면 부부 중 경제 감각이 좀 더 나은 사람이 관리하는 것이 효과적이다.
- 부부가 공동으로 재정 관리에 대한 경제적 의사 결정권을 가져야 한다. 예산 관리, 재정 계획 수립, 수입 관리, 소비 및 지출, 저축 및 투자에 대한 의사 결정권을 부부가 함께 가지는 것이 바람직하다.

4) 부부의 생활문화적 적응

가족은 공동생활을 통해 가족 고유의 가치관을 가지고 생활하면서 고유한 생활 습관이나 행동 유형, 즉 생활문화를 형성하게 된다. 생활문화는 살아가는 과정에서 가치, 생활 목표, 태도, 생활 전반에 대한 활동, 생활 양식, 의견, 문화 등을 아우르는 종합적으로 구조화된 체계라 할 수 있다. 가족마다 고유한 생활문화를 가지게 되며, 부부 역시 서로 다른 생활문화적 경험을 가지고 결혼 생활을 시작하게 된다. 부부가 서로 생활하다 보면, 의식주에서의 생활 양식, 일상생활, 취미 활동 등 생활문화 전반에서 차이가 나타나게 되는데, 이러한 생활문화적 차이를 어떻게 조율하며 살아가는가가 바로 생활문화적 적응이다.

부부는 각자 성장한 가정 문화의 영향을 받아 형성된 생활문화적 차이로 대립하기보다는 서로 양보하고 조정해 나가는 생활문화적 적응을 통해 그들 부부만의 고유한 생활문화를 정립하게 된다.

생활문화적 적응 과정에서 어느 한쪽 문화에 일방적으로 적응하거나, 서로에게 익숙한 생활문화를 주장하기보다는 충분한 대화와 새로운 가족 상황을 고려하여 상호 수용적으로 고유한 가족생활문화를 만들어가는 것이 바람직하다.

부부 간의 적응은 결혼 생활의 만족도뿐만 아니라 부부 관계의 유형을 좌우하는 결정적인 요인으로 작용한다. 인간은 누구나 자신이 선택한 배우자와 결혼하여 행복한 부부가 되기를 바란다. 결혼은 개인적으로 둘 사이의 사랑을 가꾸어 나가야 하고 사회적으로는 부부라는 새로운 사회적 관계를 맺음에 따른 지위의 변화에 법률적·사회적으로 기대되는 성인으로서의 책임과 권리를 갖기 때문에 계속적으로 적응하려는 노력이 필요하다. 결혼 생활의 적응은 새로운 상황과 새로운 지위의 변화에 융통성 있게 대처하며 함께 살아가는 것을 터득하고, 상호 간의 기대에 부응하도록 자신을 적절히 변화시켜야 한다.

참고문헌

권석만(2014). **젊은이를 위한 인간관계의 심리학.** 서울: 학지사.

김명자, 계선자, 강기정, 김연화, 박미금, 박수선, 송말희, 유지선, 이미선(2012). **아는 만큼 행복한 결혼 건강한 가족**(5쇄). 경기: 양서원.

김양희(2009). **신혼기 건강가정을 위한 길라잡이; 우리 방금 결혼했어요.** 동작구 건강가정지원센터.

김양희, 전세경, 문영소, 이영세, 김예리, 김진희, 장온정, 박정윤, 김효민, 안진경, 백선아, 최은주, 미래가족연구회(2011). **결혼과 가족.** 경기: 양서원.

김영희, 김경미(2020). **결혼과 가족.** 경기: 파워북.

김종운, 박성실(2016). **인간관계 심리학.** 서울: 학지사.

김태현(1994). **다양한 가족생활유형.** 한국가족학연구회(편). 가족학(pp. 139–163). 서울: 도서출판 하우.

뉴스투데이(2018. 3. 1.). 저출산의 뿌리, 로맨스 상실 ⑤ 비혼, 졸혼, 초식남, 건어물녀⋯ 각박한 사회의 결과물.

동아일보(2018. 6. 5.). “야” “저 인간”⋯ 무촌 부부, 무례 안돼요, [새로 쓰는 우리 예절 新禮記(예기)] 〈15〉 부부 사이에도 예법 지켜야죠.

신용주, 김혜수(2011). **대학생을 위한 부모교육.** 서울: 학지사.

신용주, 김혜수(2017). **다음 세대를 위한 부모교육.** 서울: 학지사.

오영희, 송진숙, 송영란, 양승지(2005). **최신 가족학의 이론과 실제.** 경기: 21세기사.

유영주, 김순옥, 김경신(2000). (개정판) **가족 관계학.** 서울: 교문사.

임혜경, 이현, 안윤영, 유정선(2017). **사랑과 결혼.** 경기: 양서원.

허혜경, 박인숙, 김혜수(2017). **현대사회와 가정.** 서울: 동문사.

홍길회, 황정혜(2015). **결혼과 가족 관계.** 서울: 동문사.

Stinnett, N.(1985). Strong families. In J. M. Henslin (Ed.), *Marriage and family in a changing society.* New York: The Free Press.

Marriage & Family

1. 가족 의사 결정

가족 구성원 간에 이루어지는 의사 결정은 자원이나 문화적 규범뿐 아니라 다양한 상호 작용을 바탕으로 하여 이루어진다. 가족의 의사 결정 행동은 가족 구성원간에 존재하고 있는 다양한 역할 및 가족 내 권력 구조와 함께 중요한 사항들이 어떠한 과정을 통하여 어떻게 가족 내에서 결정되고 있는가와 같은 가족 관계의 역동적인 측면을 보여 주고 있다.

이러한 관점에서 가족 관계 구조는 일반적으로 개방적인 경향을 띠면서도 개인의 행동에서나 자신의 문제에 있어서는 다소 보수적인 경향이 나타나고 있는 것이 사실이다. 남녀평등 사상이나 교육 및 경제력의 신장 등으로 여성의 사회적 위치는 향상되었지만, 과거 유교사상에 기인한 가부장적 가치관이 아직도 우리 생활 속에 잔존해 있는 실정이다. 그러므로 본 장에서는 가족 의사 결정 과정의 다양한 측면, 가족의 의사소통, 그리고 가족 갈등에 대하여 살펴보고자 한다.

1) 가족 의사 결정의 개념

의사 결정은 가족 체계의 중심이 되는 활동이다. 의사 결정은 사람들이 여러 대안 중에서 선택을 할 때마다 일어난다. 한 가지 선택에만 직면하고 있거나 한 가지 행동 방식만을 인식하고 있는 사람들은 의사 결정을 경험하지 못한다.

의사 결정이란 여러 문제를 내포하고 있는 상황에서 다양한 행동 과정 중 가치관이나 기준에 비추어 하나 또는 여러 행동 과정의 조합을 선택하는 활동이다. 여러 문제를 내포하고 있는 상황이란 자기가 하고 싶은 일과 사회 규범과의 갈등, 자신의 의견과 다른 사람의 의견 간의 갈등 및 불확실성, 자신이 추구하고자 하는 여러 목표들 간의 갈등이나 이와 관련하여 제한된 자원 분배 문제 등을 포함한 상태를 의미한다. 인간 생활은 이러한 상태에 자주 놓이기 때문에 개인적으로 의사 결정을 해야 하기도 하지만 때로는 가족이나 다른 사회 집단의 일원으로서 집단의 의사 결정에 참여해야 한다(유영주 외, 2004).

가족은 2명 이상의 개인들로 이루어진 소규모의 집단이므로 각 개인의 내면적인 갈등, 다른 가족 구성원 간의 갈등, 가족과 환경 사이의 갈등 등 많은 갈등을 경험하게 된다. 더욱이 현대 사회에서 물질적 환경과 사회적 환경이 복잡해짐에 따라 선택하고 결정해야 할 사항은 증가되어 더욱 더 많은 갈등과 부조화를 겪게 된다. 가족 의사 결정은 가족 구성원 사이의 불일치뿐만 아니라 가족과 환경 사이의 불일치를 줄이는 과정이다. 가족 관계에서의 현명한 의사 결정은 가족 구성원이 자신의 잠재력을 개발시킬 수 있는 가정 환경을 조성하는 핵심적 역할을 한다(Paolucci, Hall, & Axinn, 1997). 그러므로 현명한 가족 의사 결정은 생활의 만족도 증진에 영향을 미치며 합리적인 가정 경영을 수행하도록 한다.

2) 가족 의사 결정 과정의 단계

가족의 의사 결정은 누구 한 사람을 위한 과정이 아니라 가족의 응집력을 높이는 데 매우 중요한 역할을 한다. 이러한 가족의 응집력을 측정하는 한 가지 방법으로 의사 결정 과정을 관찰해 볼 필요가 있다. 가족 구성원들 간의 응집을 위해서는 정서적 결속이 필요한데, 혼합 메시지, 이중 구속(double binds), 모욕적 언행, 꾸중, 비난 같은 부정적 의사소통으로 결정을 하게 되면 정서적 결속이 이루어지지 않는다. 효율적인 의사 결정을 통해서 가족은 긍정적 이념, 규칙, 역할 기능, 그리고 권력 차원을 유지하면서 필요한 변화들을 이루어 갈 수 있다. 가족의 응집력은 의사 결정 행동에 영향을 미친다. 예를 들면 억압적이고 유리된 가족 체계(disengaged family system)는 합리적인 결정을 할 만큼 충분한 정보를 갖지 못할 것이며, 혼란에 빠진 가족들은 실행될 수 있는 결정을 거의 하지 못할 것이다.

가족 내에서 의사 결정이 이루어지는 방식은 다양하다. 또한 의사 결정 영역에 따라 어떤 결정은 개인이 해도 되나, 어떤 결정은 특정 하위 체계나 전체 가족의 승인을 얻어야 한다. 예를 들어, 부모는 자녀들을 두고 여행을 간다는 결정에 대해 전 가족의 의견을 물어야 할 것이다. 의사 결정은 단순하게 선택을 하는 것 그 이상이다. 의사 결정은 선택에 선행하는 활동이며 하나의 과정, 즉 실제적인 선택뿐 아니라 그 외의 것을 포함하는 일련의 분명한 단계이다(임정빈 외 역, 1994). 그러므로 의사 결정 단계를 분명히 인식하고 의사 결정에 임하는 자세가 필요하다(유영주 외, 2004).

- 1단계 – 목표와 목적을 분명히 한다: 모든 집단이나 조직에는 목표와 목적이 있다. 목표와 목적은 집단이 지향하는 바와 왜 그러한 지향을 하는지에 대한 이유를 말해 준다. 이것은 조직적 계획과 행동에 대한 일반적인 청사진이며 의사 결정 과정의 첫 번째 단계이다.
- 2단계 – 문제를 인식한다: 종종 우리는 우리가 바라는 목표 및 목적과 실제 관찰된 것과의 불일치를 발견하게 되며 이로써 문제를 인식하게 된다. 문제 인식은 실제로 두 가지 행동을 포함하고 있다. 첫째, 관리자 또는 의사 결정자는 무엇이 일어나고 있는지를 구체적으로 조사해서 기억하고 있어야 한다. 그러므로 불일치가 언제 일어나는지를 민감하게 인식해야 한다. 둘째, 의사

결정자는 불일치를 평가해야만 한다. 불일치한 사항이 중요한 것으로 여겨질 때에만 다음 단계로 진행될 것이다.

- 3단계– 정보를 탐색한다: 의사 결정자는 문제의 원인을 파악하고 문제 해결을 위해서 가능한 몇 가지 방법과 관련된 모든 정보를 수집해야만 한다. 이 단계에서는 시간과 독창성을 가지고 충분히 정보를 탐색하는 것이 중요하다.
- 4단계– 대안을 산출한다: 일단 정보가 수집되면 수집된 정보를 바탕으로 대안적인 선택이나 행동 과정을 탐색해야 한다. 대개 수많은 대안 중에서 더 구체적인 소수의 대안으로 좁혀진다. 그럴듯한 해결 대안을 산출하기 위해서는 경험, 창조력, 수많은 정보를 통합시키는 능력, 미래를 내다보는 능력 등이 요구된다.
- 5단계– 대안을 선택한다: 대안을 선택하게 되는 단계로 대안 평가가 있다. 이 단계에서는 가능한 행동 과정 모두가 펼쳐진다. 행동 과정은 서로 비교하여 최선의 대안을 만들어야 한다. 어떤 대안이든지 장단점이 있으므로 각 대안에 대한 장단점을 신중하게 비교한다. 각 대안의 장단점이 무엇인지를 비교 분석하여 실제적으로 판단하고 결정하는데 가치가 결정적인 중요한 역할을 한다.
- 6단계– 결정을 수행하고 평가한다: 바라던 것과 관찰된 것 사이의 불일치는 사라졌는가? 문제는 해결되었는가? 만약 그렇지 않다면 다시 두 번째 단계로 되돌아가 의사 결정 과정을 다시 시도한다.

〈그림 9-1〉 의사 결정 단계

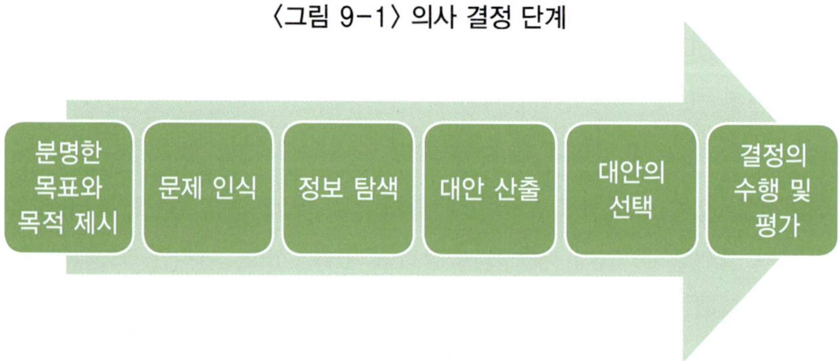

3) 가족 의사 결정에 영향을 미치는 요인

가족의 의사 결정에 영향을 미치는 요인들을 살펴보면 다음과 같다(허혜경 외, 2017).

(1) 의사 결정에서 자녀의 역할

첫 아이의 탄생으로 가족 내에 삼각관계나 동맹관계가 최초로 형성된다. 자녀는 종종 한쪽 부모와 동맹을 맺음으로써, 또는 제안된 어떤 결정에 정면으로 반대함으로써 결정에 영향을 미친다. 어떤 가족에서는 영원한 동맹이 맺어지기도 한다. 예를 들어, 아빠와 언니는 문제가 생기면 항상 동맹을 맺어 뭉치기 때문에, 종종 엄마와 내가 반대편에 서게 된다.'와 같은 경우이다.

어떤 상황에서는 자녀가 의사 결정의 주도를 함께 하기도 한다. 이러한 경우는 자녀나 배우자가 다른 가족원들로부터 지지를 받고 있다고 느끼는 분위기에서 나타난다. 문제 해결 과정에서 자녀들이 결과를 주도하는 경우가 있는데 이러한 '자녀의 높은 권력'은 부모들의 낮은 결혼 만족도와 관련이 있다. 그들은 이러한 결과가 부모는 주도적이어야 한다는 사회적 기대와 부모가 주도하지 못할 경우는 주도권을 자녀에게 빼앗겼다고 느끼기 때문이라고 생각한다. 반대로 어떤 부모들은 자녀들에게 책임감을 길러 주기 위하여 의사 결정을 주도할 수 있는 기회를 의도적으로 마련해 주기도 한다. 이와 같이 자녀가 가족의 의사 결정에 영향을 미치는 요인임을 알 수 있다.

(2) 개인의 사원

가족 의사 결정에는 가족 구성원 개개인의 경험, 의사소통 능력 등과 같은 개인의 자원이 영향을 미칠 수 있다. 부모가 문제 해결에 점차 익숙해지고 여러 가지 문제 상황에 접하게 됨에 따라 가족 체계 내의 분리나 응집의 정도가 변화하면서 가족 간의 의사소통은 더욱 원만히 이루어진다. 이러한 분위기가 반복되면서 부모는 과거에 자녀들과 했던 의사 결정의 실패와 성공을 경험삼아 점차 자녀들과 다른 의사소통을 할 것이다. 높은 응집력을 지닌 가족 구성원들은 전체 가족에 영향을 주는 중요한 결정에 시간을 투자하는 경향이 있다.

가족 구성원들은 각자 사생활이 있는 동시에 가족 구성원 간에는 역동이 존재하므로 각 구성원들은 가족 내부와 외부의 몇 가지 의사 결정 문제를 동시에 접할 수 있다. 아울러 결정을 요하는 문제는 그 중요성에 따라서 가족 구성원에게 영향을 주어 능동적으로 또는 수동적으로 그 결정에 관여하도록 이끈다.

(3) 외부의 영향

가족의 의사 결정에는 국가, 정부, 사회, 직장, 교육 기관, 정책 등과 같은 외부 요인이 영향을 미칠 수 있다. 가족 체계의 결정은 종종 다른 사회 체계와 절충하거나 그에 적응한 것이 된다. 학교, 회사, 정부 체계 등은 가족의 의사 결정에 영향을 준다. 가족이 다른 체계와 접촉하여 문제해결이 쉽게 될 수도 있고 어렵게 될 수도 있다. 다른 체계도 역시 그 체계를 유지하기 위한 규칙, 이미지, 그리고 경계가 있으며 생동하는 체계로 지속되기 위한 변화 과정이 있다.

부모의 직장이 의사 결정에 어떻게 영향을 주는지 예를 들어 살펴보면, 어머니가 출장을 간다든지, 야근을 한다든지, 저녁 시간에 밖에서 회식을 자주 할 경우, 그 가족은 그런 일이 없는 가족과는 다른 의사 결정을 하게 될 것이다. 특히 부모가 모두 직장을 다니거나, 또는 한 부모가 가족의 생계와 자녀 양육을 모두 담당할 경우에 의사 결정의 조정이 필요하다. 이것은 방과 후부터 부모가 집에 돌아올 때까지 혼자 있는 자녀는 학교에서 돌아오면 부모가 맞아 주는 자녀들과는 다른 의사 결정을 해야 하기 때문이다.

2. 가족의 의사소통

의사소통(communication)은 인간과 인간을 연결시키는 필수적인 요인이다. 의사소통은 상호 간에 언어적·비언어적·감정적 교류가 이루어지는 양방향적 상호작용의 특성을 지닌다. 의사소통은 관계의 모든 측면에 영향을 미치므로 인간관계의 초석이 된다.

의사소통에는 말이나 글로 자신의 견해를 표현하는 언어적 의사소통과 신뢰 및 감정의 표현, 분위기, 다른 사람의 의견을 경청하는 것, 행동, 옷차림 등으로 다양한 내용을 전달하는 비언어적 의사소통이 있다(정옥분, 2005). 언어적 의사소통과 비언어적 의사소통은 때로는 이중적 메시지를 가져오기도 한다. 예를 들어, 표정과 행동으로는 무척 화가 나 있음에도 불구하고 "나 화 안났어."라고 말하는 것은 언어적 의사소통과 비언어적 의사소통이 다른 이중적 메시지를 사용한 경우이다. 따라서 효과적인 의사소통을 하기 위해서는 언어적 의사소통과 비언어적 의사소통이 조화를 이루어야 한다(김영희 외, 2016).

1) 부부 간 의사소통

부부 간에 효과적인 의사소통은 부부 간의 친밀감(intimacy)과 하나됨(oneness)을 이루는 기초가 된다. 부부가 의견 차이를 보이거나 갈등이 있을 경우에도 서로 이해하고 배려하는 의사소통을 한다면 서로 양보하거나 타협할 수 있다. 부부 간의 효과적인 의사소통 원칙을 소개하면 다음과 같다(김영희 외, 2016).

(1) 1인칭으로 말하기

부부는 자신의 생각, 느낌, 원하는 바를 1인칭으로, 즉 '나 메시지(I-message)'로 표현하는 것이 효과적이다.

(2) 부부가 동등해지기

부부가 동등한 입장에서 의사소통을 한다. 부부 중 한 쪽이 지배적이고, 다른 한 쪽이 복종적일 때는 원활한 의사소통을 하기 어렵기 때문이다.

(3) 서로 경청하기

의사소통 시에 서로가 상대방의 말을 경청할 경우 서로에 대해 더욱 잘 이해할 수 있다.

(4) 자신의 불만을 간결하게 말하기

갈등 시에는 현재의 문제에 집중하면서 자신의 불만이나 불평은 간결하게 말하도록 한다. 특히 과거의 갈등과 실수를 끄집어 낼 경우에는 오히려 갈등이 점점 고조될 수 있으므로 주의한다.

(5) 자신이 원하는 것을 분명히 말하되, 독심술은 피하기

부부가 상대방에게 자신이 원하는 것을 분명하게 말하되, 독심술을 피할 경우에는 서로 간에 의견 차이를 좁히고 나아가 원하는 바가 충족하게 될 가능성이 높아진다. 자신이 원하는 바를 참거나 제대로 말하지 않을 경우에는 자기 마음대로 상대방의 마음을 해석하게 되어 오해가 쌓이고, 불평이 생기게 된다.

(6) 상대방에게 감사함을 표현하기

상대방에게 감사함을 표현하는 것은 부부 관계에 긍정적인 분위기를 갖도록 하는 데 도움이 된다.

(7) 상대방에게 요구할 때는 말을 부드럽게 시작하기

상대방에게 요구할 경우에는 부드럽게 말을 시작하도록 한다. 말을 부드럽게 시작하면, 상대방이 공격을 받지 않는다고 느끼기 때문에 방어적이기보다는 마음을 열고 상대방의 요구를 더 잘 받아들이게 된다.

(8) 다툰 후에는 상대방에게 사과하기

부부가 다투고 난 후에 상대방에게 잘못을 인정하고 사과할 경우, 부부 관계는 더 좋아진다. 자신의 잘못이나 행동에 대해 사과함으로써 부부 관계는 긍정적으로 회복되며, 서로 더욱 가깝게 느낄 수 있다.

2) 부모-자녀 간 의사소통

가정 내에서는 부모-자녀 간에 의사소통을 하는 방식에 따라 부모-자녀 관계의 질이 좌우된다. 부모와 자녀 간에 언어적 대화를 하는 주제를 살펴보면 학업, 학교생활, 진로, 친구 관계, 가치관, 신체 발달 등이 주를 이룬다. 대화의 정도나 주제는 청년의 연령과 성별, 성격에 따라 개인차를 보이지만, 각각의 가족들은 그들 나름대로의 의사소통망(communication network)을 형성하고 있다.

갈빈과 브로멜(Galvin & Brommel, 1982)은 부모가 자녀와 원활한 의사소통 체계를 가지기 위해서는 '전 채널 의사소통망(all-channel communication network)'이 필요하다고 주장하였다. 전 채널 의사소통망이 바람직한 이유는 아버지와 자녀, 어머니와 자녀, 아버지와 어머니 등 가족 구성원 간에 의사소통을 할 경우 매개되는 사람 없이 직접 당사자와 의사소통을 하기 때문이다.

예를 들면, 시영이네는 아버지가 용돈을 주신다. 시영이는 용돈이 모자라 아버지가 조금 더 주셨으면 하고 생각한다. 이때 시영이가 어머니께 "제 용돈 좀 올려 달라고 아버지께 말씀드려 주세요."라고 어머니를 매개로 아버지와 의사소통하는 것은 비효과적이다. 이와 같이 대화 당사자가 직접적으로 의사소통하는 것이 아니라 매개자를 통하여 의사를 전달하는 의사소통 방식을 '차륜망(wheel network)'이라고 한다.

〈그림 9-2〉 전 채널 의사소통망과 차륜망

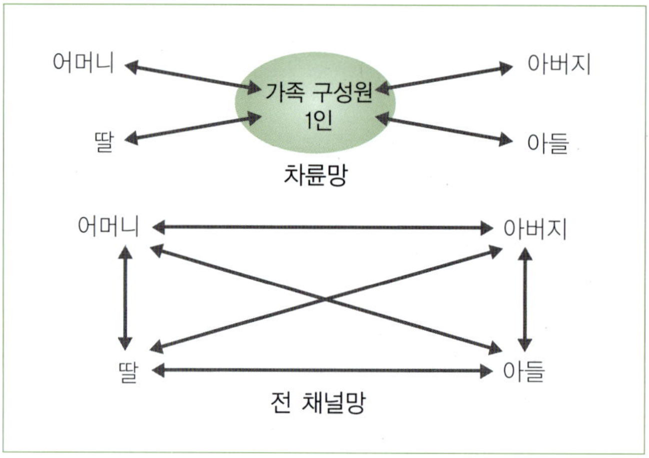

출처: Galvin & Brommel(1982), p. 55.

하지만 시영이가 어머니라는 매개 없이 아버지께 사정을 말씀드리고 용돈이 모자라니 조금 더 달라고 직접 대화하는 것을 전 채널 의사소통망이라 하며, 이 방식은 매우 효과적인 의사소통 체계로 간주된다. 이것은 아버지의 경우도 마찬가지다. 아버지가 자녀에게 하고 싶은 말이 있는 경우, 어머니를 매개로 아버지의 의사를 자녀에게 전달하는 것이 아니라, 시간이 없고 자녀와 서먹하더라도 직접 의사소통을 하는 전 채널 의사소통망이 바람직하다.

부모-자녀 간의 전 채널 의사소통망과 같은 개방적인 의사소통 행위는 단순히 부모-자녀의 관계를 개선할 뿐만 아니라 자녀의 의사소통 능력을 향상시키는 데에도 효과적이다. 부모-자녀 간의 의사소통은 자녀의 심리적, 정서적 적응에 지속적인 영향을 주는 요인이다.

자녀의 성격과 부모의 양육 행동에 따라 대화의 정도는 영향을 받지만, 가정 내 의사소통 방식은 부모가 일방적으로 자녀의 행동을 규제하기보다는 다양한 영역에 걸친 폭넓은 대화가 필요하며, 가족 문제도 부모와 자녀가 함께 참여하고 주제에 따라서는 공동으로 의사 결정을 해야 할 것이다.

3. 가족 갈등

1) 부부 간의 갈등

갈등 없이 생활하는 부부는 존재하지 않는다. 중요한 것은 부부 갈등의 유무가 아니라 갈등을 해결하는 능력의 유무일 것이다. 불행한 부부들은 파괴적인 방식으로 갈등을 표출하여 별거나 이혼에 이르게 된다.

가트만(Gottman, 1994)은 이혼에 이르는 지름길이 되는 역기능적 의사소통 방식으로 비난, 모욕, 방어, 벽 쌓기를 들었다.

첫째, 비난은 한 배우자가 상대방의 어떤 특별한 행동을 공격하는 것이 아니라, 상대방의 성격 특성에 대해 공격하면서 자신의 분노와 화를 표출하는 것이다.

둘째, 모욕은 상대방에게 욕설이나 조롱을 함으로써 상대방을 정서적으로 학대하는 것이다.

셋째, 방어란 문제를 일으켰다고 책망을 받는 배우자가 모욕을 느낄 때 나타나는 반응이다. 부부 간에 생긴 문제에 대하여 책임을 상대방의 탓으로 돌릴 경우에 방어가 일어나게 된다.

넷째, 벽 쌓기는 상대방과 신체적 대화나 정서적 대화를 단절하는 것을 의미한다. 갈등 상황을 회피하려는 경향으로 인해 벽 쌓기를 보이게 된다.

그러나 갈등이 있어도 행복한 부부들은 갈등을 해결하기 위하여 다음과 같은 행동 특성을 보인다.

첫째, 타협점을 찾는다. 즉 부부가 자신이 원하는 바를 한 걸음씩 양보하여 협상하고 타협한다(win-win 전략).

둘째, 한 사람이 상대방에게 맞추어 주면서 갈등을 해결한다.

셋째, 결정을 잠시 미루어 둔다. 타협점을 찾거나 상대방에게 맞추어 주기 어려운 경우에는 서로를 존중하는 방식으로 당분간 갈등에 대한 결정을 내리지 않고 미루어 더 심각한 갈등으로 치닫지 않도록 한다.

또 가트만(Gottman, 1994)은 부부 간의 갈등 유형으로 갈등 회피 유형, 갈등 폭발 유형, 그리고 합리적 갈등 유형을 제시하였다.

첫째, 갈등 회피 유형은 갈등을 해결하기보다는 회피한다. 갈등 회피 유형의 부부들은 갈등에 대해서는 아예 이야기하지 않거나, 서로 동의하지 않는 문제에 대해서도 동의해버릴 정도로 갈등을 회피한다. 갈등 회피 유형의 부부는 갈등을 해결하려고 노력하는 대신에 결혼 생활에 긍정적인 것이 무엇인가에 더 관심을 가진다. 또한 두 사람의 결혼 생활을 지지해 주는 외부 지원 체계(예: 종교, 사회, 지역, 여가 활동 등)를 지니고 있다.

둘째, 갈등 폭발 유형의 부부는 화산 폭발과 같이 격한 부부 싸움을 하기도 하지만, 화해도 잘 하고 애정을 잘 표현하며, 서로의 차이점을 잘 극복한다. 그러나 갈등 폭발 유형의 부부가 극단적으로 부정적일 경우에는 폭력적으로 이어질 위험성이 있다.

셋째, 합리적 갈등 유형의 부부는 상호 만족을 추구하기 위하여 협상을 한다. 합리적 갈등 유형의 부부는 상대방의 의견을 잘 듣고, 이해하고자 노력하며, 상대방을 존중한다. 이 유형의 부부는 서로 좋은 친구가 되어 의사소통, 정직, 친밀감, 시간 함께하기 등에 가치를 둔다.

원만한 부부 관계를 유지하기 위해서는 다음과 같은 부부 간의 갈등 해결 원칙을 숙지하여, 부부 갈등에 대처하는 것이 중요하다(Bach, Deuch, & Lauer, 1991).

- 불만을 표현할 때에는 명확하게 표현한다.
- 불평을 하기보다는 상황을 개선할 수 있도록 상대방에게 합리적인 변화를 요구한다.
- 갈등을 일으키는 문제에 대한 이해도, 느낌, 생각 등을 상대방에게 분명하게 인식시킨다.
- 자신의 삶을 스스로 조절할 필요가 있으므로 인내한다.

- 갈등 문제에 대하여 타협을 시도한다. 타협은 서로의 차이점을 존중하면서, 그 차이점을 현실적으로 다룰 수 있는 방법이다.
- 한 번에 한 문제 상황만을 다루도록 한다.
- 상대방의 감정 상태를 자신의 관점에서 표현하지 않도록 한다.
- 싸울 때에도 애정을 유지할 수 있어야 한다.
- 갈등 문제에 초점을 두고 갈등과 관련된 사람에 대한 인신공격은 하지 않는다.
- 갈등을 해결할 시간과 상황을 고려한다.
- 갈등이나 부부 싸움에서 이기려고 애쓰지 않는다.

2) 부모–자녀 간의 갈등

부모–자녀 관계가 가장 기본적이며 사랑이 넘치는 관계이기도 하지만, 때로는 갈등이 초래되는 관계가 될 수도 있다. 어느 가정이나 원만하고 화목한 부모–자녀 관계를 유지하기 원하지만 의외로 쉽지 않은 경우가 많다. 여기서는 부모–자녀 관계에서 발생할 수 있는 주요 갈등 요인으로 세대차, 보호와 독립의 갈등, 애정 표현 방식, 부부 간의 불화, 의사소통 방식에 대하여 살펴보고자 한다(권석만, 2014).

(1) 세대차

부모와 자녀 간에는 나이 차이로 인해 세대차가 존재한다. 부모와 자녀는 성장해 온 사회적 및 교육적 배경이 다름으로 인해 생활 습관, 사고방식, 행동 규범, 감정 표현 방식, 가치관 등이 현저하게 차이가 난다. 세대차란 부모와 자녀 세대 간에 서로에 대한 이해와 공감대의 괴리를 의미한다. 부모는 자녀의 사고방식과 행동에 대해 간섭과 질책을 하게 되고, 자녀는 부모로부터 이해받지 못하고 행동을 규제받는다고 생각하게 되어 갈등을 유발하게 된다. 아무리 부모–자녀 간에 애정이 돈독하다 하더라도 서로의 가치관과 사고방식이 다른 세대차로 인하여 특정 영역에서 사소한 마찰이나 갈등을 초래할 수 있다.

(2) 보호와 독립의 갈등

자녀가 어릴 경우에는 부모는 자녀를 보호하게 되고, 자녀는 부모에게 의존하게 된다. 그러나 자녀가 점차 성장하여 청소년기에 접어들게 되면 부모로부터 독립하고자 하는 욕구가 생겨나면서 자율성(autonomy)을 추구하게 된다. 이 시기 자녀는 자신의 행동과 진로를 스스로 결정하고 싶어 하며, 부모의 보호나 충고가 지나친 간섭으로 여겨지게 된다. 반면 부모는 여전히 자녀가 어리다고 생각되어 자녀의 행동과 진로에 관여하게 된다. 청소년기 전후의 자녀는 부모에 대한 독립과 의존의 갈등이 생기는 반면, 부모는 자녀에 대한 통제와 허용의 갈등이 존재하게 된다. 이러한 부모-자녀 간의 갈등은 자녀의 진로, 이성 교제 등과 같은 문제에서 의견이 충돌하며 갈등이 발생하게 된다.

(3) 애정 표현 방식

모든 부모는 자녀에 대해 무조건적인 애정을 가지지만, 부모가 자녀에게 애정을 표현하는 방법과 정도는 다양하다. 어떤 부모는 자녀를 지나치게 보호하고 통제하는 방식으로, 어떤 부모는 자녀가 원하는 대로 허용함으로써 표현하기도 한다. 어떤 자녀는 부모가 사사건건 간섭한다고, 또는 부모가 무관심하거나 형제간에 편애한다고 불만을 토로하기도 한다. 이와 같이 부모의 애정 표현 방식과 자녀의 기대 간에는 차이가 존재하게 되어 부모-자녀 간에 갈등이 생기게 된다.

부모의 입장에서 모든 자녀는 기본적으로 사랑스러우나, 자녀의 행동과 성취에 따라 자녀에게 차별적으로 애정을 표현할 수 있다. 이럴 경우 상대적으로 사랑을 받지 못한다고 생각하는 자녀는 부모에 대해서 불만을 갖게 되고, 이러한 불만이 말썽을 일으키는 방식으로 표출되면, 다시 부모에게 야단을 맞게 되어, 결과적으로 부모와 자녀 사이가 더욱 멀어지게 되는 악순환이 일어나기도 한다.

(4) 부부 간의 불화

가정에서 부모가 서로 화목하지 못하다면 이것을 바라보아야만 하는 자녀들은 고통스러울 수밖에 없다. 부부 간에 다툼의 빈도가 증가하고, 감정적 대립이 깊어져 불화가 지속되면, 자녀는 부모를 중재하려고 노력하게 된다. 그러나 자녀의 중재에도 불구하고 부부 관계의 불화가 장기화되면 부모에 대한 불만과 원망이 생기게 되고, 이러한 가정불화가 어느 한 부모로부터 기인하게 된다면 그 부모에 대한 분노로 인해 반항하게 된다. 부부 간에 불화가 심한 부모의 경우에는 배우자와의 심리적 갈등 때문에 자녀에 대한 애정이나 배려가 감소하거나, 오히려 배우자와의 불화로 인한 스트레스를 자녀에게 표출하기도 한다. 결국 부부 관계의 불화는 부모-자녀 간의 갈등을 유발하게 되어 부모-자녀 관계를 해치게 된다.

(5) 의사소통 방식

부모-자녀 관계도 다른 인간관계와 마찬가지로 의사소통 방식에 의해 영향을 받게 된다. 특히 부모-자녀 관계는 수직적인 관계이기 때문에 부모는 자녀를 보호하고 양육하기 위한 의사 전달을 하게 되고, 자녀 역시 자신의 의견과 요구를 위해 부모에게 다양한 표현을 하게 되는데 그 과정에서 갈등이 초래될 수 있다.

고든(Gordon, 1975)은 부모가 자녀에게 의사를 전달하는 다양한 형태의 의사소통 방식 중에서 명령·지시하기, 경고·위협하기, 훈계·설교하기, 강의·논쟁하기, 판단·비평·비난하기, 비웃기·창피 주기, 해석·분석·진단하기 등을 자주 사용하는 부모는 자녀의 독립성과 자율성을 위협하기 때문에 자녀와 갈등을 빚기 쉽다고 하였다. 반면 충고·제언하기, 칭찬·동의하기, 지지·공감·위안하기와 같은 의사소통 방식을 자주 사용하는 것이 바람직한 부모-자녀 관계를 위해 좋다고 제언하였다(신용주 외, 2011).

부모-자녀의 긍정적인 의사소통의 8가지 유형

1. 100% 수용적인 언어 표현하기: 부모와 자녀가 상호 작용할 때 부모가 긍정적인 언어 표현을 사용하면 자녀는 그 상호 작용의 의미를 잘 이해하게 된다.
2. 가족 구성원 모두 대화에 참여하기: 가족 구성원 모두가 대화를 통해 각자의 의사를 공유할 수 있도록 하며, 이때 대화에 참여하지 못하는 가족이 없도록 한다.
3. 약한 의사 표현 강화하기: 아동이든 성인이든 의사소통에서 상호 작용과 자기 주장을 잘 하지 못하는 구성원이 있으면 더 적극적으로 참여하도록 격려한다.
4. 따라서 반응해 주기: 부모가 자녀와 상호 작용을 할 때 자녀의 언어적 또는 비언어적 표현에 뒤이어 반응을 보인다. 이때 부모는 자녀에게 평가적인 표현을 하면서 자녀를 바라본다.
5. 긍정적으로 표현하기: 부모는 자녀가 해야 할 일을 지시할 때 모든 가능성을 고려해 긍정적인 말로 표현한다.
6. 자발적인 행동 지지하기: 자녀가 무언가 배우려는 의도에 대해 부모가 긍정적인 반응을 보인다.
7. 이끌어 가기: 부모가 행동의 모범을 보여서 자녀의 행동을 이끌어 가고 무엇이 기대되는지 그리고 부모가 무엇을 책임질 수 있는지를 자녀가 알도록 한다.
8. 즐거운 순간들을 공유하기: 부모는 자녀와 즐길 시간을 갖고, 즐거운 순간들을 함께한다.

부모는 자녀의 연령, 심리적 및 행동적 특성, 상황 등을 고려하여 위의 8가지 의사소통 유형을 활용할 수 있다.

출처: Weiner A., Kuppermintz H., & Guttmann D.(1994). "Video Home Training(The Orion Project): A Short-Term Preventive and Treatment Intervention for Families of Young Children." *Family Process, 33.*

참고문헌

권석만(2014). **인간관계의 심리학.** 서울: 학지사.

김영희, 김경미, 조주영, 황종귀(2016). **결혼과 가족.** 경기: 양서원.

신용주, 김혜수(2011). **대학생을 위한 부모교육.** 서울: 학지사.

유영주, 강희중, 김밀양, 김순기, 김연, 박정희, 배선희, 손정영, 안재희, 양순미, 오윤자, 이인수, 이정연, 이창수, 전영자, 최희진, 홍성례, 홍숙자(2004). **새로운 가족학.** 서울: 신정.

임정빈, 조혜정, 정혜정 역(1994). Mitchell, T. T. & Larson, J. R., **인간자원관리론.** 서울: 신정.

허혜경, 박인숙, 김혜수(2017). **현대사회와 가정.** 서울: 동문사.

Gordon, T.(1975). *Parent effectiveness training: the tested new way to raise responsible children.* New York: P. H. Wyden.

Gottman, J. M.(1994). *What predicts divorce: : the relationship between marital processes and marital outcomes.* Hillsdale, N. J. : Lawrence Erlbaum Associates.

Paolucci, B., Hall, O. A., & Axinn, N. W.(1997). *Personal perspective: A guide to decision making*(2nd ed.). New York: John Wiley and Sons Co.

Weiner A., Kuppermintz H., & Guttmann D.(1994). "Video Home Training(The Orion Project): A Short-Term Preventive and Treatment Intervention for Families of Young Children." *Family Process, 33.*

Marriage & Family

1. 결혼 생활과 일의 균형

1) 우리나라의 일·가정 양립 현황

주로 남성에게 주어졌던 경제 활동이 산업화 이후 여성에게도 그 기회가 확대되어, 오늘날에는 많은 여성들이 경제 영역으로 활동 무대를 넓혀 가고 있다. 과거에는 주로 젊은 미혼 여성만 취업했으나, 점차 기혼 여성의 취업도 늘어나면서 부부가 모두 직장에 나가는 맞벌이 가족(dual career family, dual earner family)이 증가하게 되었다. 이에 따라 일과 가정 중에서 우선순위를 선택하는 것이 아니라, 일과 가정의 양립을 원하는 사회적 분위기가 지배적이다. 〈그림 10-1〉을 보면, 우리나라가 일을 우선시하던 사회에서 일과 가정생활의 균형을 추구하는 사회로 변화하고 있음을 알 수 있다. 여성들의 경제 활동 참여가 늘어나면서 일과 가족생활을 포함한 전반적인 생활의 균형이 요구되고 있다. 이에 따라 기업에서 일과 가정이 동반 성장할 수 있는 일·가정 양립을 지원하는 제도를 도입하는 비율과 함께 근로자의 일·가정 양립에 대한 인지도는 계속 높아지고 있다. 또한 임금 근로자들의 경우 일과 가정생활의 비중을 비슷하게 두거나, 가정생활을 더 우선으로 생각하는 사람들이 늘어나고 있는 추세이다.

2019년도에는 일과 가정생활을 비슷하게 여긴다는 응답이 44.2%로 일을 우선시한다는 응답보다 처음으로 높게 나타났다. 또한 2018년 육아휴직자(민간) 및 육아기 근로시간단축제도를 사용하는 사람의 비율이 2017년보다 10.1%, 35.4% 각각 증가하여 9만 9,199명, 3,820명으로 나타났다.

〈그림 10-1〉 일·가정 우선도 및 육아 지원 제도 활용 현황

일·가정 우선도

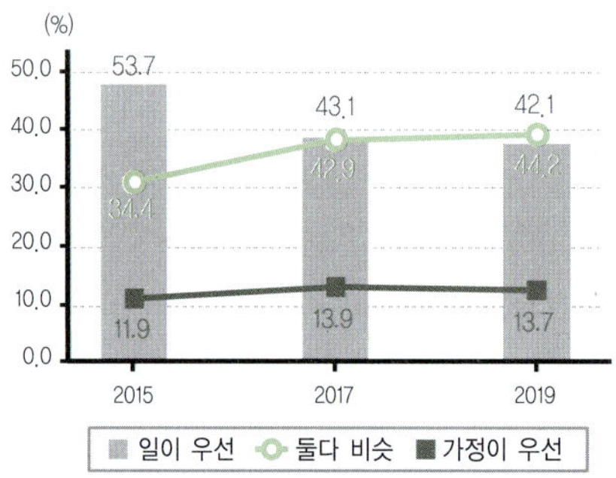

출처: 통계청(2020). 사회조사.

육아 지원 제도 활용

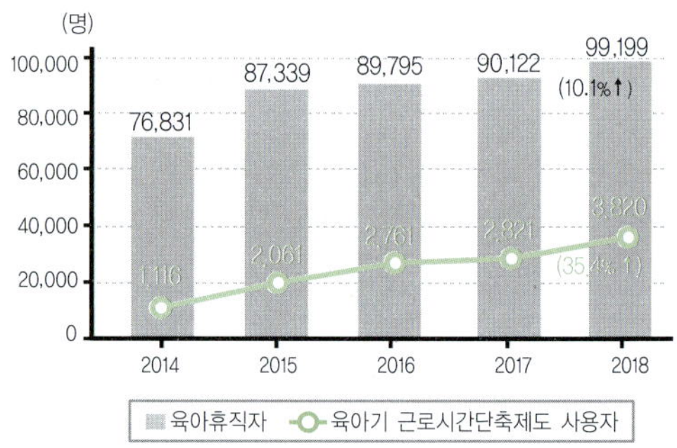

출처: 고용노동부(2019). 고용보험DB.

2019년에는 일을 한 적이 있는 사람 중 '일을 우선'으로 생각하는 비율이 42.1%로 떨어지면서, 일과 가정생활의 균형을 중요시하는 사회 분위기가 점차 확산되고 있다. 이는 최근의 사회적 트렌드인 '워라밸(Work and Life Balance: 일과 삶의 균형)'을 반영한 통계라 할 수 있다.

기업이 도입하고 있는 일·가정 양립 제도로는 출산휴가제, 육아휴직제, 그리고 유연근무제를 들 수 있다. 특히 2016년도 말 기준으로 가족친화인증을 받은 기업 및 기관 수는 1,828개로 전년(1,363개)보다 34.1% 증가하였으며, 그중 대기업 285개, 중소기업 983개, 공공기관은 560개가 가족친화인증을 받은 것으로 나타났다. 또한 2017년 일·가정 양립 제도 중 하나인 유연근무제를 도입하고 있는 사업체의 비율은 37.1%로 전년보다 15.2%p 증가한 것으로 나타났다(통계청, 2017).

2019년 만 8세 또는 초등학교 2학년 이하의 자녀를 대상으로 육아휴직을 시작한 사람은 전년 대비 4.5%(6,912명) 증가한 15만 9,153명으로, 9년 전인 2010년과 비교하면 약 2.2배 수준이다. 특히 2019년 육아휴직자 15만 9,153명 중 부(父)가 19.9%, 모(母)가 80.1%를 차지하였는데, 특히 아버지의 육아휴직 지원 비율의 증가세가 두드러졌다. 성별에 따른 육아휴직 지원률을 살펴보면, 2010년 대비 2019년에 부(父)는 16.1배 증가, 모(母)는 1.8배 증가한 것으로 나타났다.

〈그림 10-2〉 전체 육아휴직자 수

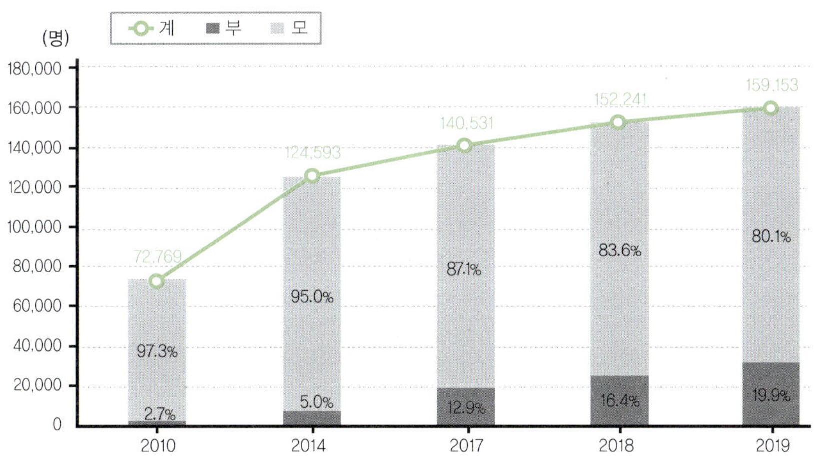

출처: 통계청(2020). 2019년 육아휴직통계.

2) 맞벌이 가족의 특성

맞벌이 가족의 발생 원인은 산업화, 도시화, 그리고 여성 고등 교육의 기회 확대로 설명할 수 있다. 핵가족화, 여성의 사회 진출 증가, 가사 노동의 간소화 등으로 여성의 경제 활동, 특히 기혼 여성의 경제 활동이 활발해지는 추세다. 여성의 교육 수준이 향상되고 자아실현 욕구가 증가하였으며, 가족 계획으로 자녀 양육 기간이 단축되고, 가전제품의 과학화로 가사 노동이 간편해져 생활이 편리해졌으며, 여성 노동력에 대한 수요가 증가하는 등 사회적 상황이 변화하고 있다.

맞벌이 가족이 증가함에 따라 부부는 자녀 양육 및 가사 노동 분담 문제, 가족 관계 문제 등 가정을 경영하는 데 있어 새로운 어려움을 경험하고 있다. 맞벌이 가족의 특징으로는 남편과 아내의 보다 동등한 관계 수립과 그에 따른 여성의 자아실현과 자존감의 증진을 들 수 있다. 맞벌이 가족은 가사 노동의 역할 분담, 의사 결정에 있어서 동등한 발언권, 평등한 동반자 관계를 유지할 수 있다는 점에서 젊은 부부에게 바람직한 가족 유형으로 인식되고 있다. 또한 맞벌이 가족의 장점으로는 부모-자녀 관계를 긍정적으로 유지할 수 있다는 점, 남편과 아내가 일과 가족 역할 모두에 능숙해질 가능성이 높다는 점, 경제적 여유 등을 들 수 있다.

취업 동기에 따라 기혼 여성의 취업 유형을 분류해 보면 〈표 10-1〉과 같다(박충선, 1991; 이영숙 외, 2004; 허혜경 외, 2013, 재인용).

〈표 10-1〉 기혼 여성의 취업 유형

유형	내용
생계 유지형	• 기혼 여성이 가족의 경제적 필요에 의하여 비자발적 취업을 하는 경우
내조형	• 생계 위협을 받지는 않으나 경제적 여유를 위하여 취업을 하는 경우 • 남편의 발전을 위하여 학업을 계속하도록 하고, 여성이 전적으로 생계를 담당하는 경우
자아실현형	• 중산층 이상 고학력 여성들이 취업을 통해 자아를 실현하는 경우
여가 활용형	• 주로 중산층을 중심으로 경제적 여유, 내조, 자아실현 등을 크게 의식하지 않고 자신의 취미나 여가를 위해 취업하는 경우

출처: 허혜경 외(2013). 현대가정의 이해. 서울: 문음사.

통계청에서 실시한 성별 경제 활동 인구 조사 결과에 따르면, 2019년도에는 우리나라 여성의 경제 활동 인구가 60.0%에 이르렀으며(통계청 e-나라지표), 여성의 경제 활동 참여율과 함께 맞벌이 가족은 증가해 왔다. 여성 취업자의 직업 선택 원인에 대한 통계 자료에 따르면, 여성의 사회·경제적 참여의 증진이 여가 시간의 증가와 그에 따른 여가 시간의 활용이라는 이유보다는 생계 유지의 안정성과 가계 수입에 보탬을 주기 위한 이유로 나타났다.

통계에 의하면 여성의 취업 원인은 수입 〉 안정성 〉 적성·흥미 〉 보람·자아 성취 〉 발전성·장래성 〉 명예·명성의 순으로 나타나고 있다(〈표 10-2〉). 가장 현실적인 이유라고 할 수 있는 안정성과 수입 항목을 합치면 약 67%로 여성 취업자의 직업 선택 원인 중 가장 비중이 큰 것으로 나타났다.

〈표 10-2〉 여성 취업자의 직업 선택 원인

(단위: %)

	명예·명성	안정성	수입	적성·흥미	보람·자아 성취	발전성·장래성	기타	잘 모르겠다
2009	2.6	32.6	31.7	12.0	6.6	10.2	0.1	4.2
2011	2.6	29.1	37.0	12.3	7.7	6.7	0.2	4.4
2014	2.2	28.5	38.5	15.9	5.2	4.7	0.3	4.8

출처: 통계청. 사회조사.

여성 취업의 가장 큰 장애 요인은 '육아 부담(50.6%)'이었으며, 다음은 '사회적 편견(17.7%)', '불평등한 근로 여건(12.7%)'의 순으로 나타났다(통계청, 2019).

〈그림 10-3〉 여성 취업의 장애 요인

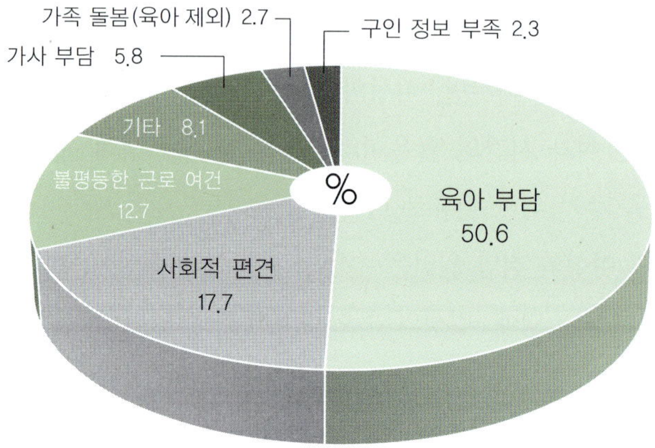

출처: 통계청(2019). 2019년 사회조사.

맞벌이 가족이 증가함에 따라 부부들은 자녀 양육 및 가사 노동 분담 문제, 가족 관계 문제 등 가정을 경영하는데 있어 이전 세대들이 겪지 않았던 새로운 어려움을 경험하고 있다. 맞벌이 가족은 비교적 가사 노동의 역할 분담, 의사 결정에 있어서 동등한 발언권, 양성평등한 동반자적 관계를 유지할 수 있다는 점에서 젊은 부부들에게 바람직한 현대적 가정 형태로 추구되고 있다.

맞벌이 가족은 남편과 아내가 보다 동등한 관계를 누림으로써 여성의 자아실현과 자존감이 증진되는 것이 일반적이다. 부모-자녀 관계를 보다 질적으로 긴밀하게 유지할 수 있으며, 남편과 아내가 일과 가족 역할에 모두 능숙해질 가능성이 높다는 점, 그리고 경제적 여유 등은 맞벌이 가족의 대표적인 장점에 속한다.

3) 맞벌이 가족의 가사 노동

(1) 가사 노동의 개념

가사 노동은 가정의 기능을 유지시켜 주는 활동으로서 "개별적 가정생활의 장에서 가족 구성원의 광범위한 생명 활동을 포함한 노동력의 재생산을 위해 행해지는 가사, 육아, 가정 관리를 위한 노동"이라고 정의할 수 있다(김외숙 외, 2015). 가사 노동에는 의식주 생활 영역 외에 가족 관리와 가계 경영까지 모두 포함된다. 가사 노동의 영역을 정리하면 다음 표와 같다(건강가정컨설팅연구소, 2017).

〈표 10-3〉 가사 노동의 영역

영역	세부 활동
식생활 관리	식재료 손질, 조리 및 음식 준비, 식사 준비, 설거지, 식사 후 정리 등
의생활 관리	세탁, 다림질, 재봉, 의류 손질 등
주생활 관리	청소, 정리, 주거 환경 손질 등
가족 관리	배우자, 자녀, 부모 및 조부모, 친척 등 가족 돌보기, 자녀의 학업·진로 관리, 아픈 가족 구성원 간병 등
가계 경영	가계 재무 관리, 장보기, 관공서 일보기 등
기타	그 외 명절 준비, 집안 행사 등

출처: 건강가정컨설팅연구소(2017). 결혼과 가족생활. 서울: 시그마프레스, 수정.

(2) 가사 노동의 특성

가사 노동은 그 업무에 있어서 다양성, 반복성, 달성도의 애매성, 무보수성의 특성을 지니고 있다(건강가정컨설팅연구소, 2017).

① 다양성

가사 노동은 단순한 일에서부터 창조적 활동까지 그 내용과 난이도가 다양하다. 또한 의생활, 식생활, 주생활, 가족 구성원의 신체적·정서적 수준 및 개인적 기호에 따라 요구되는 돌봄 노동, 가계 재무, 자산 관리 등 그 업무 영역이 다양하고, 업무량도 방대하다. 따라서 가사 노동의 기술을 익히는 데까지 오랜 시간이 걸린다.

② 반복성

가사 노동은 가정생활의 일상을 유지하기 위해 동일한 내용이 반복하여 수행된다. 식생활 관리는 하루에 최소 2~3회 이루어져야 한다. 따라서 가사 노동이 익숙해진 이후에는 반복성으로 인해 그 업무가 단조롭게 느껴져 성취감이나 만족감을 느끼기가 쉽지 않다.

③ 달성도의 애매성

가사 노동은 표준에 따라서 완료 시점이 상당히 달라진다. 예를 들면, 깨끗한 청소의 표준은 사람들마다 차이가 있어서 진공청소기 1회로 달성될 수도 있고, 진공청소기·스팀청소기·틈새 걸레질까지 해야 끝날 수도 있다.

또한 가사 노동은 안 하면 표시가 금방 나지만, 한다고 해서 그 성과에 대한 평가가 항상 이루어지는 것도 아니다. 심지어 가정주부는 출퇴근 시간의 규정도 없이 가족 구성원의 요구에 언제라도 응해야 하는 까다로운 업무이다.

④ 무보수성

가사 노동은 대가가 지불되지 않는 무보수의 업무이다. 따라서 자본주의 사회에서 가사 노동은 생산적 노동으로 인정되지 못하고 소비적 노동으로 가치 절하되는 경향이 있다.

(3) 맞벌이 가족의 문제

맞벌이 가족에 대하여는 전통적인 입장의 부정적인 견해와 발전적인 입장의 긍정적 견해가 대립한다. 맞벌이 가족의 결혼 생활은 상호 배려적이 아니라 수단적 결혼관이 강하다는 비판적 견해도 있다. 맞벌이 가족 여성의 경우에는 자녀 양육과 가사 노동을 주로 여성이 전담해야 한다고 생각하는 '슈퍼우먼 콤플렉스(superwoman complex)'가 강한 것으로 나타났는데, 이것은 아내, 부모, 직장인으로서의 모든 역할을 완벽하게 수행하려는 여성을 지칭하는 용어다(정옥분, 정순화, 2010).

맞벌이 가족의 행복과 성공은 아내의 취업에 대한 남편의 태도에 의해 좌우된다고 해도 과언이 아니다. 우리나라 맞벌이 가족의 가장 큰 과제는 자녀 양육과 가사 노동 분담이다. 남편이 아내의 직업을 인정하고 집안일을 분담하고 자녀 양육과 정서적 지원을 제공하면 가정생활의 어려움이 극복될 수 있다(정옥분, 2004).

어머니의 취업은 자녀에게 성취 지향적 모습을 보여 줌으로써 높은 성취 동기를 유발하고 학업 동기를 부여하는 긍정적 자극이 될 수 있는 반면, 고독감과 불안감을 주어 학업 성취욕을 저하할 수도 있다.

그러나 대부분의 연구에서는 어머니의 취업 여부보다는 어머니의 직업이 전문직인지 단순 노동직인지가 더 영향력 있는 변인으로 보인다(허혜경 외, 2017). 전문적 직업을 가진 어머니는 자녀에 대한 높은 교육열을 가지고 있으며 이러한 태도가 자녀의 인지 발달, 학업 성취도, 사회성 발달과 긍정적인 관계가 있다는 것이다(조복희, 1997). 다시 말해, 어머니의 취업 여부보다 어머니의 학력, 직종, 사회·경제적 지위 등의 가정 환경이나 취업 선호도, 경력 지향성과 같은 어머니의 직업에 대한 태도 등이 자녀 양육에 더 큰 영향을 미치는 것이다.

맞벌이 가족의 경우 자녀의 발달과 가정의 역할 수행에 영향을 미치는 요인은 다양하다. 맞벌이 가족의 역할 수행에 영향을 미치는 요인을 개인적, 관계적, 환경적·사회적 차원에서 나누어 정리하면 〈표 10-4〉와 같다.

〈표 10-4〉 맞벌이 가족의 역할 수행에 영향을 미치는 요인

• 개인적 요인

① 인성(예: 배우자의 지배 욕구, 감정적으로 친밀해지려는 욕구, 자기 분야에서 최고가 되려는 욕구가 얼마나 중요한가?)

② 태도와 가치(예: 배우자의 자녀 양육에 대한 견해 또는 남성과 같은 여성의 직업적 성공에 대한 견해는 어떠한가?)

③ 관심과 능력(예: 배우자가 직업적인 일과 가족 관계에 얼마나 관여하는가, 직업과 직업에 대한 계획에 부부 모두 만족하는가?)

④ 직업에서의 단계(예: 부부 중 한 사람은 직업적인 방향으로 나아가고 있는데 다른 한 사람은 퇴직을 생각하고 있는가?)

• 관계적 요인

① 평등과 권력(예: 의사 결정은 어떻게 이루어지며 그것은 공평한가, 가사, 자녀 양육, 경제 문제에 대한 동의는 어떻게 이루어지나?)

② 배우자의 지지(예: 대부분의 분야에서 서로 지지한다고 생각하는가?)

③ 가치관과 기대의 공유(예: 남성과 여성의 역할에 대한 견해가 같으며 같은 인생 목표를 가지고 있는가?)

• 환경적·사회적 요인

① 직업 상황(예: 직업적 시간은 융통성이 있는가, 성차별의 증거가 있는가, 작업장에서 성희롱을 금지하는 정책이 있는가?)

② 고용주의 견해(예: 어떤 종류의 가족 정책이 있으며, 고용인에 대한 전반적인 태도는 어떠한가?)

③ 자녀 양육의 편리성과 질(예: 자녀 양육을 쉽게 할 수 있으며 그것은 부모가 원하는 기준과 맞는가?)

④ 지지 체계(예: 가족 구성원이 가까이에 사는가, 가까운 친구나 동료도 맞벌이 가족인가, 지역 사회가 맞벌이 가족 부모의 요구에 부응하는가?)

출처: Gilbert, L. A.(1993). *Two careers/one family: The promise of gender equality.*
이영숙 외(2004). 가족문제와 복지. 서울: 신정, pp. 52-53, 수정.

2019년 맞벌이 가구의 하루 평균 가사 노동 시간은 남성은 54분, 여성은 187분으로 2014년보다 남성은 13분 증가하고, 여성은 6분 감소한 것으로 나타났다(통계청, 2019). 외벌이(남편) 가구 여성의 가사 노동 시간은 341분으로 맞벌이 가구 여성보다 154분, 외벌이(아내) 가구의 여성보다 185분 더 많았다.

〈표 10-5〉 맞벌이 상태별 가사 노동 시간

(단위: 분)

		맞벌이		외벌이(남편)		외벌이(아내)	
		남자	여자	남자	여자	남자	여자
2014	가사 노동	41	193	46	360	99	159
	가정 관리	28	158	27	253	86	145
	가족 보살피기	13	35	19	107	13	14
2019	가사 노동	54	187	53	341	119	156
	가정 관리	39	151	33	245	103	139
	가족 보살피기	15	36	20	96	16	17

※ 가사 노동 = 가정 관리 + 가족 보살피기

가정 관리: 자신의 가족 또는 가구의 가정생활을 유지 및 관리하기 위한 행동

가족 보살피기: 가족 또는 가구원을 (보수를 받지 않고) 신체적, 정신적으로 보살피는 일체의 행동

출처: 통계청. 생활시간조사.

〈그림 10-4〉 가사 노동 공동 분담 실태

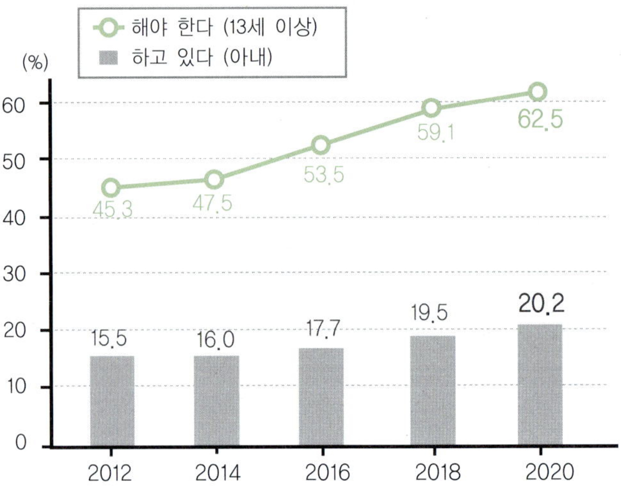

출처: 통계청(2020). 2020년 사회조사.

가사 분담에 대한 견해를 살펴보면, 가사를 공평하게 분담해야 한다고 생각하는 비중은 62.5%로 2년 전보다 3.4%p 증가하고, 아내가 주도해야 한다고 생각하는 비중은 34.8%로 3.6%p 감소하였다.

하지만 실제로 가사를 공평하게 분담하는 경우는 20% 남짓 수준이고, 아내가 주도하는 경우는 76% 전후 수준으로 나타났다. 연령대가 낮을수록 가사를 공평하게 분담하는 비중이 높게 나타났는데, 20대 이하에서는 그 비중이 43% 이상으로 60세 이상과 비교할 때 2.4배 가량 높게 나타났다.

〈표 10-6〉 가사 분담에 대한 견해

(단위: %)

	계	아내가 주도	아내가 전적으로 책임	아내가 주로 하지만 남편도 분담	공평하게 분담	남편이 주도	남편이 주로 하지만 아내도 분담	남편이 전적으로 책임
2018	100.0	38.4	3.8	34.6	59.1	2.5	1.9	0.6
2020	100.0	34.8	4.0	30.8	62.5	2.7	1.9	0.8

출처: 통계청(2020). 사회조사.

맞벌이 가족 여성의 삶의 질은 결혼 만족도와 남편의 가사 참여도에 영향을 받는다. 여성이 가정생활과 직업 생활 사이에서 경험하는 역할 긴장을 최소화하기 위해서는 가사 노동에 대한 주부 역할의 고정 관념을 탈피하여야 한다.

맞벌이 가족에서 남성의 가사 노동 참여를 확대시키기 위해서는 부부 간의 효과적인 의사소통과 감정 표현이 필수적이다. 취업 여성의 역할 긴장을 감소시키기 위해서는 여성에게 집중된 가정 내 역할을 부부가 공유하기 위한 의사소통 능력과 감정 표현 기술이 요구된다.

4) 맞벌이 가족의 유의 사항

맞벌이 가정에서 특히 유의해야 할 사항은 다음과 같다(허혜경 외, 2017).

첫째, 부모와 자녀를 돌보는 양육자의 양육 방식에는 일관성이 있어야 한다. 맞벌이 가정에서는 부모가 일하는 동안 자녀를 양육해 주는 사람과 부모가 비슷한 권위를 가지고 있는 것이 좋다. 또한 자녀를 돌보는 양육자와 부모는 가급적 동일한 양육 기준을 가지고 있는 것이 바람직한데, 그 이유는 자녀가 동일한 행위로 인해 낮에는 돌보는 양육자에게 칭찬을 받고 저녁에는 부모에게 야단을 맞는다면 가치관의 혼란을 유발하기 때문이다. 부모와 양육자 간의 일관성 없는 교육은 자녀의 가치관 정립과 성격 형성에 부정적인 영향을 주며, 지나치게 의존적인 성향을 보일 수 있다.

둘째, 돌보는 양육자의 권위를 인정하고 존중하는 것이 좋다. 부모는 자녀 앞에서 돌보는 양육자의 잘못을 꾸짖거나 탓하는 것은 바람직하지 못하다. 왜냐하면 이를 목격한 자녀가 돌보는 양육자에 대한 신뢰감이 상실되어 양육 효과가 반감되기 때문이다.

셋째, 맞벌이 부모는 퇴근 후 짧은 시간이나마 자녀와 하루 일과를 주제로 대화하는 시간을 갖는 등 자녀와 질적으로 유익한 시간을 보내도록 노력하는 것이 좋다. 자녀와 함께 있는 시간이 얼마였는가도 중요하지만, 함께하는 시간을 어떻게 보냈는가가 더욱 중요하다. 그러나 3세 이전의 영아에게는 시간의 질뿐만 아니라 시간의 양도 중요하므로 주말이나 공휴일에는 가급적 자녀와 함께 시간을 보내는 것이 바람직하다.

넷째, 아버지의 적극적인 육아 및 가사 노동 참여가 필요하다. 맞벌이 부부에게 있어서 자녀 양육은 어머니만의 몫이 아니라 부부가 함께 담당해야 하는 역할이다. 그러므로 아버지의 육아 참여와 가사 분담은 아내의 부족한 일손을 돕는 차원이 아니라, 아이가 육아와 집안일을 함께하는 아버지를 보면서 양성평등한 가정과 바람직한 성 역할을 배운다는 교육적 의미가 있다.

다섯째, 부모는 자녀에게 과보호하거나 물질적 보상에 치중하는 것은 지양해야 한다. 많은 맞벌이 부부들은 자녀를 제대로 보살피지 못한다는 죄책감 때문에 자녀의 요구에 대해 지나칠 정도로 수용적인 태도를 취하기가 쉽다. 이러한 관계가 지속되면, 자녀는 부모에 대해 지나친 요구를 하게 되고, 급기야는 응석받이나 이기적인 자녀로 성장하기 쉽다. 따라서 부모는 자녀의 요구에 대해서 한계를 설정하는 것이 필요하다. 특히 부모는 자녀에 대한 미안함과 사랑을 물질적 및 경제적 차원으로 보상하려고 하는 태도를 지양해야 한다.

여섯째, 부모의 맞벌이 여부 보다는 자녀에 대한 마음가짐과 양육 태도가 중요하다. 맞벌이 부모는 자녀가 부모의 일을 수용하고 자랑스럽게 여기도록 역할 모델을 제공해 주는 것이 필요하다. 이를 위해 부모, 특히 어머니는 자기 일에 자부심을 갖고 당당하게 성취해 나가는 모습을 보여 주어야 한다.

일곱째, 맞벌이 부부의 경우 가사 노동과 경제 활동으로 인해 양육의 질이 훼손되는 것보다는 조부모의 지원을 요청하는 것이 보다 적극적인 대안이 될 수 있다. 최근 맞벌이 가족의 육아 문제나 자녀의 발달을 위해 외형상으로는 핵가족이지만 실제로는 확대 가족의 성격을 띠는 수정 핵가족이 점차 증가하고 있다.

이상과 같이 맞벌이 가족 내에서 부부가 사회적 역할과 부모 역할을 동시에 수행하기 위해서는 다양한 어려움이 수반된다. 아직도 우리 사회에서는 자녀 양육과 가사 노동에 대한 책임이 여성에게 있다고 간주하는 사회적 분위기가 팽배하다. 이러한 사회적 부담으로 인해 맞벌이 가족의 여성은 직장 일, 어머니 역할, 아내 역할 등에 대한 역할 부담이 심각하다. 따라서 가정의 삶의 질과 복지 증진을 위해서는 아버지의 양육 참여와 가사 분담, 맞벌이 상황에 대한 인식 개선이 필요하다.

2. 결혼 생활과 재정 관리

가족생활에서 물적 자원은 가족 구성원의 다양한 욕구를 충족시키고 인간다운 삶을 보장하기 위하여 필요한 자원이다. 건강한 가정을 위해서는 경제적인 안정과 의식주 생활이 유지되어야 하며, 이를 위하여 물적 자원에 대한 합리적인 관리, 즉 재정 관리는 필수적이다.

OECD(경제협력개발기구) 조사 결과에 따르면, 지난 2017년 기준 우리나라 65세 이상 노인 소득 빈곤율은 43.8%로 전체 OECD 평균(14.8%)의 3배에 달한 것으로 나타났다. 특히 평균 수명의 연장으로 인해 은퇴 후 적어도 85세까지 부부가 생활하는 데 필요한 노후 자금을 염두에 둔다면 결혼 초반부터 현명한 재정 관리가 요구된다.

〈그림 10-5〉 주요 OECD 국가의 노인 빈곤율

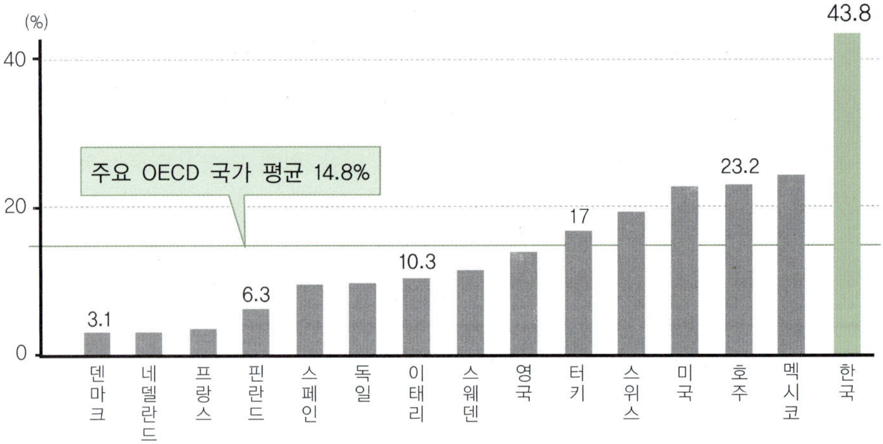

※ 2017년 기준: 한국, 스웨덴, 핀란드
2016년 기준: 멕시코, 호주, 미국, 영국, 이탈리아, 독일, 스페인, 프랑스, 네덜란드
2015년 기준: 스위스, 터키, 덴마크
출처: OECD.

이와 같이 경제력이 행복을 보장해 주지는 않지만, 재정적인 문제가 발생할 경우 결혼 생활이 행복하지 않을 수 있다. 그러므로 부부는 서로 협력하여 재정적 기반을 이루는 것이 중요하다. 부부가 경제적으로 협력한다는 것은 돈과 관련된 규칙을 정하고, 수입과 지출을 균형 있게 유지하며, 재정적 문제에 대응할 수 있는 대처 능력에 협력적인 태도와 행동을 취하는 것이다(김영희 외, 2016).

부부의 소비 생활은 가족생활주기와 미래 재정 계획에 의해 결정된다. 예를 들어, 출산과 더불어 가족이 늘어나게 되면 자녀를 양육하는 것에도 많은 비용이 소요된다. 또한 미래를 위해 다양한 형태의 투자를 하게 되면 소비 패턴이 달라질 수 있다.

• 부부의 재정 관리 계획과 수행을 위한 원칙

– 원칙 1 : 목표의 우선순위 설정
– 원칙 2 : 재정 자원의 분석
– 원칙 3 : 체계적 재정 관리 수행 계획 수립하기
– 원칙 4 : 지출과 저축을 통제하기 위한 예산 편성
– 원칙 5 : 재정계부 기록하기
– 원칙 6 : 신용 한계를 설정하고 책임 있게 사용하기
– 원칙 7 : 저축을 증식시키는 데 시간 사용하기
– 원칙 8 : 체계적으로 부를 형성하기
– 원칙 9 : 자산 보호하기
– 원칙 10 : 정기적으로 자신을 검토하기

출처: 유영주 외(2000). 현대 결혼과 가족: 건강 가족적 접근, 재구성.

결혼 생활의 재정 관리에 관하여 먼저 현명한 경제 소비와 재정 관리, 가족생활주기의 변화에 따른 재정 관리, 부부의 재정 계획, 그리고 저축과 투자에 대하여 살펴보면 다음과 같다(김영희 외, 2016).

1) 현명한 경제 소비와 재정 관리

경제적인 책임을 지기 위해서는 돈을 잘 관리해야 한다. 돈을 많이 버는 사람들도 돈을 낭비하거나 현명한 소비자가 되지 않으면 경제적인 문제를 일으킬 수 있다. 돈은 사람들에게 불행을 줄 수 있는 가장 큰 원인이 될 수 있다. 즉, 돈을 잘 관리하지 못하면 돈 문제로 인해 불행한 삶을 살게 된다. 그러므로 부부는 효율적인 소비 행동과 계획적인 생활로 과소비와 충동구매 등의 불필요한 지출로부터 씀씀이를 조절하고 자제력 있는 재정 관리를 할 필요가 있다.

부부는 재정 관리에 서로 일치된 관점을 가지고 있어야 한다. 상대방이 돈을

어리석게 쓴다고 생각하면 부부 간에 끊임없는 갈등이 일어나기 때문이다. 따라서 결혼 전에 두 사람이 경제관이나 돈을 쓰는 방식에 대해 서로 확인하는 것이 중요하다. 돈에 대한 의미에 있어서도 부부의 가치관 일치 여부는 두 사람의 관계에 많은 영향을 미친다. 돈에 대한 의미는 과거의 경험이나 현재의 생활 방식 등에 영향을 받고, 돈에 대한 집착이나 소비 패턴, 그리고 절약하는 방식에서 경제적 가치관이 나타나기 때문이다.

2) 가족생활주기의 변화에 따른 재정 관리

가족의 욕구 변화는 가족생활주기에 따라 달라지며, 가정의 지출도 가족생활주기의 영향을 받는다. 가족을 새롭게 형성하면 집안에 필요한 가구, 가전제품, 그 밖의 필요한 용품을 사야 하기 때문에 지출이 증가한다. 그래서 적절한 경제 상담이 없으면 신혼부부는 경제적 문제에 봉착할 수도 있다.

부부가 아이를 갖고자 할 때도 경제적 문제가 생길 수 있다. 자녀를 키우는 것은 오랜 기간 동안 상당한 비용이 드는 일이다. 자녀 교육비는 자녀가 커 갈수록 더욱 증가한다.

또한 평균 수명이 늘어나고 은퇴의 시기를 고려하여 미리 노후 생활 비용을 계획하고 준비하여야 안락한 노후 생활을 기대할 수 있다. 그 외에도 긴급 생활비, 주택 구입비, 자녀 결혼 자금 등이 가족생활주기에 따라 달라질 수 있다. 따라서 가족생활주기에 맞춰서 우선순위를 고려하며 재정 목표를 세워 자원을 파악하고 대처 능력을 갖추는 것이 바로 가족 경제 계획이다. 가족생활주기별 가계 재무 목표의 우선순위는 다음과 같다.

〈표 10-7〉 가족생활주기별 가계 재무 목표의 우선순위

	1차 목표	2차 목표	3차 목표	4차 목표
신혼기	주택 마련	절세	긴급 자금 비축	노후 준비
자녀 출산/양육기	긴급 자금 비축	부채 최소화	교육 자금 준비	노후 준비
자녀 교육기	교육 자금	부채 최소화	노후 준비	긴급 자금 비축
진수기	자산 축적	절세	노후·상속 준비	특별 자금
은퇴기	노후 준비	상속 준비	자산 보전	절세

출처: Dwyer, D. P.(1989). The seven stages of financial planning.
정현숙 외(2007). 결혼학. 서울: 신정, 재구성.

• 재정 관리를 통한 인생의 동반자 되기

① 재정 관리: 사소한 재정을 관리하는 일이라도 미루지 않는다. 이는 향후 예상치 못한 문제가 될 수 있으므로 즉시 배우자와 재정 계획을 수립하는 시간을 갖도록 한다.

② 저축 생활: 매달 일정 금액을 저축할 때 부부는 서로 미래에 대해 헌신적이라고 느끼게 되며, 부부 관계가 더욱 친밀해진다.

③ 재정 계획: 가정의 수입과 상황이 바뀌지 않더라도, 새로운 상황이 생길 수 있으므로 부부는 매년 예산을 계획하고 재평가할 필요가 있다.

3) 부부의 재정 계획

재정 계획은 인생 전체를 감안하여 장·단기적이며 구체적으로 수립하여야 한다. 부부가 공동으로 재정을 관리하기 위한 첫 번째 단계는 돈에 대한 가치관을 점검하는 일이다. 즉, 돈은 모으기 위해서 벌어야 된다고 생각하는지, 돈은 쓰기 위해서 벌어야 한다고 생각하는지, 또는 돈은 쓰기도 하고 모으기도 해야 한다고 생각하는지, 자신은 부자가 되기를 원하는지, 아니면 편안히 살 정도만 되면 만족

하는지 등과 같은 사항들에 대하여 부부 간의 대화와 타협이 필요하다.

두 번째 단계는 돈에 대한 가치관을 부부가 세운 장·단기 목표에 적용시켜야 한다. 저축은 왜 하는지, 저축한 돈을 쓸 때 단기적 목표를 위해 쓰는지, 장기적 목표를 위해 쓰는지 등과 같은 사항들을 고려하여 현명하게 지출하여야 한다.

세 번째 단계는 재정 수입에 대하여 예산을 세우는 일이다. 예산을 세우기 위해서는 부부의 수입과 지출에 대한 정보를 모두 파악하고 있어야 한다. 또한 예산을 적절히 세우기 위해서는 수입과 지출에 대한 철저한 기록이 필요하다.

수입 안에서 규모 있게 지출하여야겠지만, 때로는 수입보다 지출이 많은 상황이 생길 수 있다. 이와 같이 수입이 지출보다 적은 경우 균형을 맞추기 위해 다음과 같은 방법을 적용할 수 있다.

- 유동 비용을 줄인다.
- 저축을 줄인다.
- 무이자 신용 카드를 사용한다.
- 구입할 것을 구입하지 않거나 미룬다.
- 고정 비용을 변화시킬 방법을 찾는다. 예를 들면 냉난방비를 줄이거나, 대중교통을 이용하는 방법 등이 있다.

4) 저축과 투자

저축과 투자는 재정 계획의 중요한 부분으로 안정된 경제적 생활을 유지하게 하며 재정적 위기에 직면했을 때 도움이 된다. 저축하는 방법은 3가지 종류가 있다. 첫째, 현금으로 가지고 있는 것이다. 둘째, 이자를 받을 수 있는 은행에 저축하는 것이다. 셋째, 투자하는 것이다.

저축의 반대 개념인 소비로 인해 저축과 투자에 어려움이 생길 수 있다. 소액이라도 일정한 저축을 계획하고 저축을 생활화하여야 한다. 또한 투자는 적절하고 안정된 범주 내에서 하여 무리한 투자로 경제적 손실이 없도록 해야 하며, 저축과 투자는 부부가 충분히 상의하고 의견 일치를 본 후에 진행하여야 한다. 이외에도 부부가 재정 관리를 할 경우에 상호 협의가 필요한 사항은 다음과 같다.

- 부부가 은행에서 개인 계좌를 가질 것인가?
- 공동으로 쓰는 비용의 계좌는 어떻게 운영할 것인가?
- 고정 비용과 유동 비용의 관리는 어떻게 할 것인가?
- 수입과 지출에 대한 기록 및 관리는 누가 할 것인가?

최근에는 현금을 가지고 다니기보다는 신용 카드나 모바일 결제 수단을 활용하는 경우가 흔하다. 신용 카드 사용을 위한 올바른 지침은 다음과 같다(김영희 외, 2016).

- 필요할 때만 신용 카드를 사용한다. 물건을 사기 전에 그 물건이 정말 필요한지, 현금으로 사도 그 물건을 살 것인지에 대하여 생각한다.
- 현금으로 사는 것과 신용 카드로 사는 것과의 차이를 비교해 본다.
- 이자율이 얼마인지 계산해 본다. 그런 이자를 내고도 신용 카드를 사용할 수 있는지를 고려하여 결정한다.
- 신용 카드율이 싼 곳을 알아본다.
- 카드 결제 대금을 될 수 있는 한 짧은 시간 내에 완납하도록 한다.
- 신용 카드의 계약 사항을 주의 깊게 살펴본다.
- 자신이 관리할 수 없을 만큼의 빚은 지지 않는다.

대학생·사회 초년생을 위한 소비 습관 및 신용 관리 방법

대학생이나 사회 초년생의 경우 올바른 소비 습관을 형성할 준비가 되어 있지 않은 채로 소비하며 생활하기 쉽다. 특히 중고등학생 때까지는 부모님께 용돈을 타 쓰다가 대학생이 되어 아르바이트 등을 통해 용돈보다 많은 뭉칫돈을 손에 쥐게 되면 원하는 물건을 조금 무리해서라도 구입하거나 여행으로 다 써버리는 등 일명 '욜로족(YOLO; You Only Live Once)'의 삶을 추구하는 경우가 다반사이다. 본격적으로 사회 생활을 시작한 사회 초년생의 경우에도 월급 등을 어떻게 저축하고 관리해야 할지 모르므로 현명한 재테크가 어려운 경우가 많다.

이에 따라 대학생이나 사회 초년생에게 필요한 올바른 소비 습관과 신용 관리 방법을 제시하면 다음과 같다.

① 자신의 '소비 데이터' 파악하기

먼저 대학생이나 사회 초년생의 경우 자신의 소비 데이터를 파악하는 것이 중요하다. 특히 무심코 지출되거나 충동적으로 구매한 소비 내역을 확인함으로써 자신의 소비 데이터를 정확하게 파악한다. 무작정 아끼기보다는 충동적인 구매와 절제된 소비를 통해 올바른 소비 습관을 형성할 수 있다.

② '가계부' 사용하기

자신의 소비 데이터를 통해 소비 습관을 파악하였다면, 이를 기록할 필요가 있는데, 가장 쉽고 보편적으로 권하는 방법이 가계부를 작성하는 것이다. 최근에는 스마트폰을 활용한 각종 가계부 애플리케이션도 많아서 마음만 먹으면 손쉽게 가계부를 작성할 수 있다. 단 항목은 가급적 구체적으로 작성하는 것이 좋다. 예를 들면, 식비라고 작성하는 것보다는 커피라고 작성함으로써 본인의 불필요한 소비 항목을 구체적으로 파악할 수 있다. 또한 비상금 통장을 마련하여 여유 자금이 생길 때에는 저축해 두면, 갑작스러운 지출이 생길 경우 당황하거나 대출받지 않고 대처할 수 있다.

③ 신용 카드보다 체크 카드 사용하기

젊은 청년들의 경우 대부분 지출할 때 각종 포인트 혜택이나 손쉬운 결제로 인해 신용 카드를 이용하는 경향이 크다. 그러나 주어진 현금 한도 안에서 지출해야만 하는 체크 카드를 사용할 경우에 불필요한 충동 지출을 자제할 수 있을 뿐 아니라 연말 정산 소득 공제율이 30%로 신용 카드(15%)보다 2배 높다는 점도 장점으로 꼽을 수 있다. 따라서 젊어서부터 신용 카드보다는 체크 카드를 사용함으로써 규모 있는 소비 생활을 할 수 있다.

④ 신용 관리하기

대학생이나 사회 초년생은 신용 평가 시 활용되는 금융 거래 이력 등이 충분치 않으므로 신용 등급이 4~6등급인 경우가 많다. 신용 관리는 먼저 자신의 신용 등급을 확인하는 것부터 시작한다. 현재 내 신용 상태를 확인함으로써 신용 관리 요령이 달라지기 때문이다. 신용 등급은 1년에 3번까지 신용평가사(나이스평가정보, KCB 등) 인터넷 홈페이지를 통해 무료로 확인이 가능하다. 연체 없는 건전한 신용 카드 사용 이력이나 체크 카드를 지속적으로 사용하는 정보도 신용 관리에 우량한 요인으로 활용되어 신용 관리에 도움이 된다.

신용 가점 제도를 적극 활용하는 것도 신용 관리 방법의 하나다. 신용거래 이력이 충분치 않은 대학생의 경우 통신·공공요금, 국민연금, 건강 보험료 등을 6개월 이상 성실히 납부했다는 자료를 신용평가사에 제출하면 신용 등급 산정에 가산점을 얻을 수 있다. 국민연금이나 건강 보험료를 납부하지 않는 대학생이라 하더라도 본인 명의 휴대폰 요금을 연체 없이 성실하게 납부한 실적을 증빙하면 신용 스코어가 상향될 수 있다. 신용 관리를 위해 휴대폰 할부금이나 후불 교통카드 대금이 연체되지 않도록 주의하여야 한다.

출처: http://www.viva100.com/main/view.php?key=20180226010008752
http://news.mk.co.kr/newsRead.php?year=2017&no=559363

참고문헌

건강가정컨설팅연구소(2017). **결혼과 가족생활.** 서울: 시그마프레스.

김영희, 김경미, 조주영, 황종귀(2016). **결혼과 가족.** 경기: 양서원.

김외숙, 이기영(2015). **가사 노동과 시간관리.** 한국방송통신대학교 출판부.

박충선(1991). **맞벌이 가족의 출현배경.** 가족복지 세미나 자료집, pp. 3-24.

유영주, 서동인, 홍숙자, 전영자, 이정연, 오윤자, 이인수(2000). **현대 결혼과 가족: 건강 가족적 접근.** 서울: 신광출판사.

이영숙, 박경란, 전귀연(2004). **가족문제와 복지.** 서울: 신정.

정옥분(2004). **아동발달의 이해.** 서울: 학지사.

정옥분, 정순화(2010). **부모교육.** 서울: 학지사.

정현숙, 유계숙, 최연실(2007). **결혼학.** 서울: 신정.

통계청(2019). 2019년 사회조사.

통계청(2019). 생활시간조사.

통계청(2020). 2020년 사회조사.

허혜경, 김혜수, 박인숙(2013). **현대가정의 이해.** 서울: 문음사.

허혜경, 박인숙, 김혜수(2017). **현대사회와 가정.** 서울: 동문사.

조선일보(2018. 3. 20). [팩트체크] "노인 빈곤층이 OECD 1위 46%? 자산 따지면 21%".

통계청 e-나라지표. https://www.index.go.kr/potal/main/EachDtlPageDetail.do?idx_cd=1497

Dwyer, D. P.(1989). The seven stages of financial planning.

Gilbert, L. A.(1993). *Two careers/one family: The promise of gender equality.* Sage Publications, Inc.

http://www.viva100.com/main/view.php?key=20180226010008752

http://news.mk.co.kr/newsRead.php?year=2017&no=559363

Ⅳ 부모 역할하기

Marriage & Family

1. 부모됨

1) 부모됨의 동기

부모가 된다는 것은 단순하게 사회적 과정으로 인식하기 쉬우나, 부모가 되는 데에는 동기가 존재한다. 일반적으로 여성은 어려서부터 다양한 역할 놀이, 월경, 임신과 출산을 경험하면서 부모됨(parenthood)을 자각할 수 있는 반면, 남성은 성관계 후에 임신 소식을 듣고 배우자가 출산해서야 비로소 부모됨을 자각하게 된다.

라빈(Rabin)은 부모가 되는 동기 유형을 4가지로 제시하였다(신용주 외, 2017).

• 숙명적 동기(fateful motive)

부모가 되는 동기를 숙명적으로 받아들이는 태도에서 비롯된다고 본다. 자녀를 갖는 것이 인간이 존재하는 이유라고 믿어, 부모가 되는 것은 선택의 문제가 아니라는 입장이다. 피임을 하는 것은 신에 대하여 죄가 되며, 부모가 된다는 것은 인간에게 주어진 운명으로 가계를 이어갈 수 있는 동기가 된다.

• 이타주의적 동기(altruistic motive)

자녀에게 사랑과 관심을 표현하고자 하는 이타주의적 동기에서 부모가 되고자 한다. 자녀를 돌보아 주고 싶은 부모의 비이기적인 욕구로 인한 부모됨을 의미한다.

• 자기 도취적 동기(narcissistic motive)

성인으로서 자녀를 가질 수 있을 만큼 성숙했다고 기대하는 자기 도취적 성향을 보인다. 자녀를 가짐으로써 자녀가 있는 다른 성인들과 동료 의식이나 공감대를 형성할 수 있기 때문이다. 자기 도취적 동기는 자녀를 가짐으로써 성인 대열에 속했다는 심리적 안정감에서 부모가 되는 동기를 의미한다.

• 도구적 동기(instrumental motive)

도구적 동기는 부모가 자녀를 통해 제2의 삶을 살고자 하는 욕구에서 비롯된다. 자녀를 통해 부모의 꿈을 대신 실현시킴으로써 대리 보상을 받고자 하는 동기 때문에 부모가 된다. 따라서 부모를 대신하여 자녀가 어떤 목적을 성취해 주길 바라며, 그러한 것들이 부모에게 만족감을 주길 바라는 데에서 시작한다. 또는 자녀로 인해 부부 간의 불화가 완화되길 바라는 마음에서 부모가 되고자 하기도 하는데, 이러한 경우도 도구적 동기에 해당된다.

〈그림 11-1〉 부모가 되는 동기 유형

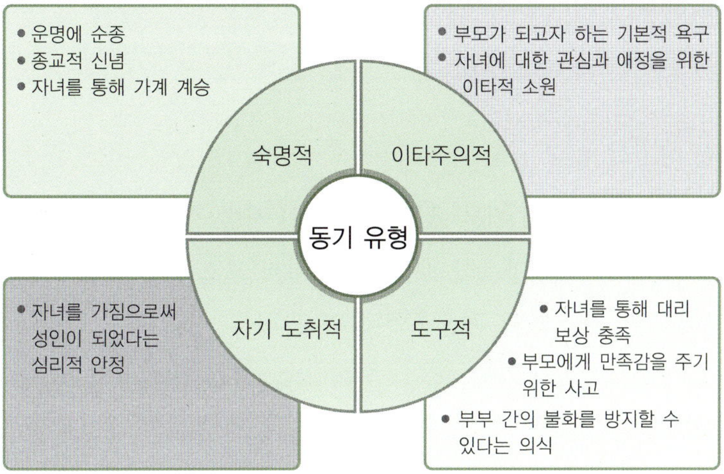

출처: 허혜경 외(2017). 현대사회와 가정. 서울: 동문사.

2) 부모됨의 의미

부모됨의 동기는 본능이라기보다는 획득된 동기이며, 각 개인에 따라 내부 요인이 복합적으로 작용할 수 있기 때문에 정확히 설명하기 쉽지 않다. 따라서 부모가 된다는 것이 내포하고 있는 의미를 자아 확장, 사랑·애정의 욕구, 사회적 지위 획득, 성취감, 지도와 권위, 희열과 행복, 발달 증진의 측면에서 살펴보고자 한다(김정옥 외, 2012; 이숙 외, 2010).

(1) 자아 확장

부모는 자녀를 통해 자기를 이어주는 지속감(sense of continuity)인 자아 확장감을 가지거나, 자녀를 자신의 분신으로 생각하기도 한다. 일반적으로 부모는 자신의 성격이나 행동 특성이 어떻든 간에 자신을 그대로 자녀에게 투사하고 반영한다. 때로는 자녀를 정성껏 양육함으로써 보상(compensation)의 대상으로 삼기도 하고, 자녀를 통해 못다 이룬 자신의 소망을 실현하여 자아를 확장하려 하기도 한다.

(2) 사랑·애정의 욕구

부모가 됨으로써 인간의 기본 욕구 중 하나인 사랑·애정의 욕구를 채울 수 있다. 부모됨으로써 자녀를 양육하고, 위험으로부터 보호하며, 감정적 교류와 상호작용을 통해 사랑·애정의 욕구가 충족될 수 있다.

(3) 사회적 지위 획득

부모됨에 따라 자녀에 대한 양육적, 경제적, 교육적 책임과 의무를 져야 함에도 불구하고 부모가 되기 원하는 것은 부모라는 사회적 지위를 획득하기 때문이다. 부모는 자녀를 양육함에 따라 요구되는 발달 과업을 수행할 수 있다.

(4) 성취감

부모는 자녀를 가짐으로써 성취감을 느끼게 되는데, 부모됨으로 인한 성취감은 어머니보다 아버지가 더 강하게 갖는 심리적 동기라고 한다. 일반적으로 아버지는 아들에게, 어머니는 딸에게 동일시 과정(identification process)을 통해 성취적 동기를 투사하고자 한다. 또한 부모는 자녀를 통해 자신의 계획을 성취시키고, 자신보다 나은 자녀를 남기고 싶은 욕구를 지닌다.

(5) 지도와 권위

인간은 권위에 대한 사회적 욕구를 지닌다. 부모들은 자신의 자녀를 지도하고 양육함으로써 이러한 사회적 욕구의 일부를 충족시킨다. 부모는 자신의 사회적 지위의 높고 낮음을 막론하고 자녀를 훈육하거나 지도할 수 있으며, 부모의 권위를 가질 수 있다. 자녀에 대한 부모의 태도는 개개인마다 다르겠지만, 여기서 부모는 자녀들에게 권위 있는 존재라 할 수 있다.

(6) 희열과 행복

부모가 됨으로써 누리는 만족은 일을 통해 얻게 되는 만족감과는 달리 자아 확장, 성취, 권위, 애정, 긍지, 보람 등의 감정이 종합된 포괄적인 만족감이다. 자녀를 가짐으로써 누리는 부모됨의 만족은 인간이 누릴 수 있는 창조적인 희열이자 행복감이며, 희생감이 내포된 미적 정서라 할 수 있다.

(7) 발달 증진

일반적으로 부모가 됨으로써 부모 개인은 발달이 증진되는 값진 경험을 할 수 있다. 부모됨을 통해 부모 자신의 인지적·정서적 발달이 촉진되며, 자녀의 롤 모델(role model)로서 끊임없이 자아 성찰과 발전을 하게 되는 기회를 가진다.

2. 부모-자녀 관계

인간은 거의 가장 무력한 상태로 태어나는 동물 중 하나로서 오랜 기간의 보호와 양육을 필요로 한다. 일반적으로 인간은 태어나면서부터 부모와의 관계를 맺고 양육을 받으며 성장하게 된다. 부모-자녀 관계는 자녀의 출생과 함께 형성되는 가장 기본적이고 영구적인 인간관계로서 가족 관계의 중요한 하위 영역이다.

부모는 자녀가 태어나서 가장 먼저 만나게 되는 사회화 기관(socialization institution)으로서, 자녀의 성격, 행동, 가치관, 습관, 태도 등에 이르기까지 중요한 영향을 미친다. 부모 역할은 부모가 본능적으로 수행하거나 이전 부모들로부터 물려받는 정보만으로 감당하기에는 그 영향력이 크고 장기적이다. 그러므로 부모 교육을 통해 부모와 자녀 모두 발달해 가는 존재임을 이해하면서 부모-자녀 관계에 관한 지식과 정보를 알아야 할 필요가 있다(김종운 외, 2016).

여기서는 부모-자녀 관계의 특성을 살펴보고, 자녀의 발달 단계에 맞춰 부모-자녀 관계를 살펴보고자 한다.

1) 부모-자녀 관계의 특성

부모-자녀 관계는 개인이 경험하는 가장 기본적인 삶에서 시작되는 인간관계이다. 가족 구성원 개개인의 심리·사회적 발달은 주로 부모와 자녀의 상호 작용을 통해 이루어진다. 자녀는 인생의 중요한 발달 단계를 부모의 양육 하에 진행하게 되며, 신체적·심리적·사회적 발달을 형성한다. 부모와 자녀는 지속적인 상호작용을 통해 부모는 자녀에게, 그리고 자녀는 부모에게 서로 영향을 미치게 된다.

부모-자녀 관계는 시대적 흐름에 따라 변화하고 있다. 과거의 부모-자녀 관계는 주로 부모가 자녀에게 베푸는 일방적인 관계로 바라보는 관점이 지배적이었다. 그러나 현대에는 사회적 변화에 따라 핵가족화가 되어 가고, 부모의 입장, 부부의 입장, 자녀의 입장 등을 모두 고려하여 가족의 내적 과정뿐만 아니라 보다 거시적인 생태학적 맥락까지 고려한 가족 체계에도 관심이 집중되고 있다. 부모-자녀 관계에 영향을 미치는 요인은 부모가 성장할 당시 자신의 부모로부터 받은 영향, 부모의 신념과 가치관, 부모와 자녀를 둘러싼 환경, 부모의 발달 단계, 자녀의 발달 단계, 부모의 개인적·심리적 특성, 자녀의 개인적·심리적 특성, 기질 등 다양하다. 이와 같이 다양한 영향 요인 중에서도 부모가 자녀에게 미치는 영향이 가장 결정적이다.

부모-자녀 관계는 고유한 몇 가지 특성을 가지고 있다(권석만, 2014).

첫째, 부모-자녀 관계는 인간관계 중에서 가장 일차적인 관계이며, 가장 본능적인 애착(attachment)이 강한 인간관계이다. 부모-자녀 관계는 선택의 여지가 없이 숙명적으로 맺어지는 관계로서, 가입과 탈퇴가 불가능하여 평생 유지해야만

하는 가족 관계이다.

둘째, 부모-자녀 관계는 수직적인 관계이다. 부모는 어리고 미성숙한 자녀를 양육해야 하는 위치에 있으며, 자녀는 20~30여 년의 나이차와 함께 경험과 능력의 현저한 차이로 인해 부모의 보호를 받고 의존하여야 한다. 이와 같이 부모-자녀 관계는 서로 불평등한 위치에서 상호 작용이 일어나는 수직적인 인간관계이다.

셋째, 부모-자녀 관계는 부모와 자녀의 인격 형성에 있어서 가장 중요한 인간관계이다. 자녀는 부모와 최초로 인간관계를 형성하며 부모의 양육을 받으며 성격을 형성해 나간다. 부모의 입장에서 자녀는 부부 간의 사랑의 결실이자 자신의 분신과 같은 존재이므로, 부모는 거의 본능적이고 무조건적인 애정으로 자녀를 보호하고 양육한다.

넷째, 부모-자녀 관계는 주요한 교육의 장이다. 부모-자녀 관계에서 가장 기본적인 사회화가 이루어져 자녀는 사회 적응 기술과 함께 사회의 도덕적 규범과 가치관 등을 습득하게 된다. 또한 부모는 자녀에게 있어서 닮아가야 할 동일시 대상이자 인생의 롤 모델이 된다.

다섯째, 부모-자녀 관계는 시간의 흐름에 따라 관계의 속성이 현저하게 변화하는데, 이러한 부모-자녀 관계는 자녀의 발달과 함께 변화하게 된다. 예를 들면, 자녀가 어릴 때에는 부모-자녀 관계가 일방적으로 의존적인 관계이지만, 자녀가 성장함에 따라 점차 독립적인 관계로 변화해 간다. 자녀가 청소년기에 접어들면 부모의 통제에서 점차 벗어나 자율성을 확보하기 위해 갈등을 빚기도 한다. 자녀가 성인이 되면 부모는 노쇠해져서 오히려 자녀에게 의존해야 하며, 이제는 오히려 자녀가 부모의 보호자 위치에 서게 된다. 이와 같이 시간의 흐름에 따라 부모-자녀 관계는 변화한다.

이외에도 많은 학자들이 소개한 부모–자녀 관계의 특징을 정리해 보면 다음과 같다(김종운 외, 2016; 오영희 외, 1997).

- 부모–자녀 관계는 자녀의 출생 이후부터 부모의 사망 시점까지 계속되고 영원하며 운명적인 관계이다.
- 부모–자녀 관계는 서로 영향을 미치는 쌍방적 관계이다. 부모나 자녀 모두 다양한 삶의 경험을 공유하는 밀접한 관계로서 상호 발달에 영향을 미친다.
- 부모는 자녀의 사회화를 맡는 첫 번째 담당자이며, 자녀에게 부모란 최초로 접하게 되는 사회적 경험인 동시에 동일시의 대상으로서 모델링의 기본이 된다는 점에서 교육적·문화적 관계이다.
- 부모–자녀 관계는 사회 속에 존재하는 생태학적 관계이다.
- 부모–자녀 관계는 애정과 신뢰, 보호와 권위, 존경의 정서가 융화되어 일체감을 갖게 하는 애정적 관계이다.
- 부모–자녀 관계는 다른 인간관계보다 비교적 이익을 초월한 가족 관계이다.
- 과거에는 결혼을 하면 부모–자녀 관계가 거의 필수적이었으나, 현대로 오면서 부모됨을 선택함에 따라 부모–자녀 관계도 선택적으로 변화하고 있다.
- 부모–자녀 관계에서 부모는 자녀의 발달적 역할에 영향을 준다. 부모는 자녀의 성격과 인성을 포함한 모든 발달 영역에 영향을 미친다. 자녀의 인지적 문제 해결 방법, 사회적 관계를 맺는 방법, 성 역할을 습득할 뿐 아니라 어떠한 가족 문화에서 성장하였는지는 자녀 개인의 삶을 좌우하게 되는 중요한 요인이 될 수 있다.
- 부모 역할은 항상 자발적인 것만은 아니지만, 한 번 부모가 되면 부모 역할을 중도에 포기할 수 없다.
- 누구나 좋은 부모가 되고 싶어 하지만, 좋은 부모가 되는 일은 어렵다. 부모 역할은 역할 준비 기간이 넉넉하지 않은 경우가 많다. 따라서 바람직한 부모–자녀 관계를 위해 부모 역할에 대한 준비 및 교육이 필요하다.

3. 발달 단계별 부모-자녀 관계

인간의 발달(development)은 태내에서 수정(fertilization)되는 순간에서부터 죽음에 이르기까지의 전 생애에 걸쳐 계속되는 모든 변화의 양상 및 과정을 의미한다. 따라서 자녀의 출생 이전인 태내기(prenatal period)부터 발달 단계에 맞게 부모–자녀 관계를 정립하여야 한다. 여기서는 미성년 자녀와 부모와의 관계, 청소년 자녀와 부모와의 관계, 성인 자녀와 노부모와의 관계를 소개하고자 한다(신용주 외, 2017; Hammer & Turner, 1990).

1) 미성년 자녀와 부모와의 관계

(1) 태내기

정자와 난자가 결합하여 수태되는 순간부터 태내에서 약 40주를 보내는 동안, 태아는 빠른 속도로 성장하게 된다. 이 시기는 여느 다른 발달 단계에 비하면 상당히 짧은 기간이나 인간 발달의 초석이 되는 중요한 시기다. 태아는 태내 환경의 영향에 민감하기 때문에 바람직한 태내 환경을 제공해 주는 것이 올바른 부모–자녀 관계의 시발점이다. 태내 환경에 영향을 주는 요인은 크게 모체의 상태, 약물, 흡연, 음주와 같이 모체 건강에 영향을 주는 요인, 아버지, 태교 등으로 구분할 수 있다(정옥분 외, 2000; 신용주 외, 2011).

첫째, 모체의 상태로는 임산부의 영양, 질병 유무 및 연령이 태내 환경에 영향을 준다. 태아의 정상적인 성장과 자궁 및 태반의 발육을 위해서 임산부는 임신 기간 중 평상시보다 충분한 영양소 섭취가 중요하며, 그렇지 못한 경우 사산, 유산, 조산의 원인이 된다. 특히 칼슘, 단백질, 철분, 비타민의 섭취는 태아의 성장·발육에 필수적이다. 또한 태내기는 뇌세포가 급격하게 증가하는 시기이므로 충분한 영양 공급은 두뇌 발달에 결정적이다. 이외에도 임산부가 풍진, 임질, 매독, 당뇨병, 에이즈와 같은 질병을 앓게 되면 태아에게 시각 장애, 청각 장애, 심장병, 기형아 출산 또는 사산과 같은 치명적인 영향을 주게 된다. 임산부의 연령도 중요한 요인이다. 20세 이하인 경우는 생식 기능의 불충분한 발달로 인해 미숙아 출산율이 높으며, 35세 이상인 경우 생식 기능의 약화로 자연 유산, 임신 중독증, 미숙아 및 다운 증후군 자녀를 출산할 확률이 높아진다.

둘째, 임산부가 복용하는 약물은 태아에게 심각한 영향을 미치므로 특히 임신 초기에는 각별한 주의를 요한다. 항생제, 탈리도마이드(thalidomide)와 같은 신경안정제, 피임약뿐만 아니라 마리화나(marihuana) 또는 헤로인(heroin)과 같은 마약의 복용도 태아에게는 치명적인 영향을 준다. 임산부가 담배를 피우면 조산아나 저체중아를 출산할 확률이 높다. 알코올은 태반에 빠르게 흡수되어 장시간 영향을 주는데 태아는 알코올 분해 능력이 성인의 절반 수준밖에 안 되기 때문에 임산부는 알코올 섭취를 제한할 필요가 있다.

셋째, 태아에게는 아버지의 영향도 지대하다. 건강한 남편은 환경 오염에 노출된 직업을 가진 남편보다 건강한 정자를 생산한다. 남편은 임신을 진심으로 기뻐하며, 임신으로 예민한 부인이 정서적으로 평안할 수 있도록 적극적으로 돕고 지지하는 것이 중요하다. 남편이 가정 내 역할 분담을 하는 것은 신체적 및 심리적으로 임산부의 안정을 돕는다. 최근에는 라마즈 분만법을 통해 남편이 부인의 임신과 출산 과정에 동참하거나, 함께 태교하고 자녀 출산을 준비하기도 한다. 아버지의 적극적인 태교 및 출산 과정의 참여는 긍정적인 부모-자녀 관계의 첫걸음이다.

넷째, 태(胎)는 인간 최초의 교육의 장으로서, 태교는 임산부를 통한 간접교육이라 할 수 있다. 산모와 태아는 생리적으로나 심리적으로 매우 긴밀하게 연결되어 있다. 그러므로 산모는 정서적 불안과 긴장을 피하고, 행동과 마음가짐을 바르게 하며, 금지 약물 및 음식을 조심하고, 아름다운 것을 보고 듣는 등 태아에게 최선의 환경을 제공하여 긍정적인 영향을 주도록 한다. 최근에는 태교의 범위가 확장되어 아버지 태교도 중요하다. 예를 들면, 무리한 성생활을 금하고 태담(胎談)으로 태아와 교류하는 것 등을 들 수 있다.

(2) 영유아기

영아기란 태어나서부터 약 18개월경까지의 시기이다. 이 시기는 신체적 발달뿐 아니라 인지 발달도 급속도로 이루어지므로, 발달적 측면에서 중요한 시기에 속한다. 에릭슨(Erikson)의 이론에 근거하여 영아의 심리·사회적 측면을 살펴보면, 이 시기는 '기본 신뢰감 대 불신감(basic trust vs. mistrust)'의 단계다. 이 시기 부모–자녀 관계는 영아가 기본적 신뢰감을 형성할 수 있도록 적절한 보살핌과 양육을 제공하는 것에 초점을 둔다. 만약 부모의 보호와 양육이 적절하지 못하고 일관성이 없으면 영아는 불신감을 형성하게 된다. 부모와의 관계를 통해 영아가 형성하는 신뢰감은 장차 타인과의 원만한 인간관계는 물론 자신 및 세상에 대한 신뢰감의 바탕이 된다. 따라서 일차적인 양육 책임을 지닌 부모는 이 시기에 적절하고 긍정적으로 영아를 양육함으로써 '보살핌을 제공하는 부모(parents as caregivers)'의 역할을 수행한다.

걸음마기(toddlerhood)라고도 불리는 유아 초기는 18개월부터 3세경까지다. 에릭슨(Erikson, 1963)에 의하면 이 시기에 '자율성 대 수치 및 의심(autonomy vs. shame & doubt)'이라는 심리·사회적 위기를 맞게 된다. 유아는 혼자 걷고 말하고 대소변을 가리면서 자율적이고 자기주장적인 존재가 된다. 또한 유아기는 활발하고 호기심이 많으며 자기주장이 뚜렷해지는 시기로서, 활발한 자기 탐색 활동을 통해 급격한 인지 발달을 이룬다. 그러나 유아가 하고자 하는 일이 좌절되었을 때는 공격적이고 반항적인 경향을 나타내기도 한다. 유아 초기에 부모가 스스로 행동하려는 유아를 칭찬하고 격려하면 자율성이 형성되나, 지나치게 억압하거나 조롱하면 수치심와 의심이 발달하게 된다. 이 시기 부모는 '보호자로서의 부모(parents as protectors)'로서 유아와의 관계를 정립하여야 하며, 가능한 한 안전한 환경을 제공하여 유아가 마음껏 자율성을 함양하고 호기심을 충족하며 다양한 학습 경험을 획득할 수 있도록 도와주는 것이 중요하다.

유아 후기는 4세부터 6세경까지를 지칭하며, 초등학교에 입학하기 전이므로 학령 전기라고도 부른다. 피아제(Piaget)는 이 시기를 '전조작기(pre-operational period)' 단계로 보았으며, 이 시기 유아의 인지적 특징으로는 전조작적 사고(pre-operational thinking)를 들 수 있다. 유아는 영아에 비해 정신적인 표상이 가능하나 전조작적 사고라는 용어가 암시하는 바와 같이, 어떤 논리적 결론에 도달하기 위해 논리적으로 사고하는 것은 어렵다. 또 이 시기의 유아는 자기중심성이 강해져서 다른 사람의 입장을 고려하지 못하고 자신의 관점에서만 사고하거나 말한다. 에릭슨은 이 시기를 '주도성 대 죄책감(initiative vs. guilt)'이라는 대비되는 개념으로 설명하고 있다. 유아는 스스로 계획하고 달성하기 위해 주도적으로 행동하고 노력한다. 이 과정에서 유아가 설정한 계획과 기대가 성공적으로 이루어지면 주도성이 확립되지만, 유아가 잦은 실패와 갈등 또는 주위의 억압을 경험하게 되는 경우에는 죄책감을 초래하게 된다. 유아 후기에 부모는 자녀가 더 나은 발달을 하도록 이끌고 지도하는 '양육자로서의 부모(parents as nurturers)'가 되어야 한다. 부모가 자기중심적인 유아와 애정 어린 보살핌과 관심으로 기르는 양육자로서 관계를 맺을 때, 유아는 자율성과 선도성을 위협받지 않으면서 책임감 있는 행동을 습득할 수 있다. 부모는 자녀와의 신뢰감으로 자녀를 양육하되 일관성 있는 규칙을 제시하는 것이 중요하다.

(3) 아동기

아동기는 6세부터 11~12세경까지의 시기며, 아동이 초등학교에 입학하게 되는 시기이므로 흔히 학령기(school years)라고도 불린다. 아동은 6세부터 유아 티를 벗고 신체적·인지적 발달을 이룬다. 아동은 인지적으로는 구체적 조작기에 이르러, 사물과 사건의 원리를 깨닫고 분류하며 관계를 이해하게 된다. 언어 능력도 현저하게 발달하여 의사소통과 표현도 정교해질 뿐만 아니라 정서적으로도 감정이 분화되고 내면화된 양상을 보인다.

이 시기의 아동에게 학교는 새로운 환경으로 작용하여 부모 외에 권위자로서의 교사 및 또래 집단과의 역할이 커지게 되며, 그들과의 사회적 상호 작용을 통해 대인 관계에 필요한 기술을 습득하고 그들의 평가 및 피드백을 기반으로 자아개념이 형성된다.

아동기는 다른 시기에 비해 비교적 안정적이라 정신분석학적 입장에서는 잠복기 또는 잊혀진 시기(forgotten years)라고도 불린다. 에릭슨의 심리·사회적 발달 단계에서 아동기는 '근면성 대 열등감(industry vs. inferiority)'의 위기를 겪는 시기다. 대부분 초등학교에 다니는 아동기에는 각종 지식과 사회가 요구하는 기술을 습득한다. 이때 아동이 순조로운 학습과 대인 관계에서 성공을 경험하면 근면성과 유능감을 갖게 되나, 잦은 실수나 실패를 경험하게 되면 열등감이나 사회적 부적응감을 갖게 될 위험이 있다.

따라서 부모는 자녀에게 '격려자로서의 부모(parents as encouragers)'로서, 아동에게 적합한 환경을 조성해 주어 아동의 근면성과 능력을 함양하고 긍정적인 자아개념을 형성할 수 있도록 격려하는 것이 중요하다. 아동은 자신의 능력을 최대한 발현하되, 자발적이고 능률적으로 학습에 임할 수 있는 환경에서 다양한 경험을 하는 것이 필요하다. 아동이 다양한 상황이나 과제를 수행함에 있어서 부모가 합리적이며 논리적인 설명을 제공하는 것이 인지적으로 적합하다.

2) 청소년 자녀와 부모와의 관계

(1) 청소년의 자율성 획득과 애착의 약화

사춘기를 기점으로 청소년들은 자율성이 증가하며 가족 관계를 다시 조율하거나 재정의하는 결정적인 시기를 맞이한다(Hill, 1980). 자율성(autonomy)이란 개인이 독립적으로 스스로의 의지대로 행동할 수 있는 능력이라 정의할 수 있다(Newman & Newman, 1984; 한정란 외, 2005, 재인용).

학자들 간에 차이가 있으나, 청소년기에 증가하는 자율성의 다양한 개념은 청소년 발달의 단일적 측면이라기보다는 다차원적인 현상이자 과정이다. 즉, 자율성 획득은 청소년들이 부모의 영향력으로부터 벗어나, 점차 청년 후기에 자아 정체감을 획득해 가고, 자기 스스로 목표를 설정하거나 진로를 결정하는 등 현실적인 문제를 해결하는 점진적인 과정이다. 청소년기의 자율성 획득의 의미는 단순히 부모로부터 완전한 자유, 독립, 자율성을 뜻하는 것은 아니다. 또한 청소년들의 자율성은 모든 행동 영역에서 일관되게 나타나는 통일된 성격이 아니다(Hill & Holmbeck, 1986). 예를 들어, 한 청소년의 자율성 수준이 높다 하더라도 그것이 그 청소년의 학교생활, 교우 관계, 가족 관계, 진로 발달 등 모든 영역에서 자율적이라는 의미는 아닌 것이다.

청소년들이 서서히 부모로부터 정서적 및 행동적으로 독립하고 자율성을 획득하는 것은 청소년기의 중요한 발달 과업인 동시에 성인으로 도약하기 위한 토대가 된다. 청소년기에 부모에 대한 애착 수준이 약화되는 것은 당연한 현상이다. 일부 부모들은 청소년기 자녀의 이러한 행동을 받아들이기 힘들어 하여 부모에게 의존을 강요하거나 지나치게 통제함으로써 청소년 발달에 부정적인 영향을 초래하기도 한다. 청소년기 동안 지나치게 부모에 의존적인 청소년들의 경우 책임감 있는 성인으로 성장하거나 사회적으로 적응하는 데 어려움을 겪기 쉽다.

많은 학자들은 청소년기에는 부모-자녀 관계도 질적으로 변화되어야 한다고 주장한다. 청소년기 동안 청소년들은 부모와 정서적으로 가깝게 교감하면서 부모로부터 큰 갈등 없이 분리되는 것이 무엇보다도 중요하다. 사실 청소년들은 부모로부터 자유로워지기를 원하지만, 때로는 자신이 도움을 필요로 할 경우에 언제든지 부모가 곁에서 도움을 제공하거나 자신을 지지해 주기를 원한다. 한편으로 청소년들은 부모에게서 자율성을 획득하고 분리되더라도, 다른 한편으로는 심리적 또는 정서적으로 부모와 애착 관계를 유지하는 것이 더 효과적이다. 청소년의 자율성과 부모의 애착 모두 청소년의 심리적 안녕(psychological well-being)을 위해서 필요하기 때문이다.

그러므로 가장 바람직한 것은 청소년들이 부모-자녀 관계의 애정 수준을 유지하면서 자율성을 획득하는 것이다. 왜냐하면 청소년들이 부모와 안정된 관계를 유지하게 되면 사회에서 또래, 이성 등 다른 대인 관계를 형성하는 데 있어 심리적인 지지와 자신감을 느끼기 때문이다(Papini et al., 1990; Rice, 1990).

(2) 양육 방식의 변화

일반적으로 부모–자녀 관계는 두 가지 차원에서 논의된다(허혜경 외, 2015). 첫째는 부모가 자녀에게 베푸는 사랑과 따뜻함의 정도다. 이것은 사랑과 증오(love–hostility) 또는 따뜻함과 거부(warmth–rejection) 등 학자에 따라 사용하는 용어는 다르나 궁극적으로 개념은 유사하다. 둘째는 부모가 자녀에게 허용하는 자율성과 통제(autonomy–control)이다. 자율성이란 부모나 다른 성인의 영향력으로부터 자유를 얻고자 노력하는 과정이라 할 수 있다(Collins et al., 1997).

청소년기에 접어들면서 부모–자녀 관계는 자율성과 통제 차원에 있어서 아동기와는 달리 미묘한 갈등과 도전을 받게 된다. 발달 단계상 자율성을 점점 더 누리고자 하는 청소년의 요구와 부모가 기존에 해 오던 양육 행동 간에는 불일치가 생기게 된다. 그러므로 양자 간에 자율성과 통제 면에서 새로운 합의점을 찾아야 하며, 이 과정에서 청소년은 자율성 획득과 부모와의 애착 사이에서 균형을 유지해야 되는 새로운 과제에 부딪치게 된다.

특히 부모의 양육 태도 중 지나친 통제는 청소년 자녀의 자율성을 저해하는 요인으로 작용할 뿐만 아니라 부모–자녀 간의 갈등을 유발할 수 있다. 왜냐하면 청소년들이 성장했음에도 불구하고 부모가 물리적으로 처벌하거나 지나친 복종을 강요하는 등의 통제를 가하는 것은 청소년들에게 무리하거나 부당한 요구로 인식될 수 있기 때문이다. 청소년들은 이미 인지적으로 형식적 조작 사고가 발달하였기 때문에 부모가 다소 무리한 통제를 가할 경우에는 청소년 자녀들이 납득할 수 있도록 합당한 설명을 수반하여야만 부모–자녀 간의 갈등을 줄일 수 있다. 일반적으로 통제 수준이 높은 독재적 부모의 청소년 자녀들은 낮은 수준의 자율성을 보인 반면, 민주적 부모 밑에서 자란 청소년들은 비교적 높은 수준의 자율성을 나타냈다(Kandel & Lesser, 1972).

그러므로 청소년기에 접어들면 부모는 자녀에 대한 통제의 수준을 낮추고 자유의 폭을 넓혀 주어야 한다. 또한 청소년 자녀가 하고자 하는 일이나 관심, 그리고 그들이 선택한 결정을 존중해 주는 것이 궁극적으로는 자녀가 자율성을 획득하고 독립적으로 성장하도록 도와주는 것이다.

예를 들어, 원만한 부모-자녀 관계를 위해서는 자녀에게 사랑과 지지를 보내되 합리적인 방법으로 통제하는 '권위 있는 양육 방식(authoritative parenting)'이 효과적이다. 부모가 높은 자아존중감을 지닌 경우, 자신의 중년기에 발달 단계상 어려움이 있더라도 순조롭게 극복하며, 청소년기 자녀에게 실질적으로 심리적, 정서적인 안정감을 제공할 수 있다.

(3) 상호 의존적인 부모-자녀 관계

청소년기 자녀들과 부모와의 관계에서 보이는 의존성(dependence)은 아동기에 부모를 향한 의존성과는 전혀 다른 양상을 보인다. 청소년들은 부모에게 의존하던 생활을 재조정하여 부모-자녀 간에 상호 의존성(interdependence)을 형성하게 된다(허혜경 외, 2015). 이때 상호 의존성은 부모로부터의 완전한 독립이나 배타성을 의미하는 것은 아니다. 상호 의존성은 청소년들이 자율성을 확보하기 시작하여 좀 더 독립적이기를 원할 때, 부모가 성숙한 태도를 보이며 자녀들이 원하는 부분을 조정하거나 허락해 주는 방식으로 상호 영향을 주는 관계를 가지는 것이다. 이렇듯 청소년기는 부모와 자녀가 상호 이해, 협상, 공동 의사 결정, 상호 존중 등 아동기와는 질적으로 다른 방식으로 운영되어야만 한다. 청소년이 자율적이면서, 부모와 상호 의존적인 관계를 가지는 것은 상호 배타적인 것이 아니라 오히려 청소년기 가족 관계의 질적 변화를 나타내는 상호 보완적인 면모라 할 수 있다.

3) 성인 자녀와 노부모와의 관계

가족 구성원 간의 가족 관계는 각 세대의 발달 단계에 따라 역동적으로 변화하므로 노년기 가족도 가족 체계 내의 역할 변화를 수용하여야 한다. 가족 관계는 가족 구성원 간의 인간관계로서 비교적 비타산적이고 무조건적이며 비합리적인 속성을 지닌다(임재옥 외, 2015). 가족 관계는 개인의 발달 주기, 가족생활주기, 사회·문화적 배경, 경제적 조건 등에 따라 상호 작용의 유형이 다양하다. 특히 노년기에는 은퇴 등으로 인하여 2차 집단과의 관계가 축소되면서 노인의 관심사가 가족이나 자녀에게로 집중된다. 노년기의 가족 관계는 노인들에게 중요한 사회적 지지를 제공해 주고, 안정감, 유대감, 소속감 등을 제공해 주는 가장 중요한 사회 관계망이라 할 수 있다(권중돈, 2013).

부모-자녀 관계는 평생 동안 지속되는 관계로서, 부모가 자녀를 성인으로 키워 독립시킨다고 해서 관계가 종료되는 것이 아니라 오히려 그 시기부터 부모-자녀 간 상호 작용 양식은 더욱 복잡해져 간다(김태련 외, 2008).

노부모-성인 자녀와의 관계는 중요한 두 가지 측면이 있다(신용주 외, 2016).

첫째, 노부모와 성인 자녀의 관계는 노부모가 비교적 건강을 유지하는 한 양방향적 상호 작용이 이루어진다. 부모는 성인 자녀의 가사일을 도와주거나 정서적 지지, 조언, 손자녀 돌보기 등과 같은 지원을 제공할 수 있다. 노부모가 자녀에게 도움을 제공할 수 있는지 여부는 자녀의 발달 단계, 부모-자녀 관계의 질, 자녀와의 지리적 접근성 등에 달려 있는데 가장 영향력 있는 요인은 부모가 가진 경제적 능력과 신체적 건강 등의 자원이라 할 수 있다(김태련 외, 2008).

둘째, 노부모와 성인 자녀의 관계에서는 적절한 독립심과 의존성이 관건인데, 예를 들어, 성인 자녀의 성숙과 독립심의 증가 및 노부모의 심리·정서적, 경제적, 신체적 의존성의 증가는 노부모-성인 자녀 관계의 질을 결정할 수 있다. 부모가 성인 자녀에게 가장 원하는 것은 심리적 및 정서적 교류인데, 이는 노부모가 자녀에게 제공하는 정서적 도움에 따라서 자녀의 부양 부담감과 부양 만족감에 영향을 미치기 때문에 노부모뿐 아니라 성인 자녀에게도 중요하다(옥선화 외, 2008). 부양 부담감이란 성인 자녀가 노부모를 부양하는 과정에서 직면하게 되는 신체적 부담, 사생활 부족, 경제적 및 심리적 부담감 등을 의미하며, 부양 만족감은 노부모 부양을 통해 노부모와의 관계가 증진되며 노부모로부터 육아나 가사의 지원을 받거나 노화에 대한 지식을 습득하면서 성숙해 가는 것, 가족들로부터 부모를 잘 모신다는 것을 인정받는 것, 자식으로서 도리를 다 한다는 떳떳함 등을 말한다(서소영 외, 1998).

최근에는 노부모와 성인 자녀 관계를 노부모를 부양하는 일방적인 수직적 관계가 아닌 상호 호혜적인 관계로 변해 가는 추세이다. 부모-자녀 간에 원조 유형은 다양하여 성인 자녀가 부모에게 일방적인 원조만을 제공하는 것이 아니라 상호적이거나 부모가 일방적으로 성인 자녀를 원조하는 경우도 있다. 부모는 일반적으로 자녀에게 더 많은 도움을 주는 편이나, 부모의 연령, 건강이나 경제적 여건에 따라 달라질 수 있다. 따라서 부모와 성인 자녀의 관계에서 어느 일방이 원조의 제공자이거나 수혜자라고 쉽게 판단하기 어려우며, 노부모-성인 자녀 간의 교류는 주로 상호 호혜적인 것으로 이해된다(김태현, 2007).

성인 자녀와 부모와의 관계에 미묘하게 작용하는 심리를 발달적 연속성의 개념으로 설명할 수 있다. 이는 노부모는 이제껏 자녀에게 많은 투자를 해 왔고, 자녀의 존재는 자신의 연속성을 상징하는 것이므로, 자녀와의 관계에 더 많은 비중과 의미를 부여하게 된다. 반면 자녀는 자율성의 표현으로 부모로부터의 독립을 강조하므로 부모의 존재에 상대적으로 비중을 덜 두려 한다.

노부모와 성인 자녀와의 관계에 있어서 애정을 기초로 유대 관계가 지속될 때 관계의 만족도와 질은 상승한다(김양희 외, 2011). 사회적 관계가 점차 감소되는 노년기에 있어서 가족 구성원, 특히 자녀를 통해 사회적 관계를 유지시킨다는 측면에서 성인 자녀와의 유대감은 노년기의 발달 과업 중 중요한 심리적 및 사회적 측면이라 할 수 있다.

참고문헌

권석만(2014). **젊은이를 위한 인간관계의 심리학.** 서울: 학지사.

권중돈(2013). **노인복지론.** 서울: 학지사.

김정옥, 박귀영, 유가효, 전귀연, 홍계옥, 홍상욱(2012). **가족 관계.** 경기: 양서원.

김종운, 박성실(2016). **만남 그리고 성장을 위한 인간관계 심리학.** 서울: 학지사.

김태련, 조혜자, 이선자, 방희정, 조숙자, 조성원, 김현정, 홍주현, 이계원, 설인자, 손원숙, 홍순정, 박영신, 손영숙, 김명소, 성은현(2008). **발달심리학.** 서울: 학지사.

신용주(2015). 조부모됨과 조부모 역할 다시보기. Andragogy Today, 18(4), pp. 29-47.

신용주, 김혜수(2011). **대학생을 위한 부모교육.** 서울: 학지사.

신용주, 김혜수(2016). **노인복지론.** 경기: 공동체.

신용주, 김혜수(2017). **다음 세대를 위한 부모교육.** 서울: 학지사.

오영희, 엄정애(1997). **부모와 자녀.** 서울: 동현출판사.

유성호, 김형수, 모선희, 윤경아(2015). **현대 노인복지론**(5판). 서울: 학지사.

이숙, 우희정, 최진아, 이춘아(2010). **부모교육.** 서울: 학지사.

정옥분, 정순화(2000). **부모교육: 부모 역할의 이해.** 서울: 양서원.

한정란, 이성호, 강승혜, 김미옥, 김은정, 김혜수(2005). **청소년의 자율성과 창의성 계발을 위한 부모교육 방안 연구.** 한국청소년개발원.

허혜경, 김혜수(2015). **청년심리와 교육.** 서울: 학지사.

허혜경, 박인숙, 김혜수(2017). **현대사회와 가정.** 서울: 동문사.

Collins, W. A., Lausen, B., Mortensen, N., Luebker, C., & Ferreira, M.(1997). Conflict processes and transitions in parent and peer relationships: Implications for autonomy and regulation. *Journal of Adolescent Research, 12*(2), pp. 178-198.

Hammer, T. J., & Turner, P. H.(1990). *Parenting in contemporary society.* Boston: Allyn & Bacon.

Hill, J. P.(1980). The family. In M. Johnson (Ed.), *Toward adolescence: The middle school years. Seventy-ninth yearbook of the National Society for the Study of Education.* Chicago: University of Chicago Press, pp. 32-55.

Hill, J., & Holmbeck, G.(1986). Attachment and autonomy during adolescence. In G. Whitehurst (Ed.), *Annals of child development.* Greenwich, Conn.: JAI Press.

Kandel, D., & Lesser, G.(1972). *Youth in two worlds.* San Francisco: Jossey-Bass.

Newman, B. M., & Newman, P. R.(1984). *Development through life: A psychological approach* (3rd ed.). The Dorsey Press.

Papini, D. R., Roggman, L. A., & Anderson, J.(1990). Early adolescent perceptions of attachment to mother and father: A test of the emotional distancing hypothesis. Paper presented at the meeting of the Society for Research in Adolescence, Atlanta.

Rice, K. G.(1990). Attachment in adolescence: A narrative and meta-analytic review. *Journal of Youth and Adolescence, 19,* pp. 511-538.

Erikson, E. H.(1963). *Childhood and society.* NY: Norton.

Marriage & Family

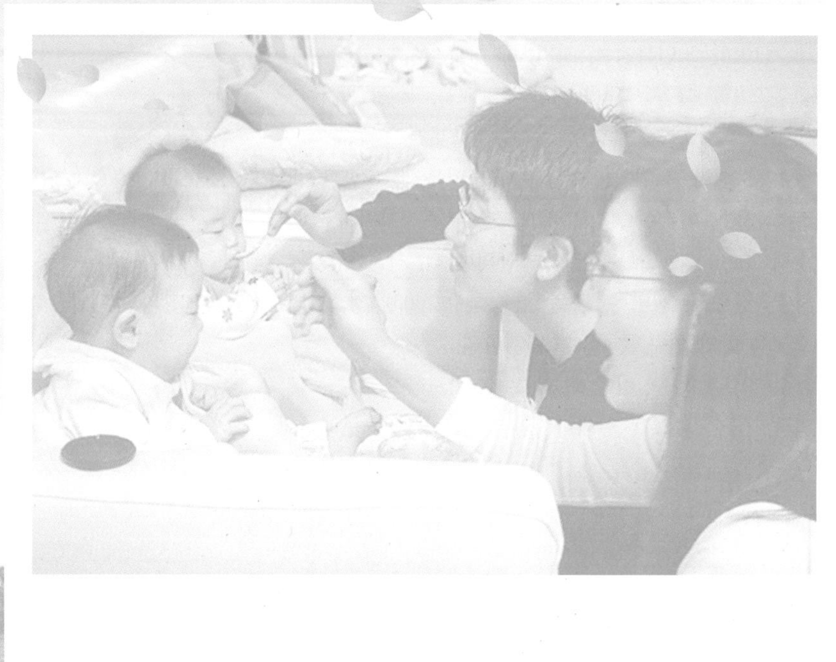

1. 부모 역할의 특성

부모 역할(parenting)은 자녀를 둔 성인 남녀가 가정에서 수행하는 가장 중요한 역할 중 하나이다. 부모 역할이란 첫째, 자녀를 양육하는 것으로 자녀를 낳아서 그 자녀가 성장하여 성인이 되어 독립할 때까지 돌보는 것을 의미하며, 둘째, 부모로서 행동하는 것으로서 최근에는 하나의 기술(technique)이며, 역할, 기대, 태도 등을 포함하는 개념을 의미한다(최혜순, 2013).

부모 역할의 일반적인 특성을 정리해 보면 다음과 같다(류왕효, 2009).

- 부모 역할은 부모에세 가장 중요한 역할이다.
- 부모는 자녀에게 최초의 교사이다.
- 부모 역할은 어머니와 아버지가 함께 수행하는 팀 리더십이다.
- 부모 역할은 임신하면서부터 시작되어 부모의 죽음으로 끝난다.
- 부모 역할은 그 중요성에 비해 부모됨에 대한 준비나 교육이 부족하다.

- 부모 역할은 자녀의 특성에 따라, 그리고 자녀의 연령에 따라 달라질 수 있다.
- 부모 역할은 취소할 수 없다.

부모 역할은 임신 기간부터 시작하여 부모가 사망할 때까지 장기간 수행하여야 하는 역할이다. 또한 부모 역할은 자녀가 성장함에 따라 다양하게 변화된 부모-자녀 관계를 맺으며 수행하여야 한다. 브룩스(Brooks, 1981)는 부모 역할이란 자녀의 발달과 함께 자녀가 필요로 하는 영양, 보호, 지도 등을 위한 과정을 수행할 뿐 아니라 부모-자녀가 상호 변화되어 가는 것으로서, 자녀만 성장 발달하는 것이 아니라 부모 역시 자녀와 함께 인간관계의 기능을 향상시켜 나간다고 하였다. 즉 부모 역할은 부모의 일방적인 역할 담당(role taking)이 아니라, 부모와 자녀가 상호 발달해 가는 과정이라 할 수 있다.

일반적인 부모 역할에 해당하는 양육자로서의 부모, 개인 발달로서의 부모, 직업인으로서의 부모, 사회 구성원으로서의 부모, 그리고 교육자로서의 부모에 대해 살펴보고자 한다(박화윤 외, 2006).

1) 양육자로서의 부모

양육자로서의 부모 역할은 가정 환경 내에서 가장 대표적으로 요구되는 부모 역할이라 할 수 있다. 부모는 양육자로서 자녀가 잘 성장할 수 있도록 애정 있는 보호와 관심을 기울이며 양육한다. 양육자로서의 부모 역할의 특성은 다음과 같다.

첫째, 양육자로서의 부모 역할은 항상 자의적이거나 선택의 기회가 주어지는 것은 아니다. 부모가 된다는 것은 항상 원하거나 선택해서 되는 것도 아닐뿐더러, 설령 피임을 한다 하더라도 실패할 수 있기 때문이다.

둘째, 양육자로서의 부모 역할은 원할 때 언제든지 그만둘 수 있는 성질의 역할이 아니다.

셋째, 부모 역할을 위한 준비가 대체로 부족하다. 결혼을 하면 대부분 1, 2년 이내에 부모기에 접어들게 되며, 또한 부모기를 위한 구체적인 교육이나 경험 부족은 성공적인 부모 역할을 준비하기에 미흡한 요인으로 작용할 수 있다.

넷째, 부모 역할은 자녀의 모든 일에 대하여 총체적인 책임을 지는 것이다. 부모는 궁극적으로 자녀의 모든 일에 대한 일차적 책임자의 역할을 한다.

다섯째, 부모는 한 팀이 되어 부모 역할을 수행해야 한다. 부부가 행복한 결혼생활을 할 경우 그것이 자녀를 양육하는 데 있어 장점으로 작용하는 반면, 부부관계에 문제가 있는 경우 부모 역할을 제대로 수행하는 데 심각한 문제가 발생할 수 있다.

2) 개인 발달로서의 부모

인간 발달은 전 생애에 걸쳐 진행되므로 부모 역시 발달의 연속선상에 놓여 있다. 부모는 결혼과 부모기의 발달 과업을 수행하는 과정에서 자신에 대하여 재정의를 내리며 자아 정체성을 정립한다. 또한 부모는 자녀가 성공적으로 발달 과정을 진행하면서 자녀의 발달 단계에 적합하도록 부모로서 유능감과 정체성을 느끼고 자신의 능력을 발달시키게 된다.

3) 직업인으로서의 부모

부모에게 있어서 직업과 양육의 역할 균형을 이루는 것은 어려운 문제다. 최근에는 여성의 고등 교육 수준의 향상, 경제 활동의 확대, 양육비, 교육비 및 생활비 지출의 증가, 가사 노동 시간의 축소, 삶의 질 추구, 양성평등적 가치관 등의 요인으로 인해 여성의 사회 진출이 증가하고 있다. 부모가 모두 직업을 가지고 있는 경우 경제 부양자의 역할과 함께 자녀 양육도 해야 하므로 많은 육체적·정신적 스트레스를 갖게 된다.

4) 사회 구성원으로서의 부모

가족 기능은 지역 사회와 밀접한 연관이 있다. 부모는 사회 구성원으로 사회 조직체에 도움을 줄 수 있을 뿐만 아니라 자신의 가족이나 자녀 양육을 위해서 지원을 받을 수도 있다. 부모는 사회 조직체 내에서 사회 자원을 활용하고 학습함으로써 부모 역할을 보다 기능적으로 수행할 수 있다. 또한 부모는 사회 내에서 자녀와 가족의 권리와 의무를 지지해 줄 수 있다.

5) 교육자로서의 부모

부모는 자녀가 사회에서 효율적으로 적응하는 데 필요한 지식과 기술을 가르치는 교육자로서의 역할을 담당하여야 한다. 부모가 수행하는 교사로서의 역할 중 주요 과제는 자녀의 사회화와 함께 학습자로서의 아동 발달을 돕는 일이다(Geskwicki, 2000).

2. 부모의 책무성

부모는 자녀의 임신과 동시에 부모 역할을 수행하게 된다. 처음에는 자녀를 돌보는 양육자의 역할을 하게 되지만, 자녀가 발달함에 따라 사회화를 도와주는 다양한 역할을 수행하게 된다. 부모는 부모 역할을 수행함에 있어서 자녀의 다양한 요구를 충족시켜 주어야 할 책무성을 지닌다. 부모가 가져야 할 대표적인 책무성인 경제력 갖추기, 자녀 양육과 보호하기, 애착과 사회성 발달 지원하기, 인간관계를 형성하고 지원하기, 인성 교육하기 등에 관해 살펴보고자 한다(박화윤 외, 2006).

• 경제력 갖추기

부모는 자녀에게 필요한 의식주, 보호, 양육 및 교육 등을 제공하기 위한 최소한의 경제력을 지닐 의무를 지닌다. 부모는 자녀 양육의 일차적 책임을 지니므로 자녀의 건강한 발달을 위한 경제적 능력을 갖추고자 최선의 노력을 기울여야 한다.

• 자녀 양육과 보호하기

부모는 자녀 양육과 보호의 책무성을 지니고 있다. 자녀를 양육하고 보호하는 일차적 책임은 부모에게 있으며, 자녀의 양육과 보호의 질적 수준은 궁극적으로 부모 역할에 좌우된다.

• 애착과 사회성 발달 지원하기

부모는 자녀의 애착과 사회화의 발달을 도와주는 교사의 역할을 담당한다. 부모와 자녀의 애착 형성은 자녀의 신체적·인지적·사회적·정서적 발달에 영향을 끼친다. 또한 가정에서의 초기 사회화 경험은 자녀의 사회적 상호 작용, 학습 행동 등 전반적인 발달에 결정적인 역할을 한다.

• 인간관계 형성 지원하기

부모는 자녀가 삶 속에서 인간관계를 잘 형성할 수 있도록 지원하는 안내자 역할을 담당한다. 최근에는 핵가족화, 소가족화 현상이 두드러지므로 자녀가 다른 사람과 폭넓은 인간관계를 형성할 수 있도록 도와준다. 예를 들면, 부모는 자녀가 조부모, 삼촌, 이모, 고모, 사촌, 친구, 형제 등과 다양하게 교류하면서 풍성한 인간관계를 형성하거나 유지할 수 있도록 지원한다.

• 인성 교육하기

부모가 자녀의 인성 교육을 담당하는 것은 중요한 부모 역할 중 하나다. 어린 시절부터 자녀가 부모의 언어나 행동을 보면서 도덕적 가치를 학습하게 되므로 부모의 바람직한 모델링은 자녀가 도덕적 가치를 내면화하는 데 상당히 중요하다.

3. 어머니 역할과 아버지 역할

파슨스와 베일즈(Parsons & Bales, 1955)는 전통적인 부모 역할을 도구적 역할(instrumental role)과 표현적 역할(expressive role)로 구분하였다. 아버지는 가정의 생계 부양자로서 도구적 역할을 주로 수행하였으며, 어머니는 가족 구성원의 양육과 정서적 욕구를 충족시켜주는 표현적 역할을 수행할 때 가장 기능적이라고 보았다. 과거에는 어머니가 아버지에 비해 상대적으로 더 막중한 부모 역할을 수행했으며, 그에 따른 책임감도 더 무거운 편이었다. 그러나 이러한 성 고정 관념적으로 뚜렷하게 양분되었던 부모 역할은 사회 변화에 따라 점차 그 구분이 사라지고 있다.

1980년대부터 아버지의 중요성이 부각되면서 아버지 역할(Fathering)과 어머니 역할(Mothering)이 모두 강조되고 있다. 물론 바람직한 부모 역할은 어머니 역할과 아버지 역할을 함께 충실히 수행하는 팀 리더십이지만, 여기서는 어머니 역할과 아버지 역할을 각각 나누어 소개하고자 한다(신용주 외, 2017).

1) 어머니 역할

어머니 역할은 임신 기간부터 출산 이후 자녀의 성장 발달에 지대한 영향을 미친다. 태어나면서부터 자녀가 처음으로 대면하게 되는 사람인 어머니는 자녀의 영양 공급, 신체적 욕구 충족, 그리고 신뢰감과 애착의 형성과 같은 다양한 욕구를 일차적으로 해결해 준다. 어머니 역할의 특성을 살펴보면 다음과 같다(류왕효, 2009; 허혜경 외, 2017).

(1) 인격 형성의 역할

어머니는 자녀가 태어나서 가장 먼저 만나게 되는 대상이다. 이때부터 형성되는 어머니와의 애착은 이후 자라서 형성하게 되는 인격의 기초를 이루게 된다. 특히 어머니의 사회화 과정, 양육 방식, 그리고 수유나 배변 훈련 등의 신체적 보살핌이 어떻게 이루어지는지와 같은 생애 초기 경험은 아동의 성격 형성에 결정적인 영향을 미친다.

(2) 여성의 성 역할 모델

어머니는 아동이 최초로 만나는 여성으로서, 자녀에게 여성의 존재를 알게 하는 역할을 한다. 자녀는 어머니를 보고, 듣고, 말하고, 느끼고, 상대하는 과정에서 어머니를 여성의 대표성을 가지는 사람으로 경험하게 된다. 자녀에게 '어머니와 같은 여성'이 가치 판단의 기준으로 자연스럽게 자리 잡게 되어, 어머니와 같은 여성에게 친근감과 편안함을 가지고, 호감을 느끼게 된다. 반대로 어머니에 대한 경험이 부정적일 경우에는 그와 같은 여성에 대하여 부정적인 인식이 생길 수 있다.

(3) 대화자·중재자의 역할

어머니는 자녀를 보살피면서 자녀의 상호 작용 능력을 발달시킨다. 어머니와 자녀의 상호 작용은 대화를 통한 언어적 의사소통뿐만 아니라 비언어적 의사소통까지도 포함한다. 어머니의 양육 행위는 자녀에게 자극을 제공하며, 상호 작용과 사회화를 통해 장기적으로 자녀의 삶의 질을 결정할 수 있는 다양한 반응들을 창출한다는 데 의의가 있다. 자녀가 무엇을 원하고 느끼는지, 무엇을 하고 싶은지, 상대방이 어떠한지 등을 지각하게 되어 사회화 과정에 성공하게 된다.

변화하는 자녀의 성장 환경 속에서 언어적으로 중재하는 어머니의 언어적 능력은 자녀의 발달에 상당한 영향을 미친다. 또한 어머니는 가족 개개인을 잘 파악하여 가족 구성원 간의 관계를 대화를 통해 중재하는 역할을 한다. 아버지와 자녀, 자녀와 자녀, 기타 가족 구성원과의 관계를 중재하여 가족 관계가 원만하도록 조정하는 대화자 · 중재자 역할을 한다.

(4) 교육자의 역할

어머니는 자녀를 사랑으로 돌보는 최초의 교사이다. 자녀의 의식주와 관련된 신체적 욕구를 충족시키며, 신체 발달을 지원한다. 자녀의 삶 속에서 상호 작용하면서 희로애락의 정서를 유발시키고 또 하고 싶은 일과 하지 말아야 할 일을 구분하고 통제하면서 정서 및 심리 발달을 도모한다. 자녀의 언어 발달의 결정적 시기에 자녀와 가까이에서 끊임없이 의사소통을 하여 언어 발달을 촉진시킨다.

(5) 부양 실행자의 역할

어머니는 가족 부양의 세부적인 실행자 역할을 수행한다. 과거에는 아버지가 가족 부양의 도구적 역할을 수행하여 경제적으로 감당하는 반면, 어머니는 생활의 필요에 맞게 경제를 분배하고 통제하며, 가족 구성원을 양육하거나 돌보는 표현적 역할을 담당하였다. 그러나 최근에는 여성의 사회 참여가 확대됨에 따라 가족 부양의 역할과 함께 생계 부양 실행자의 역할을 담당하는 취업모가 증가하고 있는 추세이다.

(6) 기타

이외에도 어머니는 가정에서 필요한 모든 일을 주관하는 가사 전담자의 역할을 수행한다. 최근에는 양성평등한 가족 문화가 확산되어 부부가 가사 분담을 하는 경우도 있다. 그러나 아직까지는 어머니가 주로 가사를 전담하고, 아버지나 다른 가족 구성원이 일부를 분담하는 경우가 많다.

어머니의 경우에는 자녀와 신체적 움직임이 적고 조용한 상호 작용, 즉 정적인 상호 작용을 주로 하는 반면, 아버지는 자녀와 놀이와 양육 행동을 통해 보다 역동적인 상호 작용의 특성을 보인다.

2) 아버지 역할

아버지는 자녀가 태어나서 처음 접하게 되는 남성으로, 어머니와 함께 자녀의 성장 발달에 중요한 영향을 준다. 아버지는 어머니와 함께 교육자의 역할과 성 역할 모델을 수행한다. 아버지의 양육 행동과 태도, 어머니와의 애정적인 관계와 협력, 가족 구성원과의 바람직한 관계 형성 등은 자녀의 균형적인 발달에 필수적이다. 어머니가 신체적, 정서적, 언어적인 면에서 자녀에게 주로 영향을 미치는 데 비해 아버지는 자녀의 사회성 발달, 인지 발달, 성취 동기, 도덕성 측면에서 영향을 미친다. 최근에는 아버지 역할도 어머니 역할에 못지않게 중요하다는 인식이 확산되고 있다. 아버지 역할의 특징을 살펴보면 다음과 같다(류왕효, 2009; 오영희 외, 2012; 허혜경 외, 2017).

(1) 남성의 성 역할 모델

아버지는 자녀가 처음 만나게 되는 남성이다. 자녀에게 아버지는 남성의 대표성을 가진 사람으로서, 아버지를 통해 남성이 하는 일을 경험하게 된다. 자녀에게 아버지는 남성에 대한 가치 판단의 기준이 되어, '남성은 아버지와 같은 사람'이라 여기게 된다.

아버지는 남성성과 여성성의 문화적 개념을 자녀에게 일차적으로 전달하는 사람으로(Lamb, 1981), 아들뿐만 아니라 딸의 성 역할 행동에도 많은 영향을 미친다. 아버지가 내리는 의사 결정은 아들의 자아개념, 남성성과 여성성, 성 역할 행동의 선택 등에 영향을 주며, 나아가 이성과의 관계에도 영향을 미치게 된다.

(2) 사회성 발달

아버지가 따뜻하고 민감하게 행동하여 자녀와 안정된 애착 관계를 형성할 경우 자녀는 다른 사람과의 긍정적인 관계 능력을 함양할 수 있다. 아버지와의 애착 관계를 통해 자녀는 정서적 안정에 도움을 받을 수 있으며, 이러한 아버지와의 관계에서 축적된 긍정적인 경험은 자녀의 사회성 발달에 중요한 학습원이 된다.

자녀 양육에 적극적으로 참여하는 아버지는 자녀에게 이타주의와 관대함을 길러 주며, 특히 아버지와 동일시하고 아버지의 도덕성을 내면화하는 아들을 양육한다(Hoffman, 1970).

또한 자녀들은 아버지가 자신을 대하는 방식을 통해 의사소통 기술과 사회성을 발달시킨다. 아버지가 애정적일 경우 남아는 높은 자아존중감을 가지며 성격도 잘 조절한다. 아버지가 양육적일 경우 여아는 이성 관계에 적응하기 쉽고 행복감을 느끼는 반면, 아버지가 소원할 경우 심리적 부적응을 겪을 수 있다.

(3) 인지 발달

아버지는 자녀의 양육 행동에 있어서 어머니에 비해 상대적으로 더 역동적이다. 특히 아버지는 어린 자녀의 놀이 상대가 됨으로써 인지 발달에 긍정적으로 기여한다. 아버지는 다양한 놀이 상황에서 자녀들에게 칭찬, 격려, 자극 등을 제공하며 자녀의 인지 발달을 촉진시킬 수 있다.

아버지의 양육과 자녀의 인지 발달의 관련성은 여아보다 남아에게서 더 명백하게 나타났다. 예를 들면, 양육적인 아버지를 가진 남아들은 아버지와의 동일시를 통해 지적인 과제에서 향상된 능력을 나타냈다.

(4) 성취 동기

아버지는 자녀의 성취 동기에 상당한 영향을 미친다. 특히 학업, 직업, 경제적 생활 등의 영역에서 자녀에게 포부를 갖게 하고 성취 동기를 부여하는 데 아버지의 역할은 결정적이다.

아버지와 자녀가 친밀한 관계를 유지하고, 또 아버지가 권위가 있으면서도 민주적으로 양육할 경우 남아 및 여아 모두 높은 성취 동기를 가진다. 반대로 성취 동기가 낮은 남아들은 아버지와 부적절한 관계를 가지고 있으며, 자신의 아버지를 적대적으로 생각하는 경향이 있다. 여아의 경우에는 아버지가 딸에게 지적 수행을 격려한 경우에만 성취 욕구를 증가시키는 것으로 나타났다.

4. 부모양육이론

1) 갈린스키의 부모양육이론

부모는 가정에서 자녀의 사회화를 담당하는 중요한 역할을 한다. 자녀는 출생 후부터 영유아기, 아동기, 청소년기를 지나 진학, 취업, 결혼 등으로 부모를 떠나 독립할 때까지 지속적으로 성장·발달하는데, 이 과정에서 가장 훌륭한 최초의 교사가 바로 부모이다. 한 생명을 잉태하는 순간부터 세상을 떠나는 시점까지 진행되는 부모기는 자녀 발달 양상에 따라 함께 변화한다.

이와 같이 자녀들의 성장 발달에 따라 변화되는 부모 역할 및 수행해야 할 과제에 대하여 갈린스키(Galinsky, 1980)는 성장하는 부모기의 6단계 이론(the six stages of parenthood)을 정립하였다. 발달심리학자인 갈린스키는 부모기를 성인의 발달 과정으로 보았으며, 생명을 잉태하는 시기부터 자녀의 발달 단계와 맞물려 발달해 가는 부모의 발달 단계를 다음과 같이 나누었다.

- 이미지 형성 단계(image-making stage): 출산 및 부모기에 대한 준비
- 자녀 양육 단계(nurturing stage): 자녀의 영아기
- 권위 형성 단계(authority stage): 자녀의 유아기
- 설명하는 단계(interpretive stage): 자녀의 학령기
- 상호 의존하는 단계(interdependent stage): 자녀의 청소년기
- 떠나보내는 단계(departure stage): 성장한 자녀가 가정을 떠나는 시기

Ellen Galinsky

부모기는 연습이 없이 이루어진다는 점이 특징이다. 바람직한 부모기를 보내기 위해서는 인간 발달에 대한 이해와 대인 관계의 기술이 요구된다. 갈린스키가 제시한 부모 역할의 6단계의 특징을 살펴보면 다음과 같다(김명희, 2011; 신용주 외, 2017; 허혜경 외, 2017).

(1) 이미지 형성 단계

첫 번째 단계는 이미지 형성 단계(image-making stage, 예비 부모기)로서 부모 역할을 어떻게 수행할 것인지에 대하여 생각하고 이상적인 부모 역할을 연습하는 시기이다. 이 단계는 부모기를 준비하는 예비 부모기로서, 부모들이 출산과 부모기에 대한 이미지를 형성하는 시기이다.

이 시기에는 태아에게 애착을 갖기 시작하며, 출산을 준비한다. 또한 임신한 것에 대한 성취감, 여성이란 존재의 재확인, 인간 창조로 인한 자긍심, 자녀가 생기는 것에 대한 환희 등을 느낀다. 한편 태어날 자녀와 출산 과정에 대한 두려움과 부모로서의 책임감을 느끼기도 한다. 예비 부모들은 자신의 부모보다 더 나은 부모가 될 것을 기대하고 다짐하며, 자신의 부모 이미지를 형성해 간다.

(2) 자녀 양육 단계

두 번째 단계는 자녀 양육 단계(nurturing stage)로서 자녀의 출생 후부터 애착 관계를 형성하는 약 2세 정도까지이다. 이 단계에서는 부모와 영아 간에 신뢰롭고 안전한 애착을 형성하는 일이 중요하다. 애착 형성에서 자녀의 초기 경험과 부모와의 접촉이 자녀의 인생에 장기적으로 영향력을 미치기 때문이다. 부모는 새로운 가족 구성원이 된 영아를 양육하면서 가족 내 불균형을 바로잡고 부모 자신의 자아감도 재정의할 필요가 있다.

부모는 자녀 양육으로 인해 부부 관계에 소홀하거나, 예상치 못한 자녀의 기질과 성격, 육아의 어려움으로 인해 당황할 수 있다. 따라서 부모는 자녀에 대한 기대와 현실 간의 차이를 인정하고 자녀와 애착을 형성하면서 자녀와 적응하는 부모기로의 성공적인 전이가 필요하다.

(3) 권위 형성 단계

세 번째 단계는 권위 형성 단계(authority stage)로서, 자녀가 어린이집이나 유치원에 들어가는 시기인 2~5세까지이다. 이 시기 유아들은 어린이집, 유치원 등과 같은 기관에서 2차 사회화 과정을 거치게 되며 성 역할을 습득하고, 자아개념을 형성하며, 인성의 틀이 만들어지는 성격 발달의 중요한 시기이다. 이 시기에 부모는 자녀에게 좋은 본보기(modeling)가 됨으로써 부모로서의 신뢰감과 권위를 형성해 나가는 시기이다.

또한 자녀와 어떻게 상호 작용하며 의사소통할 것인지를 선택하는 시기이기도 하다. 부모는 자녀의 발달을 이해해야 하며, 자녀가 고집부릴 때 다루는 기술, 자녀의 변화에 대처하는 기술 등을 익혀 놓아야 한다. 때로는 부모의 기대와는 다르게 커가는 자녀를 보면서 예상치 못한 실망감이 생기기도 하지만, 자녀의 발달적 욕구에 따른 행동의 옳고 그름, 적절성과 부적절성 등 책임감을 수용하고 자녀를 능가할 수 있는 권위를 가져야 한다.

(4) 설명하는 단계

네 번째 단계는 설명하는 단계(interpretive stage)로서, 만 4, 5세부터 12, 13세 정도까지이다. 자녀가 유치원이나 초등학교에 입학하면 부모는 부모기(parenthood)에 대한 이미지를 검토하고, 그 이미지가 얼마나 실현되었는지 스스로에게 되묻는 단계다.

부모는 상황에 따른 현실을 어떻게 설명하고, 자녀들의 질문에 어떻게 답하고, 훈육하고, 가르칠 것인지를 생각해야 한다. 부모는 자녀의 기술 습득을 돕고 가족의 가치를 자녀에게 전달하는 역할을 한다. 또한 어떠한 가치관으로 자녀의 잠재력을 발굴하여 향상시켜 줘야 하는지 탐색하는 시기이다.

특히 이 시기는 자녀가 개별화와 분리에 대한 욕구가 충돌하는 시기이므로, 부모는 자녀의 발달을 지원하며, 자녀와의 다양한 갈등을 효과적으로 처리하는 기술도 요구된다. 또한 가족의 역할과 권위를 재조정함으로써 부부의 경계와 자녀의 경계를 재설정할 필요가 있다.

(5) 상호 의존하는 단계

다섯 번째 단계인 상호 의존하는 단계(interdependent stage)는 자녀가 10대인 시기부터 성인이 되기 전까지 계속된다. 신체적 성장 급등, 성적 성숙, 이성에 대한 관심, 자율성 증가 등으로 인해 청소년 자녀들은 심한 스트레스를 받게 된다. 청소년 자녀를 둔 부모는 훌쩍 자란 자녀의 모습을 발견하고, 자녀와의 관계 속에서 어떻게 상호 작용을 할 것인지 고민하게 된다. 자녀가 사춘기를 맞이하게 되면, 부모는 자녀를 성적 욕구를 지닌 존재로 받아들여야 하며, 자녀의 자율성, 독립에 대한 욕구, 그리고 자아 정체감 등을 인정하고 이를 충족시킬 수 있도록 지원하는 것이 중요하다.

청소년기 자녀들은 심리적 갈등과 정서적 불안감이 증가하고, 현실과 이상, 기존의 가치와 새로운 가치 간의 갈등을 겪으며, 자신의 진로와 자아 정체감을 획득하기 위하여 고민하므로, 부모의 깊은 관심과 배려가 필요하다.

부모는 이 시기에 중년기의 스트레스를 받게 되게 되며, 자녀들이 성장하여 부모로부터 심리적으로 점차 멀어지게 되면서 빈 둥지 증후군, 삶의 허탈감 등과 같은 심리적 갈등을 겪기도 한다.

(6) 떠나보내는 단계

마지막 단계는 떠나보내는 단계(departure stage)로서 자녀가 가정을 떠나는 시기이다. 부모는 부모기의 모든 경험을 평가하고, 자녀를 떠나보내며, 부모의 권위를 자녀에게 이양시키는 것이다. 그동안 키워 온 자녀에 대해 평가하고, 떠나는 자녀와 자신과의 이미지를 생각하며, 성공과 실패를 맛보기도 하는 시기이다.

부모 입장에서 자녀를 떠나보낼 준비가 이루어져야 하며, 자녀를 떠나보낸 상황에서 부부 관계를 새롭게 재정립하는 시기이기도 하다. 이와 같이 떠나보내기 위한 준비, 떠나보내고 나서의 적응, 자녀가 떠난 후 변화된 부모 역할에의 적응, 부부 관계의 변화 등을 경험하는 단계이다.

아울러 부모는 자녀를 잘 키웠나, 부모로서 살다보니 나의 존재는 무엇인가 등과 같은 부모기 동안의 자신에 대하여 평가해 보게 된다. 또한 '나는 엄마, 아빠처럼 살 거야.' '엄마, 아빠처럼 살지 않을 거야.' 등과 같은 자녀의 냉정한 평가에도 직면하게 된다.

요약해 보면, 갈린스키가 부모기의 6단계 이론에서 제시한 부모 역할은 본질적으로 정체되기보다는 발달 단계에 따라 변화한다는 것이며, 그 상호 작용과 역동성은 양방향적이라는 것이다. 부모 역할은 자녀의 성장과 함께 변화하는 발달의 과정이며 오랜 기간에 걸쳐 지속되는 과정이다. 평균 수명이 연장됨에 따라 부모 역할을 수행해야 하는 기간이 과거보다 더 늘어났다. 효과적인 부모 역할을 위하여 자녀의 발달적 요구와 부모의 발달적 요구를 조화시키면서 부모 역할을 수행하여야 한다.

2) 바움린드의 양육 유형

부모의 양육 유형은 두 가지 차원으로 설명할 수 있다(허혜경 외, 2015).

첫 번째는 부모가 자녀에게 베푸는 사랑과 따뜻함의 정도다. 이것은 사랑과 증오(love-hostility) 또는 따뜻함과 거부(warmth-rejection) 등 학자에 따라 사용하는 용어는 다양하나, 그 개념은 비슷하다. 두 번째는 부모가 자녀에게 허용하는 자율성과 통제(autonomy-control)다. 자율성이란 자녀가 부모나 다른 성인의 영향력으로부터 자유를 획득하고자 하는 과정이다. 자율성과 통제 차원은 청소년기에 접어들면서부터 자율성을 점점 더 누리고자 하는 청소년 자녀의 요구와 부모가 기존에 해 오던 양육 행동 간에 미묘한 갈등과 도전을 받게 된다.

Diana Baumrind

바움린드(Baumrind, 1971; 1973; 1991)는 유아 교육 기관에 다니고 있는 유아들의 행동 특성에 따라 부모 양육 유형(parenting style)을 분류하였는데, 부모 양육 유형을 애정(responsive)과 통제(demanding)라는 두 요인으로 설명하였다. 그녀는 부모가 자녀에게 표현하는 애정의 정도, 그리고 규칙의 분명함과 적용에서의 일관성으로 표현되는 통제의 정도에 따라 부모 양육 태도를 다음 3가지로 나누어 살펴보았다(허혜경 외, 2017).

첫째, 애정과 통제 수준이 모두 높은 민주적인 양육 형태로 바람직하게 여겨지는 권위 있는 양육(authoritative parenting), 둘째, 애정은 낮으나 통제 수준이 높은 독재적인 양육(authoritarian parenting), 셋째, 애정은 높으나 통제가 적은 허용적인 양육(permissive parenting)이며, 그 특징은 다음과 같다.

(1) 권위 있는 양육(authoritative parenting)

권위 있는 양육 유형의 부모들은 자녀를 애정과 수용으로 대하여 어느 정도 제한된 범위 내에서 아동이 자율성을 갖도록 격려한다. 부모가 민주적이고 합리적인 방식으로 통제할 경우 이성적 설득과 명백한 권위 혹은 심리적 강화 등을 통제할 줄 아는 사람으로 자라도록 한다. 또한 부모-자녀 간의 의사소통이 잘 이루어지는 바람직한 양육 유형이다.

(2) 독재적인 양육(authoritarian parenting)

독재적인 양육 유형의 부모들은 자녀를 통제하는 방식이 강압적이다. 자녀의 행동을 통제하는 데 체벌이나 강압적 방법을 사용하기도 하고 독재적 행동을 하며 부모가 내린 결정이나 규칙을 절대적으로 준수하도록 강요하며 자녀에게 나이보다 성숙한 행동을 요구한다. 이 경우 자녀는 쉽게 불안정해지며, 퇴행적이고 신뢰심이 적고 또래 집단에 흥미가 없는 아동으로 자라게 된다. 부모는 자녀에 대한 애정과 동정심이 적고, 양육하는 데 융통성이 없으며, 자녀들과 원활한 의사소통을 하지 못한다.

(3) 허용적인 양육(permissive parenting)

허용적인 양육 유형의 부모들은 자기 신뢰감 수준이 낮고, 자기 통제력이 부족하며, 온정적이기는 하나, 자녀를 통제하지 못하고 자녀에게 성숙된 행동을 요구하지도 않는다. 부모는 자녀에게 친구같이 여겨지며, 자녀에게 자유를 제공하지만 훈육은 거의 하지 않는다. 가정도 체계적으로 운영하지 못하는 허용적인 부모를 둔 자녀들은 미숙하고, 의존도가 높으며, 자아 통제력이 낮고, 새로운 경험을 회피하려는 경향을 보인다.

이후 맥코비와 마틴(MacCoby & Martin, 1983)은 바움린드의 양육 유형을 더욱 발전시켰다. 그들은 바움린드의 허용적인 양육(permissive parenting)을 방임적인 양육(indulgent parenting)으로 명명하였으며, 애정과 통제 수준이 모두 낮은 무관심한 양육(neglectful parenting)을 포함하여 4가지 양육 유형을 제시하였다(https://en.wikipedia.org/wiki/Parenting_styles).

〈표 12-1〉 맥코비와 마틴의 양육 유형

	통제적 (demanding)	비통제적 (undemanding)
애정적 (responsive)	권위 있는 양육 (authoritative parenting)	방임적인 양육 (indulgent parenting)
비애정적 (unresponsive)	독재적인 양육 (authoritarian parenting)	무관심한 양육 (neglectful parenting)

출처: https://en.wikipedia.org/wiki/Parenting_styles, 수정.

방임적인 양육(indulgent parenting)은 허용적이고(permissive), 비지시적이며(non-directive), 자유분방한(libertarian) 양육 방식이다. 방임적인 부모는 자녀에게 바른 행동도 요구하지 않으며, 적절하게 행동하도록 규제하지도 않는, 즉 행동적 기대 수준과 통제 수준이 상당히 낮은 것이 특징이다. 방임적인 부모는 애정 수준은 높으나, 양육에 대한 책임감이 낮아, 방임적인 부모 슬하에서 자라난 청소년의 경우 비행이나 반사회적 행동을 할 경향이 높은 것으로 나타났다.

무관심한 양육(neglectful parenting)은 애정과 통제 수준이 모두 낮으며, 자녀 양육에 관여하지 않는 양육 유형이다. 양육 유형 가운데 가장 부정적인 유형으로, 부모가 양육에 관심이 없어 자녀와 정서적 유대 관계를 맺지 못하고 양육에 거의 참여하지 못하는(uninvolved) 유형이다. 또한 자녀와의 애착 수준은 상당히 분리적이며(detached), 자녀의 감정이나 의견에 부정적이고(dismissive), 자녀 양육에 관심이 없는(hands-off) 특성을 보인다. 자녀에 대한 어떠한 요구와 책임도 지지 않으려 하며, 심할 경우 자녀를 거부하는 극단적인 양상을 보이기도 한다. 무관심한 부모 밑에서 양육된 아동은 정서적으로 고립된 특성을 보이거나, 의존적이거나, 화를 잘 내고 충동적인 경향을 보인다.

이와 같이 부모의 자녀에 대한 양육 태도가 다양하게 나타나는 것은 부모들의 사회 경제적인 지위, 가정 환경, 가족 구조 등이 부모와 자녀와의 관계, 부모의 태도, 요구 및 기대에 영향을 미칠 수 있기 때문이다(Simons et al., 1990). 현대 사회에서 부모의 양육은 신체적·심리적·사회적 양육 과정이 모두 포함된 통합적인 역할이 강조되므로 다양한 부모 양육 유형을 이해할 필요가 있다.

3) 가트맨의 감정코치 양육 모형

John. M. Gottman

가트맨(Gottman, 2007)은 기노트(Ginott)의 인본주의 부모교육이론을 기초로 하여 감정코치 양육 모형을 제시하였다. 가트맨은 부모와 자녀는 감정과 정서의 교류가 이루어지는 관계이므로 감정이 수반될 수밖에 없으며, 이에 따라 좋은 양육법이란 지성 이상의 것을 필요로 한다고 보았다. 또한 현대 사회는 이혼율이 높고 청소년 비행 등과 같은 문제점이 발생할 수 있으므로 시대적 요청에 부응하는 새로운 양육 모형이 필요하다고 보았다.

가트맨은 3,000여 가구를 대상으로 과학적인 연구를 한 결과 축소전환형, 억압형, 방임형, 그리고 감정코치형의 4가지 양육 모형을 제시하였다. 그는 모든 분야의 성공과 행복을 좌우하는 요인은 지능지수(IQ)가 아닌 정서 인식과 감정 대처 능력이라 주장하였으며, 자녀의 감정에 관여하는 부모를 '감정코치(emotion coach)'라 정의하였다(https://www.gottman.com).

가트맨이 감정코치라는 용어를 쓴 이유는 부모도 마치 운동 코치처럼 자녀에게 삶의 희로애락에 대처하는 방법을 가르쳐야 한다고 보았기 때문이다. 그는 기쁨과 행복만을 느끼게 하고 인정하는 것이 아니라, 분노, 슬픔, 두려움과 같은 부정적인 정서 속에서 인생의 교훈을 얻을 수 있으므로 이를 무시하지 않았다. 감정코치로서 부모는 자녀의 행동을 훈육하되, 감정을 제한해서는 안 된다.

그는 감정코치형을 '정서지능(EQ)'을 가르치기에 가장 바람직한 양육 모형으로 보았으며, 자녀에게 정서지능을 가르치는 데 실패한 부모의 양육 유형으로 축소전환형, 억압형, 방임형을 제시하였다. 가트맨의 4가지 양육 모형의 특징을 살펴보면 다음과 같다(최성애, 2010).

- 축소전환형 부모(dismissing parents)

축소전환형 부모는 기본적으로 감정을 긍정적 감정과 부정적 감정으로 구분하며, 분노나 슬픔 등의 부정적 감정은 쓸데없고 무시해야 하는 것이라고 생각한다. 따라서 축소전환형 부모는 자녀의 부정적 감정에 공감하지 않고, 무관심하거나 대수롭지 않게 여긴다. 또한 자녀의 부정적 감정을 다른 것으로 환기시키거나 감정을 축소하기 위해 노력하지만, 자녀의 부정적 감정은 완화되지 않는다.

축소전환형 부모의 자녀는 부정적인 감정은 나쁜 것으로 생각하고, 자신의 감정을 수용하여 해결하기보다는 감정을 전환시키거나 회피하기 위해 즉각적인 대안을 선택하여 불안감을 느끼게 된다.

- 억압형 부모(disapproving parents)

억압형 부모는 자녀의 감정들을 인정하거나 공감하기보다는 부모의 기준으로 판단하여 억누르는 유형이다. 일반적으로 억압형 부모는 결과 지향형 가치관을 가지고 있으며, 과업 달성에 지장을 주는 분노와 슬픔과 같은 부정적 감정은 약하거나 좋지 않은 성격에서 비롯되므로 빨리 버리라고 질책한다. 억압형 부모는 자녀가 부정적인 감정을 드러내는 것을 비판하고, 감정 표현을 했다는 이유로 나무라거나 벌을 주기도 한다.

자녀들은 실수를 하거나 성취도가 낮을 경우에 부모의 비난, 질책, 지시를 받으며 자랐기 때문에 자신감이 부족하고 자존감이 낮으며, 자녀도 역시 다른 사람에게 부정적인 의사소통 방식을 사용하게 된다.

• 방임형 부모(laissez faire parents)

방임형 부모는 다른 양육이론에서 사용하는 방임형(uninvolved, indulgent parents)과는 다르다. 가트맨의 방임형 부모는 자녀의 감정을 알아차리고 받아들이지만, 자녀의 부정적인 감정을 어떻게 해소해야 할 지에 대한 아무런 조치를 취하지 않는 유형이다. 방임형 부모는 자녀의 감정을 인정하고 공감하지만, 자녀의 행동을 바람직한 방향으로 이끌거나 한계를 제시하지는 못한다. 방임형 부모는 자녀의 행동을 좋은 방향으로 이끌기보다는 아이의 눈높이에서 타협을 하는 경향을 보인다.

방임형 부모의 자녀들은 자기의 감정대로 살아왔지만, 부정적인 감정이 들 때 어떻게 조절해야 하는지를 배우지 못했기 때문에 정서적으로 미숙하고 심리적 혼란을 겪게 된다.

• 감정코치형 부모(emotional coaching parents)

감정코치형 부모는 자녀의 감정에 관여하여 적절히 대처하도록 양육하는 바람직한 양육 모형이다. 특히 자녀의 분노나 슬픔 등의 부정적인 감정을 충분히 공감해 주고 난 후에 그 감정이나 사건을 어떻게 처리해야 할지 함께 고민하고 대화함으로써, 자녀가 궁극적으로 부정적 감정 문제를 해결하는 방법을 스스로 생각해 내고 결정하도록 도와주는 유형이다.

자녀와 교감하는 '감정코칭 5단계'는 다음과 같다.

- 1단계: 자녀의 감정 인식하기
- 2단계: 감정의 순간을 좋은 기회로 삼기
- 3단계: 자녀의 감정을 공감하면서 경청해 주기
- 4단계: 자녀가 감정을 표현하도록 도와주기
- 5단계: 자녀 스스로 문제를 해결할 수 있도록 하기

감정코치 양육법은 자녀의 부정적 감정에 대하여 공감하고 대처하도록 지원한다는 점에서 방임형 부모와 다음과 같은 차이가 있다.

① 자녀의 부정적 감정을 인정한다.
② 자녀가 느낀 감정을 그대로 느끼도록 한다.
③ 자녀가 우는 동안 곁에서 함께 있어 준다.
④ 슬퍼하는 자녀의 관심을 결코 딴 데로 돌리려고 하지 않는다.

감정코치형 부모에게 양육된 자녀들은 문제 상황에 대처하는 능력과 감정 회복력이 뛰어난 것으로 나타났다. 양육 유형에 따른 부모의 반응과 자녀에게 미치는 영향을 표로 정리하면 다음과 같다(Gottman, 2007).

〈표 12-2〉 부모 양육 모형별 부모의 반응 및 자녀에게 미치는 영향

유형	부모의 반응	자녀에게 미치는 영향
축소전환형	• 자녀의 부정적 감정은 독이 되므로 빨리 사라지기를 바란다. • 자녀의 감정은 비합리적이기 때문에 중요하지 않다고 본다. • 부정적 감정에 초점을 맞추면 문제를 더 악화시킨다고 여긴다. • 부정적 감정을 보이는 것은 자녀가 정서적으로 안정되지 못해서라고 믿는다. • 자녀와 문제를 함께 해결하지 않고, 시간이 지나면 문제가 해결될 것이라고 믿는다.	• 자녀는 자신의 감정이 옳지 않고, 부적절하다고 느끼며, 자신이 상황을 느끼는 방식이 본질적으로 옳지 않다고 생각할 수 있다. • 자녀가 자신의 감정을 조절하기 어려워한다. • 자기 자신과 다른 사람의 감정을 인식하는 능력이 부족할 수 있다.
억압형	• 많은 행동이 축소전환형과 유사하나 더 부정적이다. • 자녀의 감정 표현이 옳고 그른지 판단하고 비판한다. • 자녀에게 한계를 정할 필요성을 지나치게 의식한다. • 부정적 감정은 성격이 나쁘기 때문이며, 억제해야 한다고 여긴다. • 감정은 나약하게 만들기 때문에, 자녀가 정서적으로 강해지기를 바란다. • 자녀에게 권위에 대한 복종을 기대하며, 바른 기준에 순응하기를 요구한다.	• 축소전환형과 유사한 결과를 보인다.
방임형	• 자녀의 모든 감정 표현을 거리낌 없이 수용한다. • 부정적 감정을 위로하지만, 감정에 대해 가르치지는 않는다. • 지나치게 관대하여 한계를 설정해 주지 않으며, 문제해결법을 가르쳐 주지 않는다. • 부정적 감정은 이겨내는 것 외에 할 수 있는 일이 없다. • 감정이 분출되면 모든 것이 해결된다고 믿는다.	• 감정을 조절하는 법을 터득하지 못한다. • 집중력이 부족하고 친구 사귀기와 타인과 좋은 관계맺기가 어려워진다.
감정코치형	• 자녀가 부정적 감정을 느낄 때가 곧 부모와 친밀감을 높일 기회라고 생각한다. • 슬퍼하거나 화를 내거나 두려워하는 자녀와 시간을 보낸다. • 자녀의 감정을 존중하며, 부정적 감정을 놀리거나 무시하지 않는다. • 자녀를 위해 부모가 모든 것을 해결해야 한다고 느끼지 않는다.	• 자신의 감정을 신뢰하게 된다. • 감정을 조절하고 문제를 해결하는 방법을 터득한다. • 자긍심이 높고, 학습 능력이 뛰어나며, 다른 사람과 원만한 관계를 형성한다.

출처: Gottman, J. M.(2007). 내 아이를 위한 사랑의 기술. 서울: 한국경제신문, 재구성.

참고문헌

류왕효(2009). **부모교육.** 서울: 신정

박화윤, 마지순, 안라리, 천은영(2006). **부모 자녀 관계 증진을 위한 부모교육.** 서울: 창지사.

신용주, 김혜수(2017). **다음 세대를 위한 부모교육.** 서울: 학지사.

오영희, 박창옥, 강영식(2012). **가족 관계.** 서울: 동문사.

최성애(2010). **최성애 박사의 행복수업 소중한 인생을 함께하기 위한 가트맨식 부부 감정코칭.** 해냄출판사.

최혜순(2013). **부모교육.** 서울: 동문사.

허혜경, 김혜수(2015). **청년심리와 교육.** 서울: 학지사.

허혜경, 박인숙, 김혜수(2017). **현대사회와 가정.** 서울: 동문사.

Baumrind, D.(1971). Current patterns of parental authority. *Developmental Psychology Monograph, 4,* pp. 1-103.

Baumrind, D.(1973). The development of instrumental competence through socialization. In A. Pick(Ed.), *Minnesota Symposium on Child Psychology*(Vol. 7). Minneapolis: University of Minnesota Press.

Baumrind, D.(1991). Effective parenting during the early adolescent transition. In P. A. Cowan & E. M. Hetherington (Eds.), *Advances in family research*(Vol. 2). Hillsdale, NJ: Erlbaum.

Brooks, J. B.(1981). *The process of parenting.* Palo Alto, CA: Mayfield Publishing Co.

Gestwicki, C.(2000). *Home, school, and community relations: A guide to working with parents.* Albany, NY: Delmar.

Gottman, J. M.(2007). **내 아이를 위한 사랑의 기술.** 서울: 한국경제신문.

Hoffman, M. L.(1970). Moral development. In P. Mussen (Ed.) *Carmichael's manual of child psychology.* Vol.2 (3rd ed.). New York: John Wiley.

Lamb, E.(1981). *The role of the father in child development.* USA: John Wiley & Sons.

Maccoby, E. E., & Martin, J. A.(1983). Socialization in the context of family: Parent-child interaction. In E. M. Hetherington (Ed. P. H. Mussen General Ed.), Handbook of child psychology(Vol. 4). *Socialization, Personality, and social development*(pp. 1-101). NY: Wiley.

Parsons, T., & Bales, R. F.(1955). *Family socialization and interaction process.* New York: Free Press.

Simmons, R. L., Whitbeck, L. B., Conger, R. D., & Melby, J. N. (1991). The effect of social skills, values, peers, and depression on adolescent substance use. *Journal of Early Adolescence, 11,* pp. 466-481.

https://www.gottman.com

Marriage & Family

13장 효과적인 자녀 훈육

1. 훈육의 개념

훈육이란 자녀에게 품성이나 도덕성, 습관, 행동 등을 가르쳐서 기르는 것이다. 훈육의 뜻을 가진 영어 단어 discipline은 라틴어 disciple, 즉 '추종자, 복종, 가르치다'라는 뜻에서 비롯된 것으로, 훈육은 권위 있는 사람의 가르침을 따른다는 의미를 담고 있다.

> Discipline: n. discipline is a combination of parental instruction and parental correction that teach a child to live according to family values and within family rules(Pickhardt, 2004, p. 1).

피카르트(Pickhardt, 2004)는 훈육을 "자녀로 하여금 가족의 규칙 속에서 가족의 가치관에 따라 살아가도록 가르치는 부모의 지도와 교정의 조합이다."라고 정의하며, 훈육의 공식을 다음과 같이 설명하였다.

훈육(discipline) = 지도(90%, instruction) + 교정(10%, correction)

피카르트의 훈육 공식을 보면, 자녀를 양육하면서 나타나는 자녀의 그릇된 행동을 그때그때 단호하게 바로잡아 주는 부모의 끊임없는 노력이 필요함을 알 수 있다. 부모는 안정된 지도와 양육적 사랑을 제공하여 자녀가 평생에 걸쳐 익힌 부모의 가치관과 행동의 지침에 따라 살아갈 수 있도록 신념과 행동의 틀을 만들어 주는 것이다.

2. 훈육의 기본 원칙

많은 부모는 자녀를 양육하는 데 있어 가장 효과적인 훈육 방법이 무엇인지 궁금해 한다. 각 가정이 처한 환경적인 조건과 가족 구성원의 기질적 요인이 다양하기 때문에 완벽하게 좋은 부모-자녀 관계를 유지하거나 누구에게나 완벽한 자녀 양육 방법으로 자녀를 키우는 것은 불가능하다.

부모는 자녀를 효과적으로 훈육하기 위하여 다양한 반응과 대처를 하며 상호작용한다. 자녀를 효과적으로 훈육하기 위해서는 먼저 자녀의 행동을 세심하게 관찰해야 한다. 행동의 동기, 허용할 수 있는 행동의 한계, 자녀의 반응, 상황적 요인, 자녀의 행동을 변화시킬 수 있는 적절한 방법, 자녀에게 영향을 주는 주변 인물 등을 다각도로 분석하고, 어떤 결과를 목표로 할 것인지, 즉각적인 변화를 추구할 것인지 혹은 장기적인 변화를 추구할 것인지, 행동 변화 후 어떻게 반응할 것인지 등을 끊임없이 결정해야 한다(박영애 외, 2005; Dix & Reinhold, 1991).

부모가 자녀에게 훈육할 행동과 그에 적합한 훈육 방법을 결정하였다면, 이제 효과적으로 훈육을 실시하여야 한다. 특히 가정에서 가족 구성원들이 함께 생활하다 보면 부모의 모든 행동을 꿰뚫어 보고 있는 자녀에게 효과적으로 훈육하는 것은 더욱 쉽지 않다.

가정에서 활용할 수 있는 자녀 훈육의 기본 원칙을 소개하면 다음과 같다(문은실 역, 2010; 신용주 외, 2017; 이기복, 2005).

첫째, 부모는 자녀에게 권위가 있어야 한다. 권위는 다른 사람을 따르게 하는 힘으로서 어떤 지위, 역할을 통해 인정되는 영향력을 의미한다. 부모가 자녀를 훈육하기 위해서는 자녀에게 적절한 권위가 필요하다.

둘째, 일관된 훈육이 중요하다. 기본적으로 어머니와 아버지의 훈육 기준이 다르다거나, 부모의 훈육이 상황에 따라 달라진다면 자녀는 혼란스러워할 것이다. 자녀는 부모가 비일관적으로 훈육을 하고 있다는 것을 이미 꿰뚫어 보고, 상황이 느슨해지면 자기 맘대로 행동하고 싶어 하기 때문이다.

셋째, 자녀의 잘못된 행동은 엄하게 훈육해야 하겠지만, 자녀의 인격은 반드시 존중해야 한다. 부모는 자녀를 훈육하면서, 자녀의 인성까지 비하하거나 모욕하는 말은 절대로 해서는 안 된다.

넷째, 부모가 모범을 보여야 한다. 자녀를 효과적으로 훈육하기 위해서는 부모가 먼저 자녀에게 훈육하려는 행동을 실천해야 한다. 부모가 솔선수범하는 모습을 자녀에게 보인다면 자녀는 훈육을 자연스럽게 받아들이게 된다.

다섯째, 부모는 훈육을 통해 자녀들이 스스로 행동할 수 있는 힘을 기를 수 있도록 도와주어야 한다. 자녀의 부정적인 행동을 교정해 줄 경우에, 자녀가 조금이라도 좋아진 점이 있으면 격려해 준다.

여섯째, 훈육의 목표는 자녀에게 바람직한 행동을 가르치는 것이지, 자녀에게 상처를 주는 것이 아니다. 따라서 자녀를 훈육할 때, 강력한 주장적 표현은 가능한 한 자제한다. 부모는 강압적인 표현을 쓰거나 자녀의 감정을 굳이 상하게 하지 않고도 충분히 자녀를 잘 훈육할 수 있음을 명심한다.

일곱째, 자녀를 사랑하는 마음으로 훈육한다. 부모가 자녀를 사랑하기 때문에 훈육한다는 것을 자녀가 알게 되면, 자녀는 훈육을 좀 더 쉽게 수용한다.

여덟째, 부모가 좌절하고 화가 난 상황에서 감정적으로 자녀를 훈육하지 않는다. 부모가 실망하거나 화가 난 감정으로 훈육하거나 부모의 욕심이 앞선 상태에서 자녀를 훈육할 경우, 자녀는 부모의 훈육을 받아들이려 하지 않는다.

3. 효과적인 훈육 방법

자녀를 양육하다 보면 부모는 자녀의 바른 행동으로 인해 기쁨과 보람을 느끼기도 하지만, 자녀의 그릇된 행동으로 낙담하거나 당황하기도 한다. 부모는 자녀의 모든 그릇된 행동을 예방하거나 전면적으로 통제할 수는 없지만 훈육을 통해 바람직한 방향으로 변화시킬 수 있다. 그러므로 부모는 자녀가 그릇된 행동을 할 경우 실망이나 걱정, 핀잔 등 비생산적인 행동보다는 자녀가 바람직한 방향으로 변화해 나가고자 하는 동기를 부여해 주기 위해 훈육을 사용하도록 한다.

팝킨(Popkin, 2007)은 자녀를 훈육할 때 다음 3가지 방법을 사용하도록 권유한다. 자녀를 훈육하는 상황에서는 먼저 부모가 부드러운 어조로 자녀의 행동 수정을 정중하게 요청해야 하며, 그래도 자녀가 행동의 변화를 보이지 않는 경우 나-메시지와 단호하게 지시하기의 방법으로 점점 강도를 높여서 훈육하는 것이 효과적이다. 자녀의 효과적인 훈육에 필요한 방법인 정중하게 요청하기, 나-메시지, 그리고 단호하게 지시하기를 살펴보자(Popkin, 2007).

1) 정중하게 요청하기

팝킨은 자녀가 가끔씩 그릇된 행동을 하거나 문제가 생기는 이유는 부모가 기대하는 것이 무엇인지 자녀가 정확히 알지 못하기 때문이라고 한다. 그러므로 부모는 엄격한 훈육을 사용하기보다는 정중한 요청만으로 자녀의 행동을 충분히 변화시킬 수 있다.

정중한 요청이란 부모가 원하는 것을 자녀에게 정중하게 요청하는 방식으로 말하는 것이다(Popkin, 2007). 특히 부모-자녀 관계가 긍정적인 경우에는 정중한 요청만으로도 상당한 효과를 볼 수 있다. 예를 들어, 자녀가 옷을 갈아입은 후 벗은 옷을 제멋대로 놓아두는 것을 부모가 더 이상 원치 않을 때 정중한 요청을 사용할 수 있다.

> "사랑아, 엄마 좀 도와줄래? 네가 벗은 옷을 빨래통에 갖다 놓으렴."
> 이때 자녀가 그러겠다고 하거나, 바로 행동으로 옮기면 부모는 이렇게 말한다.
> "도와줘서 고마워."

간단한 일상의 대화처럼 보이지만, 때때로 부모는 자녀에게 함부로 말하거나 감정적으로 대하는 경향이 있다. 부모가 자녀의 행동 변화를 요구하면서 함부로 말하거나 감정적으로 화를 내면 자녀의 마음속에 책임감이 생기지도 않을뿐더러, 행동으로 옮기고 싶다는 마음보다는 오히려 반항심이 생길 수 있다.

때로는 부모가 정중하게 요청하고 자녀도 하겠다고 대답하였으나 곧바로 실행하지 않을 수 있다. 이때는 부모가 다시 한번 친절하게 요청하여 자녀가 실천할 수 있도록 한다. 하지만 자녀가 계속 대답만 하고 실행에 옮기지 않으면 보다 강력한 훈육이 필요하다.

2) 나-메시지 사용하기

나-메시지는 고든(Gordon)이 부모 효율성 훈련(PET)에서 제안한 방법이다. 나-메시지는 자녀가 잘못했다고 말하기보다 자녀의 행동에 대해 부모인 '내'가 어떻게 느끼는지를 말하는 것이다. 나-메시지는 부모가 정중하게 요청하기를 사용하였으나, 자녀의 행동이 변화하지 않을 경우 사용할 수 있는 보다 주장적인 방법이다. 나-메시지는 부모가 자녀를 비난하는 대신 그 상황에서 아이가 왜 비난받을 행동을 했는지를 생각할 수 있게 해 준다.

부모가 가정에서 나-메시지를 사용하는 방법을 정리해 보면 다음과 같다(홍경자, 2004; Popkin, 2007; www.gordontraining.com).

나-메시지 사용 방법

1. 부모가 원하는 행동이나 상황이 무엇인지에 대해 자녀에게 구체적인 정보를 제공한다. 자녀의 행동에 초점을 맞추고, 자녀의 자존감이 상하지 않도록 하기 위해서 '행위'와 '행위자'를 구별하는 것이 중요하다. 부모는 "너의 ~가 내게 문제가 되는구나."라는 식으로 말한다. 예를 들어 "네가 벗은 옷을 치우지 않으니까 내가 힘들구나."와 같이 나-메시지를 사용한다.
2. 행위나 상황을 객관적으로 묘사한다. "네가 대답은 하고 행동하지 않는다면…."과 같이 자녀의 현재 행동이나 상황에 기초하여 말한다.
3. 부모가 원하는 행동에 대한 정당한 이유를 설명해 준다. 부모님 말씀에 순종하라고 말하는 것보다 자녀에게 기대하는 행동에 대한 간단한 설명을 제공해 주는 것이 자녀의 행동 변화에 더 효과적이다. 예를 들면, "내가 네 뒤를 쫓아 다니면서 벗은 옷을 치우느라 힘이 드는구나."라고 말함으로써 옷을 정리하지 않은 자녀의 행위가 부모의 생활을 방해하고 있음을 설명해 준다.
4. 자녀의 성격이 아닌 자녀의 행위에만 초점을 맞춘다. 자녀의 행위만을 강조해 말하면 자녀의 인성과 자존감이 손상되는 것을 막을 수 있다.
5. 나-메시지는 부모가 화가 났거나 감정이 고조된 경우에는 가급적 사용하지 않는다. 나-메시지를 화가 난 어조로 사용하게 되면, 자녀에게 혼합 메시지가 전달되어 부정적인 행동 결과를 초래할 수 있기 때문이다.
6. 나-메시지는 단호하나 차분한 어조로 사용할 때 가장 효과적이다. 부모는 자녀에게 위협적이지 않은 방식으로 말함으로써 자녀가 부모의 말을 경청하는 분위기를 조성한다.
7. 좀 더 강력하게 부모의 주장을 전달하는 나-메시지로는 '동의 얻기'와 '시간 설정하기'가 있다. 동의 얻기는 "(나는 ~을 원한다.) ~을 좀 해 주겠니?" 라고 질문한 뒤 자녀의 동의를 받아 실천하도록 하는 방법이다. 시간 설정하기는 부모의 요청이 몇 번 있었으나 자녀가 이행하지 않을 경우에 "언제 하겠니?"라고 물어봄으로써 자녀가 언제 실행에 옮길지에 대한 명확한 동의를 얻는 방법이다.

출처: 홍경자(2004). 청소년의 인성교육: 나는 누구인가. 서울: 학지사.

3) 단호하게 지시하기

만약 부모의 정중한 요청이나 나-메시지에 자녀가 응하지 않는다면, 그다음 단계로 단호하게 지시하기를 사용할 수 있다(Popkin, 2007). 단호하게 지시하기는 짧지만 단호하게 자녀에게 주의를 주는 부모의 훈육 행위다. 부모는 자녀에게 정중히 요청하고 나-메시지를 사용해도 자녀가 건성으로 대답하면서 행동으로 옮기지 않을 경우 대부분 자녀에게 화를 내거나 자녀의 잘못을 지적하며 설교를 하게 된다. 하지만 이는 좋은 방법이 아니며 자녀가 부모의 말을 계속 듣지 않을 경우에는 짧고 분명한 말투로 자녀의 눈을 똑바로 응시하면서 단호하게 부모가 기대하는 행동을 상기시킨다. 자녀는 짧고 단호한 어조에 환기되어 바로 행동에 옮기게 되는데 이때 부모는 자녀의 행동 실행에 대해 고맙다는 말로 격려해 주는 것을 잊지 말아야 한다.

4. 반영적 경청과 공감적 이해

자신의 말을 잘 들어주고 공감해 주고 이해해 주는 부모가 있다는 것은 자녀에게 상당한 지지로 작용한다. 부모는 자녀의 생각이나 느낌을 정확히 알기 위해서 자녀의 말을 주의 깊게 들어야만 한다. 경청의 유형은 소극적 경청부터 적극적 경청까지 4단계로 분류할 수 있다(정현숙 외, 2002).

첫째, 소극적 경청은 아무 말도 하지 않고 상대방의 말을 집중해서 듣는 자세다. 이 경청 유형은 듣는 사람이 말하는 사람의 말을 듣고 있고 그 말에 동의한다는 비언어적 메시지를 담고 있으나, 말하는 사람의 입장에서는 상대방의 반응이 없으므로 듣는 상태를 의심하거나 불안해할 수 있는 경청 유형이다.

둘째, 상대방의 말을 잘 듣고 있다는 것을 알리는 언어적 또는 비언어적 반응을 보내는 것이다. 즉, "그래?" "정말?" 등과 같은 언어적 동의를 보이거나 고개를 끄덕이는 등의 비언어적 반응을 함으로써 말하는 사람에게 주목하나, 그 내용을 공감하는지에 대한 확신은 없는 경청 유형이다.

셋째, 상대방이 말문을 열 수 있도록 "그것에 대해 말하고 싶니?" "그래서?"와 같은 격려하는 언어를 사용하는 것이다. 즉, 상대방의 이야기를 이해하며 듣고 있고 그다음 내용을 말하도록 격려한다고 볼 수 있으나, 그 내용에 수반된 감정까지 완전히 이해하고 있는지는 알 수 없는 경청 유형이다.

넷째, 반영적 경청 또는 적극적 경청이다. 반영적 경청(reflective listening)이란 말하는 사람이 어떠한 느낌으로 이야기하는지 주의 집중하여 들은 후, 자신이 이해한 느낌을 간단한 말로 다시 이야기하는 방법이다. 즉, 부모가 자녀의 메시지와 감정을 이해하고 있음을 확인시켜 주는 일종의 거울과 같은 경청 유형이다.

반영적 경청이란 효율적 의사소통을 위해 대화 시 효과적으로 들어주는 행위를 의미하며, 적극적 경청이라고도 한다. 반영적 경청은 '체계적 부모 효율성 훈련(STEP)'이라는 부모 교육 프로그램에서 제안한 의사소통 기법으로, 자녀의 행동 중 감정 메시지를 분석해서 그 감정 언어를 반응으로 보여 주는 것이다(Dinkmeyer & McKay, 1982). 적극적 경청(active listening)은 '부모 효율성 훈련(PET: Parent Effectiveness Training)'이라는 부모 교육 프로그램에서 제안된 기법으로, 듣는 사람이 말하는 사람만큼 적극적으로 의사소통 과정에 참여하는 것을 의미한다. 이 두 경청 기법은 서로 유사한 개념으로, 부모가 자녀와의 대화에 진정한 관심과 성의 있는 자세로 임하고 자녀를 이해하고 지원하려는 의지가 분명함을 보여 주는 수용적이고 감정 이입적인 태도를 강조한다(박영애 외, 2005).

특히 부모는 자녀가 질문에 대답하거나 자신의 이야기를 할 때 반영적 경청의 태도로 임하는 것이 중요하다. 반영적 경청을 하는 요령은 상대방의 눈을 응시하면서 주의를 집중하여 자녀의 이야기를 경청해 주는 것이다. 그러고 나서 부모는 자녀의 마음을 이해하고 있다는 사실을 언어적 또는 비언어적으로 전달해 준다. 즉, 자녀가 하는 말의 기저에 깔린 감정을 파악하여 그대로 표현해 주는 기법이다.

다음은 반영적 경청의 예다.

소영: 엄마, 나는 오늘 수학 숙제를 잘 못하겠어요.
엄마: 오늘 수학 숙제가 우리 소영이에게 많이 어려운가 보구나.

재우: 엄마, 나는 오늘 유치원에 가기 싫어요. 승준이가 정말 보기 싫단 말이야!
엄마: 승준이가 재우의 마음을 속상하게 한 적이 있었니? 그래서 오늘 유치원에 가기 싫은 거구나.

지현: 엄마, 나 오늘 국어 시험 잘 봤어요.
엄마: 시험을 잘 봐서 정말 기분이 좋겠구나. 수고했다!

공감적 이해는 상대방에 대해 경청하는 자세와 함께 비언어적 표현과 감정, 생각까지도 이해할 수 있는 태도를 의미한다. 그러므로 부모는 자녀에게 반영적 경청과 함께 "음, 그랬구나." "몹시 속상했겠구나."와 같이 언어적 반응을 함으로써 공감할 수 있으며, 고개를 끄덕이거나 표정을 통해 비언어적 공감을 표현할 수도 있다. 즉, 반영적 경청은 부모가 자녀와의 대화를 유지하기 위해 필요한 기술이며, 공감적 이해는 아동의 말에 실린 감정과 메시지를 분석해서 공감적인 반응을 언어적 및 비언어적으로 표현하는 것이다.

반영적 경청과 공감적 이해는 자녀의 모든 행동에 적용될 수 있는 기법이나, 자녀가 어려운 문제를 겪고 있을 때 특히 효과적인 의사소통 방법이다. 자녀의 정서적 어려움이나 느낌은 부모가 부정하거나 야단친다고 해서 해결되는 것이 아니므로, 부모는 자녀의 문제와 감정을 보다 자유로운 분위기에서 표현할 수 있도록 격려하고 적극적으로 경청하며 공감해 준다. 이와 같이 반영적 경청과 공감은 부모-자녀 관계에서 상호 교감을 최대화하여 진정한 의사소통을 이루게 하는 기법이므로 '촉진적 반응' 또는 '촉진적 의사소통'이라고도 한다.

5. 칭찬과 격려

칭찬(praise)은 자녀의 바람직한 행위나 특성과 같은 결과에 대한 평가적 및 판단적 행위이다. 이와는 달리, 격려(encouragement)는 과정에 대한 인정과 수용을 전달하는 지원적 및 촉진적 행위이다(박영애 외, 2005). 먼저 칭찬의 필요성, 칭찬의 방법, 칭찬 시 유의 사항 등에 대해 살펴보고자 한다.

칭찬은 인간의 뇌 속에서 도파민(dopamine)이라는 신경 전달 물질을 분비시켜 쾌감을 느끼게 하고, 혈액에서 인터류킨(interleukin) 등의 면역 강화 물질의 분비를 촉진시킨다. 이러한 물질은 다시 뇌로 피드백되어 불필요한 스트레스 호르몬인 코르티솔(cortisol)의 분비를 억제하고, 신체를 긴장시키고 흥분시키는 교감 신경계의 활성을 억제하여 몸을 편안한 상태로 만들어 준다(박영애 외, 2005).

그러므로 칭찬을 많이 받은 자녀는 병에 걸릴 위험도 낮아지고, 자율 신경계가 늘 편안한 상태에서 최적의 신체 상태와 긍정적인 심리 상태를 유지시켜 준다. 단 몇 번의 칭찬으로 이러한 효과가 즉각적으로 나타나는 것은 아니며, 오랜 시간 동안 부모의 일관성 있고 애정 어린 칭찬을 받아 온 자녀에게 칭찬의 효과가 두드러진다.

칭찬은 어떻게 하느냐에 따라 그 효과의 차이가 크기 때문에 부모는 칭찬하는 방법을 제대로 이해해야 한다. 부모의 칭찬은 곧 부모의 관심을 의미하기 때문에 자녀에게 칭찬을 통해 부모의 관심을 정확히 인식하도록 하는 것이 중요하다.

부모가 자녀에게 칭찬을 하는 방법을 정리해 보면 다음과 같다(박영애 외, 2005; 상진아, 2008).

긍정의 말로 칭찬하는 방법

- 부모는 자녀가 성취하기까지의 과정이나 노력에 대해 칭찬을 하며, 결과에 대한 부모의 만족도에 중점을 두지 않는다. 자녀가 성취하기까지 쏟은 노력, 과정, 자녀 스스로 느끼는 기쁨, 자랑스러움 등을 강조하여 칭찬하되, 이러한 요인과 부모의 사랑을 연결시켜서는 안 된다.
- 부모는 자녀의 재능보다 노력에 대해 칭찬한다. 자녀가 노력하여 좋은 결과를 이루어 냈음에도 "넌 역시 소질이 있어.", "넌 역시 타고 났어."라고 소질이나 타고난 재능에 대하여 칭찬하는 것은 자녀에게 궁극적으로 해가 된다. 설령 재능이나 소질이 있는 자녀라도 "노력 없이 능력만으로 얻을 수 있는 성과는 없다."라고 알려 주어 재능을 당연한 결과로 여기고 노력을 게을리 하지 않도록 한다.
- 자녀의 눈높이에 맞게 칭찬한다. "우리 ○○이 얼마나 완벽한데. 못하는 것이 없어. 넌 최고로 착해."와 같이 지나치게 과장된 칭찬은 자녀에게 부담감을 주거나, 완벽함에 대한 기대로 스트레스를 받게 할 수 있다.
- 결과가 아닌 과정에 대한 칭찬을 한다. 학업의 경우 자녀의 석차나 점수보다는 노력으로 인한 성취도를 인정해 주고 칭찬하는 것이 바람직하다. 자녀의 성취 결과에 대해 칭찬해야 할 경우에는 자녀가 계획대로 목표를 달성했을 때 그 성취 부분을 충분히 인정해 주고 칭찬해 주는 것이 좋다. 이때에도 목표에 도달하게 된 과정과 노력을 결과와 함께 칭찬해 준다.
- 친구 또는 형제와의 갈등 시 무조건 참는 행위를 칭찬하지 않고, 상황을 고려하여 중립적 입장에서 잘 판단하여 칭찬한다. 예를 들어, 형제나 자매간에도 형, 누나라는 이유로 무조건 참는 행위를 칭찬하는 것은 자녀의 정당한 의견에 귀 기울이지 않고 억울한 마음이 들게 할뿐더러 칭찬의 효과도 적다.
- '어른스럽다'는 이유로 칭찬하는 일은 자제한다. 부모는 편하고 어려움을 덜 주기 때문에 소위 '애어른'같이 '어른화된 아이(adultized child)'를 칭찬하는 경우가 있다. 부모는 자신의 편의를 위해 어린 자녀에게 어른의 역할을 부여하는 일은 삼간다.
- 자녀의 외모 등 특성 측면만을 강조하여 칭찬하는 것은 위험하다. 어려서부터 '예쁘다', '잘생겼다'는 칭찬을 계속 들어 왔던 자녀는 외모를 가꾸고 싶은 동기는 가질 수 있으나, 주어진 과제를 하거나 착한 행동을 하는 일은 하찮게 여길 수 있다.
- 부모는 자녀에게 기대하는 행동, 특성, 능력 등 자녀가 칭찬받을 수 있는 항목과 우선순위를 알도록 하며, 그에 상응하는 자녀의 행동에는 일관성 있고 분명하게 칭찬한다.

부모가 자녀를 자율적인 아이로 키우고 싶으면 잘하고 못하고를 떠나서 자녀가 한 일의 과정과 노력에 대해 칭찬을 해 주어야 한다. 그러나 부모는 기대하는 바와 욕심이 앞서 결과 위주로 판단하여 칭찬에 인색하기 쉽다. 칭찬은 아동으로 하여금 칭찬을 하는 사람과 그 칭찬에 의존하게 하므로 과도한 칭찬이나 잘못된 칭찬은 효과가 반감될 수 있다.

그러므로 최근에는 칭찬과 함께 생산적이고 촉진적인 의미의 칭찬인 격려에 대한 관심이 더욱 커지고 있다. 격려는 칭찬에 비해 과정에 대한 인정과 수용의 메시지를 자녀에게 전달해 주는 지원적이고 촉진적인 행위이므로 보다 생산적인 접근이라 할 수 있다. 격려는 아동으로 하여금 바람직한 행동을 스스로 할 수 있는 의지와 힘을 키워 주는 건설적인 방법이다. 칭찬과 격려의 차이점을 살펴보면 다음과 같다.

〈표 13-1〉 칭찬과 격려의 차이점

	칭찬	격려
관심 영역	• 외적 통제 • 외적 평가 • 자기 평가와 개인적 이익 • 과제 수행에 대한 보상	• 자아 존중과 성장 • 내적 평가 • 가치 인정 및 장점과 공헌에 대한 가치 부여
자녀에게 미치는 영향	• 과제 수행에 대한 보상 – 실패에 대한 두려움 – 지나친 기준과 가치 부여 • 자기 평가와 개인적 이익 – 과다 경쟁 의식 – 타인의 희생을 개의치 않는 최고 지향 성향 • 외적 평가 – 남을 기쁘게 하는 것에 대한 가치 부여 – 반대하는 것에 대한 두려움 • 외적 통제 – 순종하는 것에 대한 가치 부여 – 반항 가능성 – 포기와 협동	• 자아 존중과 성장 – 실패 경험에 대한 자기 극복 – 재시도하려는 노력 • 내적 평가 – 자아 성장과 진보에 대한 긍정적 평가 • 노력과 향상 – 노력에 대한 인정 – 지속적인 노력 • 가치 인정 – 개인과 모든 이를 위해 재능 활용 – 자신과 타인의 성공에 대한 만족

출처: 신용주 외(2006). 자녀지도와 부모교육. 서울: 형설출판사, p. 102.

최근에는 격려와 같은 긍정적인 말을 자녀에게 자주 사용함으로써 다각적인 면에서 자녀의 정신 건강과 자존감을 키워 줄 수 있는 방법이 많이 소개되고 있다. 긍정(affirm)의 사전적 정의는 '확언하다, 긍정하다, 인정하다'로, 부모가 성격, 행동, 특성 등 자녀를 긍정적으로 인정하고 격려할 수 있는 요인은 매우 많다.

부모가 자녀를 인정하고 수용하며 자녀에게 스스로 할 수 있는 의지와 용기를 북돋워 주는 격려와 긍정의 말을 전달하여야 한다. 자녀를 격려할 때 사용하여야 할 3가지 요령은 다음과 같다(Bloch & Merritt, 2009).

- 나-메시지를 사용하여 1인칭으로 말한다.
- 현재 시제로 말한다.
- 긍정적으로 말한다.

6. 자녀 행동의 통제

행동주의 이론에 따르면 아동의 행동은 환경과의 상호 작용을 통해 습득되며, 일반적으로 자녀의 바람직한 행동을 습득시키는 기본 장(場)은 가정이다. 가정에서 자녀의 행동을 가르치는 과정은 두 가지가 있다(정현숙, 2016).

첫째, 자녀는 의미 있는 타인(significant others)인 부모나 형제 등의 모델을 관찰하고 모방함으로써 바람직한 행동을 습득하게 된다. 둘째, 자녀는 자신의 행위의 결과를 통해 학습한다. 예를 들면, 자녀는 부모가 자녀의 행동에 부여한 적절한 보상과 통제를 통해 바람직한 행동을 계속하게 되고 그릇된 행동은 줄일 수 있다. 여기서는 효과적으로 꾸중하기와 벌주기를 통하여 자녀의 바람직하지 않은 행동을 감소시키는 부모 역할에 대해 살펴본다.

최근 국내 뉴스를 조사해 보면, 매년 부모의 꾸중을 두려워하거나 부모에게 심한 꾸중을 들은 초·중·고등학생 자녀가 자살하는 사건이 있다. 이러한 현상을 볼 때 '꾸중도 잘하면 보약'인 것과 같이 자녀의 행동을 통제하는 부모 역할의 중요성을 실감할 수 있다.

1) 통제 상황의 분석과 바람직한 행동 요구하기

자녀의 그릇된 행동을 바르게 통제하기 위하여 부모는 꾸중하기에 앞서 통제 상황에 대한 분석을 해야 한다. 자녀의 그릇된 행동에 대한 통제 상황을 분석하는 행위에는 다음과 같은 내용의 점검과 분석이 포함되어야 한다(박영애 외, 2005). 이와 같은 통제 상황에 대한 분석은 자녀에 대한 보다 정확한 이해, 세심한 관심, 그릇된 행동에 대한 진단 및 효율적 대처를 위해 반드시 필요한 과정이라 할 수 있다.

- 정확하게 자녀의 어떠한 행동이 문제가 되었는가?
- 문제가 발생한 것은 어떠한 상황에서인가?(예: 장소, 주변 환경, 함께 있었던 사람 등)
- 문제 상황에서 부모는 어떻게 반응했는가?
- 자녀의 행동과 부모의 행동에 대한 결과는 어떠한가?
- 자녀의 그릇된 행동은 언제부터 발생했으며, 그때의 주변 환경은 어떠한가?
- 자녀의 그릇된 행동은 얼마나 자주 발생하고 있는가?
- 부모는 자녀의 그릇된 행동을 수정하고자 어떻게 노력했는가?
- 자녀의 그릇된 행동을 수정하기 위한 부모의 노력을 분석해 볼 때, 어떠한 점이 효과가 있었고 어떠한 점은 효과가 없었는가?

통제 상황에 대하여 분석하고 나면, 부모는 자녀에게 꾸중하기에 앞서 그릇된 행동에 대한 지적과 지시, 그리고 행동 수정이 필요한 상황에서 바람직한 행동을 요구할 필요가 있다. 만약 부모가 통제 상황을 세심하게 분석하였다면 자녀의 그릇된 행동에 대해 정확하게 지적할 수 있다. 때로는 부모의 정확한 지적과 바람직한 행동에 대한 지시만으로도 자녀의 그릇된 행동에 대한 통제가 이루어질 수 있다. 그러나 부모는 자녀에게 수정하기 원하는 그릇된 행동을 지적하고 지시하는 행위와 함께 상황에 따라서는 바람직한 행동을 정확하게 요구하여 행동의 변화를 도모할 수 있다. 부모-자녀 관계는 호혜적인 관계이므로 부모가 요구하는 내용보다는 요구하는 방식이나 태도에 따라 부모의 요구에 대한 자녀의 순종과 불순종 여부가 결정된다고 해도 과언이 아니다. 자녀의 행동을 바람직하게 이끄는 부모의 양육 지침은 다음과 같다(박영애 외, 2005).

- 자녀의 행동에 대한 요구는 가급적 적게 하는 것이 좋으므로, 요구는 하루에 5~6회 이내로 제한한다.
- 요구할 때는 정중한 어투와 긍정적인 감정으로 하는 것이 좋다.
- 요구는 구체적으로 하는 것이 좋다. "알아서 해라." "적당히 해라." 등의 표현은 자녀가 자의적으로 해석하여 행동할 수 있으므로 가급적 사용하지 않는다.
- 바람직한 행동을 요구할 때는 의문문보다는 명령문의 형태로 진술하는 것이 좋다. 부모가 의문문의 형태로 행동을 요구할 경우 거절, 논쟁, 대치 상황을 유발할 수 있으므로 명령문의 형태로 단호하게 요구한다.
- 한번에 한 가지 행동을 요구하는 것이 좋다. 부모의 욕심껏 한번에 여러 행동의 수정을 요구한다면 자녀가 부담스러워 실현하고 싶은 욕구를 저하시킬 수 있다.
- 부정문보다는 긍정문의 형태로 진술하는 것이 좋다. 예를 들어 "~을 하지 마라."보다는 "~을 했으면 좋겠구나."가 더 바람직한 표현이다.
- 간단명료한 문장으로 요구하는 것이 좋다. 자녀에게 설교하듯이 자세히 장황스럽게 설명할 경우 자녀의 행동 변화의 핵심을 흐릴 우려가 있다.
- 요구한 후에는 어느 정도 시간을 두고 자녀가 바람직한 행동을 실행에 옮기도록 기다려 주는 것이 좋다. 자녀는 자신의 그릇된 행동, 또는 앞으로 실천할 행동에 대해 생각해 볼 시간이 필요할 수 있다.

2) 벌주기

부모가 자녀에게 행동 수정을 요구했으나 수용하지 않는다면 벌을 사용할 수 밖에 없다. 행동주의 학습이론에 따르면 벌이란 자녀의 바람직하지 않은 행동을 감소시키기 위해 자녀에게 부정적인 반응을 초래하는 행동이나 상황을 제공하는 것이다(정현숙 외, 2016). 그러나 벌을 잘못 사용하면 벌을 받는 자녀는 부모에 대한 저항감 또는 적개심을 가지거나 공격성을 보이는 등 긍정적인 효과보다는 부정적인 결과가 나타날 수 있다. 그러므로 효과적인 벌주기를 통해 자녀의 행동 수정을 모색하는 부모의 양육 행동이 필요하다. 벌은 꾸중, 애정의 철회, 특권 박탈, 타임아웃(time-out) 등을 통해 그릇된 행동을 감소시키기 위한 후속 자극이다. 부모가 자녀의 행동 수정을 위해 사용할 수 있는 효과적인 벌주기 방법을 자세히 설명하면 다음과 같다(신용주 외, 1997; 오영희 외, 1999).

(1) 꾸중

자녀가 반복적으로 그릇된 행동을 하거나 안전에 위협적인 행동을 할 경우에는 꾸중을 해서 행동의 변화를 시도한다. 만약 부모가 자녀의 잘하는 행동은 놔두고 못하는 또는 그릇된 행동만을 꾸중하면 잘하는 것까지도 못하게 된다. 그러므로 잘하는 행동은 칭찬하고 못하는 행동은 격려하며, 그릇된 행동은 꾸중하여 자녀의 행동을 통제한다.

자녀의 행위에 대해 꾸중을 하고 자녀의 성격에 대해서는 공격하지 않는다. 또한 꾸중을 비난이나 핀잔을 하듯 해서는 안 된다. 예를 들어, "너는 왜 항상 그 모양이니?" "너같이 말 안 듣는 애는 없을 거야." 등과 같이 자녀의 성격과 태도, 과거의 행위까지 포괄적으로 비난하는 것은 좋지 않다. 자녀의 잘못된 행동을 구체적으로 제시하면서 꾸중하는 것이 좋다. 그리고 자녀를 꾸짖은 다음에 부모는 반드시 따뜻한 사랑과 격려로 감싸 주어야 한다. 꾸중을 들은 뒤에 자녀는 죄책감, 불안감, 공포감 등으로 자신의 능력이나 자존감에 상처를 받을 수 있다. 또는 야단맞은 것만 억울해하거나 야단친 사람에게 서운함을 느껴 적대감이나 반항심을 가질 수 있다.

(2) 애정의 철회

자녀는 부모에게 사랑과 인정을 받고 싶어 한다. 자녀의 그릇된 행동에 대해 자녀에게 애정을 철회하는 것은 매우 강력한 형태의 벌로서, 부모가 중립적인 표정으로 자녀에게 언어적 반응이나 관심을 보이지 않으면 자녀가 심리적으로 불편함을 느껴 자신의 잘못된 행동을 수정하게 된다.

(3) 특권 박탈

특권 박탈은 적극적인 벌의 형태 중 하나로서 부모의 권위를 사용하여 자녀의 특권을 박탈함으로써 자녀의 행동을 통제하는 방법이다. 특권을 박탈할 경우에는 자녀가 가장 선호하는 활동을 제한하는 것이 좋다. 그 예로는 TV 시청을 제한하는 것, 놀이터에 나가 놀지 못하도록 하는 것, 컴퓨터 게임이나 휴대폰 사용을 제한하는 것 등이 있다. 부모가 합리적으로 특권을 철회하는 것은 자녀에게 부모의 통제에 대한 권위를 부여한다. 그러나 특권 박탈을 지나치게 자주 사용하거나 심하게 사용하면 자녀의 반항심을 증가시키기 쉽다.

(4) 타임아웃

타임아웃(time-out)은 현재 상황이 자녀의 그릇된 행동을 유발하는 원인이라고 판단될 때 자녀를 다른 공간에 혼자 격리시키는 행위다. 즉, 아이가 잘못된 행동을 할 경우 아이의 모든 활동을 중단하고 제한된 시간 동안 특정 장소에 혼자 있게 하는 방법이다. 타임아웃을 효과적으로 사용하기 위해서는 타임아웃에 적용되는 잘못된 행동을 몇 가지로 한정하여 실시한다.

타임아웃을 실시하는 장소는 최대한 아이가 지루해 하고 전혀 매력을 느끼지 못하는 곳이면 된다. 자녀의 연령을 고려하여 시간을 정하는 것이 적절하다. 예를 들어, 4세 이하는 3분 이내, 5~8세는 5~10분, 8세 이상은 10~30분의 타임아웃을 실시하되, 부적절한 행동을 멈추면 이전 상황으로 복귀할 수 있다고 알려 준다(신용주 외, 1997). 자녀는 타임아웃 시간을 통해 자신이 무엇을 잘못했는지 되돌아볼 수 있는 기회를 가지게 되어 장기적으로 자아 통제력(self-control)을 향상시킬 수 있다. 타임아웃은 자녀의 공격적 행동이나 위험한 행동을 통제하는 데 효과적이다. 타임아웃의 단계별 시행 요령은 다음과 같다(박영애 외, 2005, 재인용; 이순형 외, 2010).

〈표 13-2〉 타임아웃의 시행 요령

단계		시행 요령
1	규칙에 대해 설명하기	타임아웃은 잘못된 행동을 고치기 위해 사용하는 것임을 알려주고, 어떤 규칙을 따라야 하는지 설명한다.
2	잘못한 즉시 타임아웃 장소로 보내기	잘못된 행동의 결과로 타임아웃이라는 벌을 받는다고 연결시킬 수 있게, 잘못한 즉시 타임아웃 장소로 바로 옮긴다.
3	정해진 시간만큼 타임아웃 실시하기	연령에 맞게 타임아웃을 실시하되, 타임아웃의 시작과 끝을 알 수 있도록 휴대용 타이머를 이용해 일정 시간이 지나면 소리가 울리도록 한다.
4	끝난 후 자신의 잘못 돌아보기	타임아웃을 받게 된 이유를 말해 보게 함으로써, 잘못된 행동으로 인해 타임아웃을 하게 되었음을 깨닫게 한다.

출처: 이순형 외(2010). 부모교육. 서울: 학지사.

그러나 가정에서와 달리 어린이집이나 유치원과 같은 교육 현장에서는 훈육 방법으로 타임아웃을 적용하는 것에 대해 부정적이다. 왜냐하면 영유아와 같이 어린 아동에게 타임아웃을 적용하는 것이 방임과 같은 아동학대로 의심받을 수 있기 때문이다. 따라서 영유아 교육 현장에서는 교사들이 타임아웃 대신 다른 훈육법을 사용하기를 권장한다. 실제로도 어린이집이나 유치원의 CCTV 점검 시 영유아가 혼자 방치된 듯 서 있는 장면이 발견되면, 아동학대로 간주되어 조사를 받을 수 있기 때문에 최근 교육 현장에서는 타임아웃을 사용하지 않는 추세이다.

부모가 자녀의 바람직하지 않은 행동을 수정하기 위해 사용할 수 있는 효과적인 벌주기 지침을 몇 가지 제시하면 다음과 같다(박영애 외, 2005; 정현숙 외, 2007).

- 벌은 자녀의 잘못된 행동이 통제 불가능할 때까지 기다리지 말고 초기에 주는 것이 효과적이다.
- 영유아기 자녀는 사건의 인과 관계를 파악하는 것이 어려우므로 벌은 그릇된 행동이 발생한 직후에 주는 것이 바람직하다.
- 가능한 한 객관적이고 중립적인 태도를 취한다. 벌을 주는 부모가 감정적인 태도를 취하면 교육 효과가 감소된다.
- 자녀가 지키지 않는 규칙을 간단하고 분명하게 설명해 줌으로써 자녀 스스로가 잘못을 인식하고 벌을 수용하도록 한다.
- 그릇된 행동을 보이는 초기에는 경미한 수준으로 벌을 주는 것이 효과적이다.
- 유사하게 그릇된 행동을 보일 때는 벌을 일관적으로 사용하여 바람직한 사회적 행동을 강화해 준다.
- 어떤 자녀는 부모의 꾸중이나 벌주기 등 잘못에 대한 부정적인 반응도 부모의 관심을 끌 수 있다고 생각하며 고의로 문제 행동을 일으키기도 한다. 따라서 부모는 문제 행동의 원인에 대해 면밀하게 분석해 본다.

이와 같이 자녀의 바람직하지 않은 행동에 대한 벌은 곧바로 실시하는 것이 좋으며, 체벌은 사용하지 않는다. 벌을 받는 자녀는 부모에 대한 부정적인 감정을 가지거나 행동 수정에 반항을 하는 등의 부작용을 보일 수 있으므로 다른 긍정적인 방법과 병행하여 벌을 사용해야 효과적이다. 예를 들어, 피카르트(Pickhardt, 2004)는 '벌 한 번당 긍정적 반응 두 번의 규칙(2-for-1 rule)'을 제안했는데, 이것은 자녀에게 한 번 벌을 준 후에는 30분 이내에 두 가지 긍정적인 반응을 제공하는 것이다. 이와 같이 부모의 긍정적인 행동과 함께 벌주기를 적용할 때 벌의 부정적인 효과는 감소하고 행동의 수정 효과는 증가한다.

참고문헌

문은실 역(2010). **훈육의 심리학**(Tony Humphreys(1998). A different kind of discipline.). 서울: 다산북스.

박영애, 최목화, 양명숙, 나종혜, 김민정(2005). **현대인의 자녀 양육.** 서울: 학지사.

상진아(2008). **칭찬과 꾸중의 힘.** 서울: 랜덤하우스.

신용주, 윤혜경, 강인재(1997). **부모교육 및 상담.** 서울: 양서원.

신용주, 김혜수(2006). **자녀지도와 부모교육.** 서울: 형설출판사.

이기복(2005). **성경적 부모교실.** 서울: 두란노.

이순형, 민하영, 권혜진, 정윤주, 한유진, 최윤경, 권기남(2010). **부모교육.** 서울: 학지사.

정현숙(2016). **가족생활교육.** 서울: 신정.

홍경자(2004). **청소년의 인성교육: 나는 누구인가.** 서울: 학지사

Bloch, D., & Merritt, J.(2009). **아이의 미래를 바꾸는 칭찬의 힘**(최인자 역). 파주: 동화출판사.

Pickhardt, C. E.(2004). *The everything parent's guild to positive discipline.* Avon, MA: Adams Media.

Popkin, M. H.(2007). **부모코칭프로그램: 적극적인 부모 역할**(홍경자, 노안영, 차영희, 최태산 공역). 서울: 학지사.

www.gordontraining.com

V 결혼 생활 마무리하기

Marriage & Family

우리나라는 저출산과 고령화로 인하여 고령화 사회로 진입하였으며, 평균 수명이 연장됨에 따라 노년기가 인생 전체에서 차지하는 비중과 그 의의가 확대되고 있다. 노년기는 신체적, 심리적, 사회적으로 위축됨에 따라 전 생애 어느 시기보다도 가족과의 관계가 더욱 중요해지는 시기이다. 특히 은퇴 후 가정에서 생활하는 시간이 증가함에 따라 노인의 가족 관계 및 가정생활이 점점 더 중요해지고 있다.

듀발(Duvall, 1977)은 “가족(family)이란 결혼, 출산, 입양을 통해 맺어진 상호작용하는 개인들로 구성되며, 가족의 주 목적은 각 구성원들의 신체적, 정신적, 정서적, 사회적 발달을 창조하고 유지하는 데 있다.”고 정의하였다. 가족은 사회의 기초 단위로서 사회 구성원인 개인에게 전 생애 동안 가장 많은 영향을 미치는 사회적 맥락이다. 본 장에서는 노인 가족의 특성, 가족생활주기상의 노년기, 노인 가족의 유형과 변화, 노인의 가족 관계, 그리고 가족 부양에 대해 살펴보고자 한다.

1. 노인 가족의 특성

1) 노년기 발달 과업

전 생애 발달적 관점에서는 노화를 발달적 특성으로 보며, 노년기도 특정한 발달 과업과 발달적 변화가 존재하는 시기로 이해된다. 듀발(Duvall, 1977)은 노년기 발달 과업을 단계마다 수행하여야 할 10가지 행동 유형에 따라 다음과 같이 분류하고 있다(남기민 외, 2006; 임재옥 외, 2015, 재인용).

〈표 14-1〉 노년기의 발달 과업

행동 유형	노년기의 발달 과업
1. 적절한 독립-의존 패턴 형성	• 무기력하고 의존적으로 변함에 따라 타인의 도움이 필요하다는 사실을 수용
2. 적절한 애정 교류 패턴 형성	• 배우자가 사망하면서 과거의 애정 관계 회상 • 자녀와의 새로운 애정 관계 형성 • 손자녀 및 다른 가족 구성원들과의 애정 관계 형성 • 가정 밖에서의 만족스런 애정 관계 유지
3. 변화하는 사회 집단과 관련된 행동	• 건강, 에너지, 흥미에 맞는 사회 활동과 역할 수행
4. 양심의 발달	• 생의 희망이나 미래에 대해 절망스러울 때 도덕적 통합감 유지
5. 신체의 변화에 적응	• 나이가 듦에 따라 심신이 쇠퇴하는 것에 적응
6. 정신적사회적생리적 성 역할 학습	• 퇴직금, 연금 등에 의해 생활 • 늙은 배우자의 훌륭한 동반자가 됨 • 배우자의 죽음에 대한 마음의 준비
7. 신체의 변화를 관리하고 새로운 운동 패턴 학습	• 노화된 신체에 활력을 주기 위한 적절한 활동에 관심
8. 환경에 대한 이해와 조절	• 개인을 둘러싼 주변의 물리적 환경을 인식하고, 이에 대처하는 방법을 익힘
9. 적절한 상징 체계와 개념 능력 발달	• 가능한 오랫동안 능률성 유지
10. 자신을 우주와 관련시킴	• 살 수 있다는 신념과 함께 언제일지 모를 죽음에 대비

출처: 임재옥 외(2015). 노인복지론. 경기: 양서원, pp. 305-306, 수정.

2. 가족생활주기상의 노년기

가족은 결혼, 자녀 출산, 자녀의 결혼 및 분가, 배우자 및 본인의 사망 등 끊임없는 변화를 겪는다. 가족생활주기(family life cycle)란 결혼하여 가족을 구성하는 사람들과의 생활 주기를 의미한다. 인간이 노년기에 접어들게 되면 가족생활주기상 마지막 단계에 접어들게 되며, 노년기에는 이제껏 경험했던 가족생활과는 다른 형태의 가족생활을 겪게 된다.

노년기는 초로(初老) 부부기, 즉 자녀 독립 후 직장에서 은퇴하는 시기(pre-retirement), 직장 은퇴 후 일정 시기(early retirement), 그리고 고령의 노부부 시기(late retirement)로 세분할 수 있다.

가족생활주기상의 두드러진 변화 양상으로는 자녀 수의 감소와 평균 수명의 연장으로 자녀의 독립 후 노인 부부가 함께 보내는 노년기가 장기화되고 있다는 것이다.

또 노인들은 노년기 동안 배우자를 상실하게 되거나 부부 중 한 명이나 모두 병약자가 되어 고독, 질병, 소외, 죽음 등과 같은 고령자 가정생활의 심각한 문제에 직면할 수 있다.

유영주 등(1990)은 가족생활주기에 따른 노년기 부부 가족의 발달 과업을 다음과 같이 제시하고 있다.

〈표 14-2〉 노년기 부부의 발달 과업

발달 과업	내용
경제적 대책	지출의 합리화, 자금 관리, 건강 대책금, 정부 차원의 지원, 성인 자녀의 부모 지원
거주 환경 선택	거주지 선택 조건, 거주 환경 유형, 노인 특수 거주 형태
정신적육체적 건강	조기 발견과 예방, 식습관 개선, 규칙적인 운동, 약 복용, 영양실조
새 생활 방식 시도	유동적인 부부 공동의 협력 체제
부부 관계 유지 개선	노년기 부부 관계 및 결혼 만족도, 노년기 성
가족 친지와의 유대감	세대 간의 이해 관계, 교환론적 입장
조부모 역할	효율적인 조부모 역할
활동성	가족과 사회를 위한 공헌
삶의 철학	노화의 수용
죽음의 수용	죽음 준비 및 배우자 사후 적응 교육

출처: 임재옥 외(2015). 노인복지론. 경기: 양서원.

3. 노인 가족의 유형과 변화

1) 노인 가족의 유형

노년기에 접어들면 이전보다 심리적·사회적 지지를 제공하는 사람들과의 유대감, 안정감, 소속감이 제공되는 생활 환경의 필요성이 높아지는데, 그러한 맥락에서 가족의 중요성은 더욱 커지고 있다. 가족은 노인의 사회 관계의 중심축이 되며, 가장 중요한 부양 체계로서의 역할을 담당한다(권중돈, 2013).

현대화와 함께 우리나라 가족은 급격한 변화를 맞이하였고, 이에 따라 노인 가족의 유형도 변하였다. 현대화 이전에는 장남, 장손으로 이어지는 직계 가족이 가장 보편적인 노인 가족의 유형이었다. 그러나 현대화 이후 직계 가족의 유형은 급속하게 줄고 있으며, 차남 이하 자녀와 거주하는 직계 가족, 방계 가족, 복합 가족, 부부 가족, 독신 가구 등 노인 가족의 구조가 다양해졌다. 가족 구성원의 결합 범위를 기준으로 노인 가족의 유형을 분류해 보면 다음과 같다(이광규, 1982; 최재석, 1982).

〈표 14-3〉 노인 가족의 유형

유형	노인 가족 구성
독신 가구	• 홀로 된 노인
부부 가족	• 노인 부부 • 노인 부부 + 미혼 자녀
직계 가족	• 노인 부부 + 기혼 아들 + 미혼 자녀 • 노인 부부 + 기혼 아들 + 미혼 자녀 + 손자녀
방계 가족	• 노인 부부 + 기혼 딸 + 미혼 자녀 • 노인 부부 + 기혼 딸 + 미혼 자녀 + 손자녀
복합 가족	• 노인 부부 + 기혼 아들 + 기혼 딸 + 미혼 자녀 + 손자녀

출처: 신용주 외(2016). 노인복지론. 경기: 공동체.

이외에도 기혼 자녀가 노부모와 동거하지는 않지만 '국이 식지 않는' 가까운 거리에 거주하면서 노부모를 상호 지원하고 심리적·사회적 지지를 제공하며 높은 유대 관계를 유지하는 수정 확대 가족(modified extended family)이 증가하고 있다. 수정 확대 가족이란 주거지 간의 거리에 관계없이 핵가족끼리의 상호 원조적인 관계가 유지되는 가족 형태, 또는 기혼 자녀가 노부모와 함께 거주하지는 않지만 가까이서 살면서 상호 지원과 애정 관계를 유지하는 가족 형태이다(허혜경 외, 2017).

2) 노인 가족 구조의 변화

현대의 다양한 가족 변화는 노인 및 노인 가족 구조와 기능에 영향을 미치고 있다(유성호 외, 2015).

첫째, 가정 내 노인의 권위와 역할의 약화가 두드러진다. 가족이 일상생활의 중심이었던 전통 농경 사회와는 달리 산업화가 진행됨에 따라 가정과 일터가 분리되면서 종전 가족이 담당했던 생산, 교육, 치료, 오락 등의 기능을 이제는 공장, 학교, 병원, 오락 시설 등이 각각 담당하게 되었다. 이에 따라 가정의 기능은 크게 약화되었으며, 노인의 권한과 지위도 낮아지게 되었다.

둘째, 저출산 및 고령화 현상으로 인해 가족의 규모가 작아지는 가족의 소규모화를 들 수 있다. 2020년도 65세 이상 고령 인구는 우리나라 인구의 15.7%인 812만 5000명으로, 향후에도 고령 인구 비중은 계속 증가하여 2025년에는 20.3%에 이르러 우리나라가 초고령 사회로 진입할 것으로 예상된다(통계청, 2020).

〈그림 14-1〉 고령 인구(65세 이상) 비중

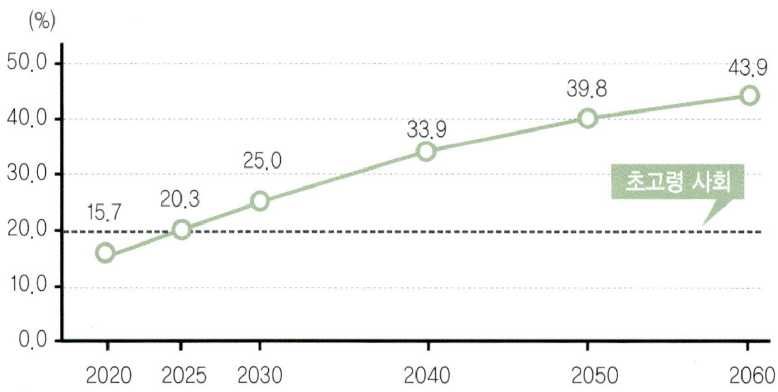

출처: 통계청. 장래인구특별추계: 2017~2067.

셋째, 고령화 정도를 성별로 살펴보면, 여자가 17.9%, 남자가 13.5%로 여자의 고령 인구 비중이 남자보다 4.4%p 높게 나타났다. 특히 65세 이상 여자 고령 인구 100명당 남자 고령 인구는 2020년 76.2명에서 계속 증가하여 2060년 91.3명이 될 것으로 전망된다.

〈그림 14-2〉 성별 고령 인구(65세 이상) 비중

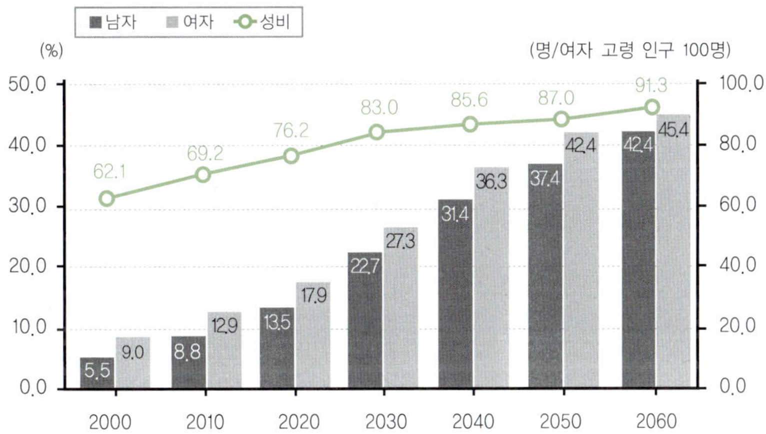

출처: 통계청. 장래인구특별추계: 2017~2067.

넷째, 2020년도 전체 인구의 15.7%인 65세 이상 고령 인구의 연령대별 구성비를 보면, 65~69세 5.1%, 70~74세 3.8%, 75세 이상이 6.7%로 나타났다. 고령화 현상은 더욱 심화하여, 특히 75세 이상의 고령 인구 비중은 점점 더 증가할 것으로 전망되고 있다.

〈그림 14-3〉 연령별 고령 인구(65세 이상) 구성비

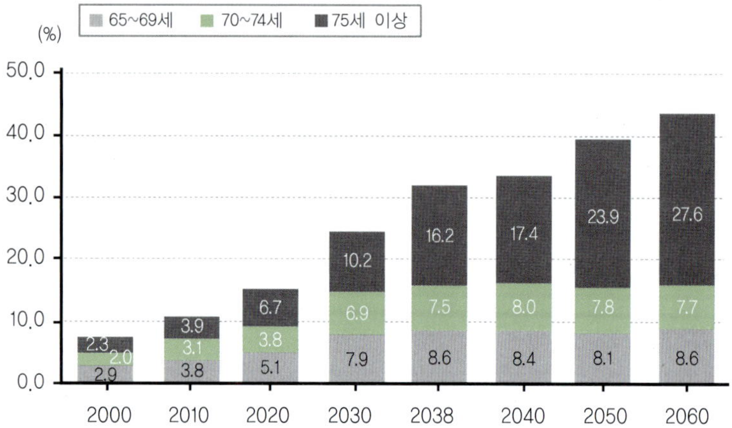

출처: 통계청. 장래인구특별추계: 2017~2067.

다섯째, 노인 가구의 가구 구성 변화 추이를 살펴보면, 노인 단독 가구의 증가가 두드러지는 추세이다. 통계청 '인구주택총조사'에 따르면, 1990년 65세 이상 가구주 중 1인 가구의 비율이 20.0%, 노인 부부 가구의 비율이 23.8%였지만, 2018년도에는 노인 1인 가구가 34.1%, 노인 부부 가구가 33.9%로 증가하였다. 반면, 2세대 및 3세대 가구는 감소하였다. 특히 노부모, 자녀, 그리고 손자녀가 함께 사는 3세대 이상 가구의 감소세가 두드러졌다. 출산율이 높았던 세대인 현 65세 이상 인구가 자녀 수가 많음에도 불구하고, 자녀와 동거하지 않는 노인이 증가하였다는 것은 우리나라 가족의 세대 관계가 크게 변화했음을 시사한다(통계청 통계개발원, 2019). 구조적, 정서적 핵가족화가 진행된 결과, 결혼한 성인 자녀들이 3세대 확대 가족을 이루기보다는 부부와 자녀로 구성되는 2세대 가족 유형을 선호하는 경향이 짙다. 노인 세대 역시 자녀와 같이 살기를 원치 않는 자발적 별거 경향이 확산되고 있는 것으로 지적된다(통계청 통계개발원, 2019).

〈그림 14-4〉 65세 이상 노인 가구주의 가구 구성 (1990-2018)

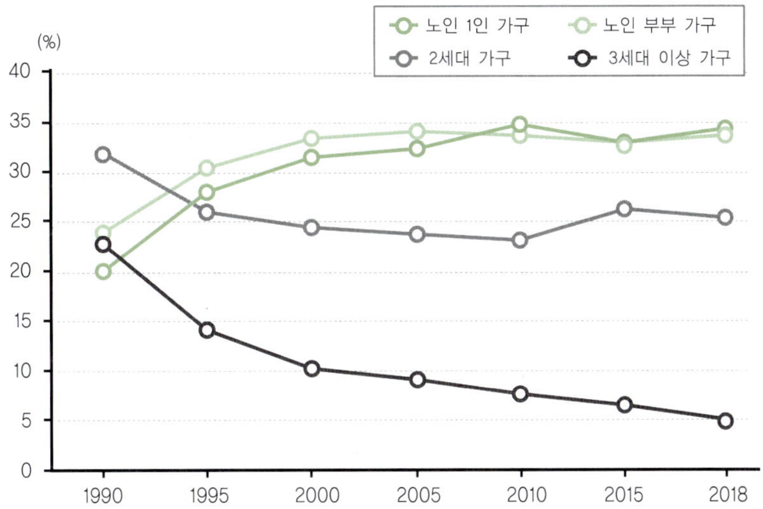

주: 1) 1세대 가구는 노인 1인 가구와 부부 가구를 제외한 부부 + 친인척 등의 가구의 총합임

2) '인구주택총조사'의 1990~2010년 자료는 현장 조사 방식의 전수 조사 자료이며, 2015~2018년 자료는 행정 자료를 활용한 등록센서스의 집계 결과임

3) 통계치는 해당 범주의 응답률임

출처: 통계청. 인구주택총조사. 각 연도.

여섯째, 가족생활주기의 변화이다. 최근에는 결혼 연령이 점점 늦어지고 있으며, 자녀를 적게 출산하고 기혼 여성의 취업률이 증가하고 있는 추세이다. 이에 따라 자녀를 출산하여 양육하는 시기는 줄어든 반면, 자녀를 교육하고 결혼하여 독립시키는 기간은 대폭 증가하였다. 또한 평균 수명의 연장으로 노년기가 확장되었으며, 이에 따라 가족들이 노인을 부양하는 부담도 증가하고 있다.

일곱째, 가족 가치관이 변화함에 따라 가족 관계도 비교적 민주적이고 평등하게 변화하고 있다. 가정 내 여성의 지위가 점차 향상되고 있으며, 부모-자녀 관계도 수직적인 효 개념보다는 실천 가능한 효 개념으로 변화하고 있다. 부모-자녀 관계도 자녀의 의사를 존중하고 서로 협조하는 민주적 관계로 변화하고 있다. 따라서 노부모와 성인 자녀와의 관계 역시 노인이 자녀로부터 일방적으로 도움을 받는 관계보다는 서로 도움을 주고 받는 상호 호혜적인 관계로 전환되고 있다.

이와 같이 급속한 고령화 현상으로 인하여 65세 이상 고령 인구 비율이 2025년 20.3%, 나아가 2060년에는 43.9%가 될 것으로 예상된다. 특히 75세 이상의 고령 인구 비중은 점점 더 증가할 것으로 전망되며, 노인 가구 구성 및 가족 가치관 변화가 두드러짐에 따라 다양한 노인복지 정책이 요구되고 있다.

4. 노년기 가족 관계

1) 노인과 가족 관계

가족 구성원 간의 가족 관계는 각 세대의 발달 단계에 따라 역동적으로 변화하므로 노년기 가족도 가족 체계 내의 역할 변화를 수용하여야 한다. 가족 관계는 가족 구성원 간의 인간관계로서 비교적 비타산적이고 무조건적이며 비합리적인 속성을 지닌다(임재옥 외, 2015). 가족 관계는 개인의 발달 주기, 가족생활주기, 사회·문화적 배경, 경제적 조건 등에 따라 상호 작용의 유형이 다양하다. 특히 노년기에는 은퇴 등으로 인하여 2차 집단과의 관계가 축소되면서 노인의 관심사가 가족이나 자녀에게로 집중된다. 노년기의 가족 관계는 노인들에게 중요한 사회적 지지원으로서, 안정감, 유대감, 소속감 등을 제공해 주는 가장 중요한 사회관계망이라 할 수 있다(권중돈, 2013).

(1) 노년기 부부 관계

노년기 가족 관계 중 사회적으로나 학문적으로 점점 관심이 고조되고 있는 영역이 노부부 관계라 할 수 있다. 평균 수명의 증가는 자녀 양육 후 부부가 함께 생활하는 초로 부부기 또는 빈 둥지(empty nest) 기간을 장기화시켰다. 노년기에는 자녀들이 학업, 직장, 결혼 등으로 집을 떠나게 되는 텅 빈 둥지 시기를 맞이하게 되며, 은퇴와 함께 가정에서 지내야 하는 시간이 길어지고 있어 노년기의 부부 관계는 새롭게 정립되어야 한다. 부부 관계는 부부 상호 간의 애정, 관심, 신뢰 등을 바탕으로 친밀한 정서적 관계를 형성하고, 가사 활동과 가족 구성원의 부양, 경제적 협력 등을 통하여 상호 의존하며, 개인적 정체감을 유지하면서 서로 소속감을 느끼게 해 준다(임재옥 외, 2015).

노년기의 배우자는 인생의 동반자일 뿐 아니라 병약해질 경우에는 최우선적으로 가족 부양자의 역할을 수행하게 됨에 따라 부부 관계의 질은 노년기 삶의 만족도를 좌우하는 결정적 요인이 된다. 노인의 결혼 만족도는 노인의 생활 만족도, 행복, 건강, 나아가 장수까지도 영향을 미칠 수 있다(Connidis, 1989; Guilford, 1986). 부부의 결혼 만족도를 가족생활주기별로 살펴보면, 신혼 초에 가장 높게 나타났다가, 자녀 출산과 양육기에 점차 감소하여 자녀의 청소년기에는 가장 낮아진 후 서서히 증가하여 자녀가 성장한 이후에는 다시 높아지는 U자형 곡선을 그리게 된다(정현숙, 1996; Connidis, 1989; Guilford, 1986). 노년기가 되어 부부의 결혼 만족도가 상승하는 이유는 자녀 양육에 대한 스트레스에서 벗어났기 때문으로 해석된다.

노부부 간의 결혼 만족도를 결정하는 요인으로 자녀 양육 책임, 중년기까지의 결혼 만족도, 가사 분담 정도, 은퇴에 대한 지지, 경제적 여건과 건강, 현재 부부 간의 상호 작용의 양과 질 등을 들 수 있다(Atchley, 2003). 이와 같이 인생 후반기까지의 부부의 경험 변화에 따라 노년기의 부부 관계가 돈독해지거나 또는 힘들어질 수 있다(김양희 외, 2011). 노화의 진행 및 사회 관계망의 축소는 노인의 사회적 역할에 대한 정체성과 신체적·심리적 건강의 변화를 초래한다. 노화에 따른 변화에 적응하기 위하여 노년기 부부는 개인의 기본적인 욕구를 충족하기 위한 부부 관계에서의 규칙과 경계의 조정, 노년기 정체감과 정서적 환경에 대한 적응, 그리고 가사 분담 등 전반적인 삶의 조정이 필요하다(정현숙 외, 2003).

노년기까지 결혼 생활을 유지해 온 부부들은 서로에 대한 만족감이 비교적 높은 것으로 보인다(김태련 외, 2008). 우리나라의 경우 노년기 부부의 58.8% 정도가 배우자와 만족스러운 부부 관계를 유지하고 있는 것으로 나타났다(통계청, 2015). 노인 부부가 서로 심리적 및 정서적으로 의존하고 부부 간의 많은 시간을 공유하며 자연스럽게 형성되는 동반자 의식은 노년기 부부 관계의 안정에 중요한 역할을 한다(김양희 외, 2011; 한경혜 외, 2010). 노년기 부부 관계는 젊은 부부에 비해 사랑, 애정, 우정 등의 정서적 관계로 적응하게 되며, 서로에 대한 더 많은 통찰력으로 익숙하고 편안한 관계를 형성하게 된다. 또한 노부부는 상호 존중하고 배려하면서 생산적 관계를 유지하게 되어 서로에게 필요한 존재로 자리 잡게 된다.

그러나 노년기 부부 관계가 모두 만족스러운 것은 아니다. 예를 들어, 배우자가 은퇴하거나 병이 들 경우에는 부부 관계에 부정적인 영향과 심각한 스트레스를 유발할 수 있다. 특히 배우자를 간병할 경우, 간병하는 배우자가 사랑과 헌신으로 간병함으로써 만족감을 느낄 수도 있으나, 간병하는 배우자도 노화가 진행되어 신체적으로 힘들고 지치기 때문에 오랜 간병은 생의 만족감을 떨어뜨리고, 부부 간의 동반자 의식과 친밀감을 저하시킬 수 있다(Aneshensel et al., 1995; Cavanaugh, 1999).

예전에는 노부부가 자녀를 양육하며 오랫동안 희노애락을 공유하였기 때문에 별 문제가 없다고 여겨졌으나, 요즘에는 황혼 이혼이 중요한 노인 문제 중 하나로 부각됨에 따라 노인의 부부 관계를 재정립하여 결혼 만족도를 높이는 것이 노년기의 주요한 과제라 할 수 있다.

(2) 노부모와 성인 자녀의 관계 변화

부모-자녀 관계는 부모가 자녀를 성인으로 키워 독립시킨다고 해서 그 관계가 종료되는 것이 아니기 때문에 오히려 부모-자녀 간의 상호 작용 양식은 더욱 복잡해져 간다(건강가정컨설팅연구소, 2017; 김태련 외, 2008; 통계청, 2017).

① 부모의 영향력 욕구 및 의존성 증가

노년기 부모 세대는 성인 자녀 세대에게 지혜의 전수자로서 계속 영향력을 미치고 부모로서 권위를 인정받고 싶어 하는 욕구가 있다. 반면 노년기에는 신체적·심리적·사회적·경제적 기능이 점차 약화됨에 따라 자녀 세대에 대한 의존성은 더욱 증가하게 된다. 다시 말해, 노년기에는 부모 세대가 자녀에게 영향력을 미치고 싶은 욕구와 의존하고 싶은 욕구가 공존하는 양가적 측면을 지니게 된다.

② 노년 부양비 및 노령화 지수의 증가

2020년 고령자 통계에 따르면, 생산연령 인구 100명이 부양하는 고령 인구를 뜻하는 노년 부양비는 2020년 21.7명이었으며, 2036년에는 51명, 2060년에는 91.4명이 될 것으로 전망되고 있다. 특히 저출산 및 기대 수명의 증가 등으로 인해 65세 이상 고령 인구가 증가함에 따라 노년 부양비 및 노령화 지수의 증가 속도가 점점 더 빨라지고 있다. 2010년도 노령화 지수는 67.2였으며, 2020년도에는 129.0로, 노령화 지수는 지속적으로 증가하여 2040년에는 345.7, 2060년에는 546.1로 현재의 4배 이상 증가할 선방이다.

〈그림 14-5〉 노년 부양비 및 노령화 지수

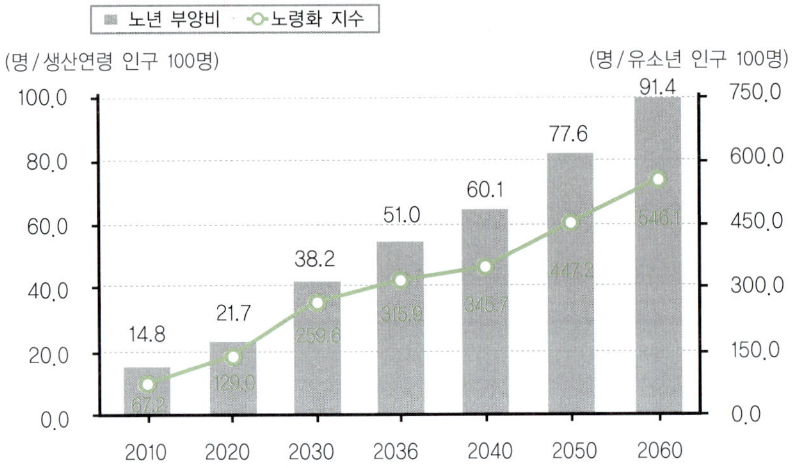

주: 1) 노년 부양비 = 고령 인구(65세 이상) ÷ 생산연령 인구(15~64세) × 100
2) 노령화 지수 = 고령 인구(65세 이상) ÷ 유소년 인구(0~14세) × 100
출처: 통계청. 장래인구특별추계: 2017~2067.

③ 노부모-성인 자녀 간의 세대차

우리 사회는 문화적·경제적으로 급변하고 있으며, 부모의 첫 자녀 출생 연령이 상승함에 따라 부모-자녀 간의 세대차가 더욱 심화되고 있다. 특히 노부모 세대와 자녀 세대가 독립적으로 거주함에 따라 일상적인 소통이 부족해지면서 세대 간의 갈등이 더욱 심화되고 있다.

(3) 조부모와 손자녀의 관계

평균 수명이 증가함에 따라 조부모 역할을 하는 시기가 점차 증가하게 되었다. 최근에는 기혼 여성의 경제 활동이 활발해지면서 자녀 양육을 보육 시설보다는 조부모에게 맡기려는 경향이 짙다. 이에 따라 맞벌이 자녀를 지원하기 위해 손자녀 양육에 참여하는 조부모가 증가하고 있는 한편, 함께 살지 않더라도 정서적으로 친밀한 관계를 유지하는 조부모와 손자녀도 증가하여 일상에서 조부모의 모습은 보다 친근하게 변모하고 있다.

조부모는 가족 내에서 다양한 역할을 수행할 수 있다(김태련 외, 2008).

첫째, 조부모는 가족을 결속시키고 가족 모임의 중심 역할을 하여 어려움이나 힘든 상황에서 정신적 또는 물질적으로 도움을 제공할 수 있는 역할을 수행한다.

둘째, 조부모는 세대 간의 갈등을 중재해 줄 수 있고, 가족의 과거와 현재를 연결시켜 가족사를 자녀와 손자녀 세대에게 전달해 주는 역할을 한다.

셋째, 노인들은 손자녀와의 관계를 통해 생산성을 표현할 수 있다. 특히 조부모 역할을 자신의 중심 역할로 간주하는 경우, 또는 손자녀의 존재를 자신의 존재가 영속되는 것으로 느끼는 경우에 조부모 역할을 적극적으로 수행하고, 나아가 손자녀 성취에 자부심을 가지는 것으로 나타났다.

넷째, 노인들은 조부모로서 손자녀와의 관계를 통해 인간적 관계와 사랑을 경험하게 되어 자연스럽게 노년기의 소외, 고독 등의 문제를 해소할 수 있다. 특히 배우자 상실 시에 손자녀의 존재는 상실감을 극복하고 잘 대처할 수 있도록 해 준다.

조부모 하면 대부분 진한 감정의 내리 사랑을 떠올리지만, 이와 달리 조부모 역할을 수행하는 유형은 다양하다. 조부모 역할은 5가지 유형으로 분류할 수 있다(신용주, 2015).

첫째, 가까이에서 손자녀와 친근하게 지내며 재미를 얻고 행복을 추구하는 유형을 들 수 있다. 여기에 해당하는 조부모는 사회적 규범을 따르며 손자녀와 긴밀하게 상호 작용하는 조화형, 여가 시간에 손자녀와 함께 놀아주기를 즐기는 기쁨 추구형, 그리고 친구형이 여기에 해당한다.

둘째, 멀리 살며 친밀한 상호 작용을 하지 않는 유형으로, 여기에는 손자녀에게 크게 친근감을 느끼지 않는 원거리형, 분리형, 소극적 유형이 포함된다.

셋째, 손자녀를 직접 양육하며 지원하는 유형으로, 부모를 대신하여 양육을 제공하는 대리 부모형과 지원형이 여기에 속한다.

넷째, 주어진 조부모의 역할 규범을 중시하나, 손자녀에게 애착을 보이지 않는 유형이 있다. 구체적으로 주어진 조부모 역할만을 수행하는 형식형, 조부모 역할 규범을 중시하나 손자녀에게 애착을 보이지 않는 상징형, 그리고 권위적 유형이 여기에 해당된다.

다섯째, 규범과 상관없이 개인적으로 손자녀와 만족스러운 관계를 유지하는 개인적 유형, 친구형 등이 있다.

그러나 모든 조부모들이 조부모의 역할을 적극적으로 수행하거나 즐기는 것은 아니다. 조부모와 손자녀 관계는 손자녀의 연령, 동거 여부, 접촉 빈도, 어머니의 영향에 따라 달라질 수 있다(유성호 외, 2015). 일반적으로 조모는 조부보다 손자녀와 더 친밀하게 지내고, 손자녀도 조모를 더 가깝다고 인식하는 경향이 있다. 또한 대부분의 손자녀들은 친조부모보다 외조부모를 더 친밀하게 지각한다(신용주, 2015).

(4) 형제자매 관계

형제자매는 동일한 시대적 및 사회적 생활 환경에서 성장해 온 혈족으로 노년기를 보내면서 서로 이해하는 면이 크다. 형제자매 관계는 살아가면서 가장 오래 지속되는 가족 관계이며, 나이가 들수록 점점 더 중요해진다. 간혹 성장기에 느끼기도 하는 경쟁심이 성인기까지 계속될 수도 있지만, 대부분의 형제자매들은 서로 편안해 하며 친밀감을 느끼고, 관계상에서 만족감을 누린다.

특히 자매간에는 대부분 접촉이 빈번하고 친밀한 반면, 형제간에는 접촉 빈도가 상대적으로 낮은 편이다. 여자 형제들은 가족 관계를 유지하는 데 중요한 역할을 담당하며, 여자 형제가 있는 남자 노인들은 여자 형제가 없는 남자 노인들보다 노화에 대한 걱정도 덜 하며, 생활 만족도도 높은 편이다(Cicirelli, 1977).

형제자매는 가족 환경의 변화에 따른 정서적 및 경제적 경험을 함께 나눌 수 있으며, 특히 배우자 상실과 같은 정서적 어려움을 겪을 경우에 심리적으로 상당한 지원자 역할을 할 뿐 아니라 소득이나 교육 수준이 낮은 형제에게는 안내자 및 옹호자 역할을 한다(김인혁 외, 2011).

우리나라의 경우 노년기 형제자매 간 친밀도에 영향을 미치는 요인으로는 동일한 종교 활동을 들 수 있으며, 이외에도 지리적 근접성이나 교육 수준, 형제자매의 수 등의 요인이 사회적 상호 작용과 관련이 있다. 노인들이 평소에는 자녀들이나 손자녀들을 더 가깝게 여기고, 그들에게서 도움을 더 많이 받지만, 그래도 다른 사람보다는 형제자매에게 의지하는 경향을 보인다. 저출산 현상으로 인해 향후 노년기 형제자매는 정서적 지원과 실제적 도움의 원천이 되는 사회적 지원 관계로 보다 더 의미 있는 역할을 할 것이다(Cicirelli, 1980).

2) 가족 관계 만족도 현황

가족 관계 만족도는 일반적으로 배우자와 자녀와의 관계에서의 만족도를 의미하며, 노인 자신의 삶의 질을 주관적으로 평가하는 삶의 만족도라 할 수 있다(권중돈, 조주영, 2000). 노인에게 가족은 특별한 사회적 지지 체계이며, 부부 관계와 자녀와의 관계, 즉 직계 가족의 만족도가 중요한 역할을 한다. 2015년 고령자 통계에 의하면, 남성 노인의 경우 여성 노인에 비해 배우자나 자녀와의 관계에 더 만족하는 것으로 나타났다(통계청, 2015).

배우자와의 만족도는 노인의 심리적 안녕감과 상관이 있으며, 이는 성공적 노화를 예측하는 변인이 된다(김미혜, 신경림, 2005; Antonucci & Akiyama, 1995).

인간의 기대 수명이 증가함에 따라 이제는 얼마나 더 오래 사느냐보다는 얼마나 성공적으로 늙느냐, 즉 성공적 노화가 중요해졌다(신용주 외, 2016). 성공적 노화(successful aging)는 병이 없는 상태로 나이 들어가는 것뿐만 아니라 품위와 존엄성을 지키며, 신체적·정신적·사회적인 건강과 삶의 만족을 누리며 늙어가는 과정이라 할 수 있다.

2014년 65세 이상 노인 인구의 58.8%가 배우자와의 관계에 만족한 것으로 응답하였으며, 이는 전체 인구의 배우자 관계 만족도인 65.2%에 비해 낮은 수준으로, 고령자의 연령이 높을수록 배우자에게 불만족하는 비율이 커지는 것으로 나타났다(통계청, 2015). 성별로 보면, 남편은 부인에게 63.6% 만족하는 것에 비해 부인은 남편에게 52.2% 만족하는 것으로 나타나 배우자 관계 만족도는 부부 간에 차이를 보였다. 자녀와의 관계에 대한 만족도는 남성(66.7%)과 여성(66.5%) 간에 큰 차이가 없는 것으로 나타났다(통계청, 2015).

일반적으로 노인은 자녀와 호혜적 관계를 이루며, 특히 자녀와의 유대관계가 긴밀할수록 노인의 삶의 만족도가 높은 것으로 나타났다(김은경 2002; 박충선, 1990). 자녀로부터 많은 지원을 받을수록 노인의 행복감 수준이 높아지며, 자녀와의 자원교환이 많을수록 생활만족도가 높은 것으로 나타났다(한경혜, 홍진국, 2000).

〈그림 14-6〉 가족 관계 만족도 (2014)

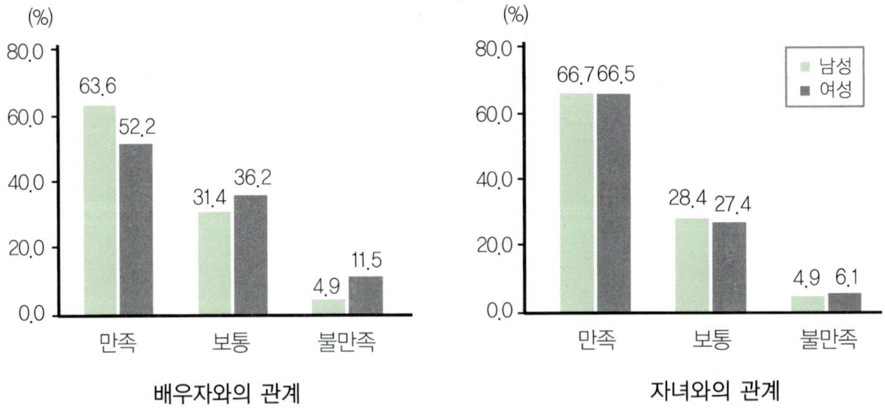

출처: 통계청(2015). 2014 고령자 통계.

5. 가족 부양 의식의 변화

노인 부양은 부양 주체에 따라 크게 사적 부양과 공적 부양으로 분류할 수 있다. 사적 부양은 가족, 친척, 친구, 이웃 등에 의해 이루어지는 개인적인 차원에서의 부양이고, 공적 부양은 사회보장제도나 공적 부조 또는 사회복지기관 등에 의해 이루어지는 사회적 차원에서의 부양이다(김형수 외, 2009). 가족에 의해 노부모가 부양되는 가족 부양은 사적 부양에 해당된다. 가족 형태가 핵가족화 되고, 서구의 개인주의 사상의 영향으로 젊은 세대의 노인 부양 의식은 점차 약화되고 있는 실정이다.

2020년 통계청에서 실시한 사회조사에서 부모 부양에 대해 살펴본 결과, 부모의 노후는 가족·정부·사회가 함께 돌보아야 한다는 견해가 61.6%로 2년 전보다 13.3%p 증가하였으나, 가족(22.0%), 부모 스스로 해결(12.9%), 정부·사회(3.5%)가 해결해야 한다는 견해는 2년 전보다 모두 감소한 것으로 나타났다. 가족·정부·사회가 부모님의 노후를 함께 돌보아야 한다는 응답이 모든 소득 계층에서 가장 높게 나타났다. 반면, 부모의 노후를 가족이 돌보아야 한다는 생각은 2012년 33.2%에서 2020년 22.0%로 눈에 띄게 감소하였다.

이와 같이 부모의 노후를 '가족·정부·사회'가 함께 책임져야 한다는 생각이 점점 증가하고 있는 추세이다. 다시 말해, 부모 부양이 가족의 책임이라기보다는 가족·정부·사회 모두의 책임이라는 견해가 증가하며, 부양 의식이 점차 변화하고 있다.

〈그림 14-7〉 연도별 부모 부양에 대한 견해

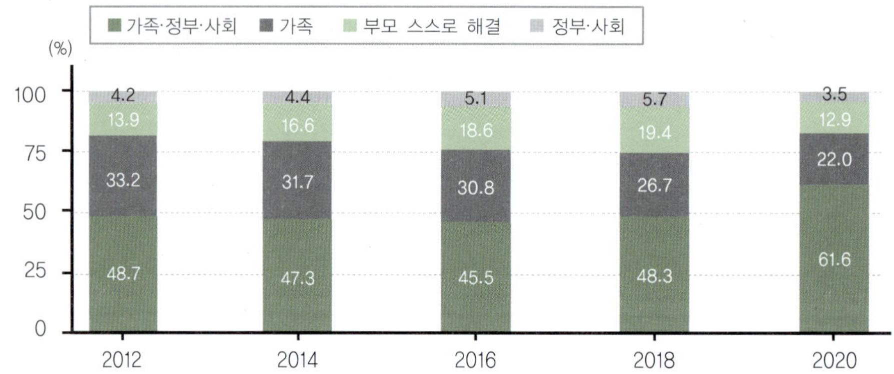

출처: 통계청(2020). 사회조사.

노인들도 의식이 변화되어 경제적 능력만 있으면 자녀와 불편하게 지내는 것보다 따로 거주하는 것을 선호하는, 즉 자녀와 별거를 희망하는 경향이 높아지고 있는 추세이다.

최근에는 통크족(TONK; Two Only No Kids)이라는 신조어가 생겨났다. 통크족이란 늙어서도 자녀에게 의지하지 않고 독립적으로 자신의 인생을 즐기며 사는 신세대 노인층을 의미한다(네이버 지식백과, 시사경제용어사전). 이들은 자녀에게 부양받기를 거부하고 부부끼리 독립적으로 생활하며 오붓한 삶을 즐기는 노인세대이다. 자식들과 떨어져 사는 노인 단독 세대가 증가하고 있어, 통크족 마인드를 가진 노인들은 자식이나 며느리, 사위 눈치를 보지 않고, 손자녀를 돌보느라 애쓰기보다는 노부부끼리 살면서 마음 편하게 자신들만의 인생을 추구하기 원한다. 이러한 현상은 노후를 자녀에게 의존하지 않고 취미와 여가 활동을 즐기며 두 사람만의 인생을 영위하는 새로운 노년기 삶으로, 경제 수준의 향상과 각종 연금제도의 발달 등이 통크족의 출현을 가능하게 했다고 볼 수 있다.

우리나라 노인들은 여러 가지 이유로 인해 자녀와의 별거 비율이 높아지고 있는 경향을 보이나, 과연 경제적으로 어려워지거나 건강이 약화되어 다른 사람의 도움이 절실한 상황이거나, 배우자와 사별 후에도 자녀와 별거할 것인가 하는 문제가 대두된다. 일반적으로 노년기에 누구와 같이 사느냐의 문제는 노인의 사회·경제적, 심리적, 신체적 상황과 주변 가족들의 특성에 따라 결정된다(유성호 외, 2015).

참고문헌

건강가정컨설팅연구소(2017). **결혼과 가족생활.** 서울: 시그마프레스.

권중돈(2013). **노인복지론.** 서울: 학지사.

권중돈, 조주영(2000). 노년기의 삶의 만족도에 영향을 미치는 요인. 한국노년학, 20(3), pp. 61–76.

김미혜, 신경림(2005). 한국 노인의 '성공적 노후척도' 개발에 관한 연구. 한국노년학, 25(2), pp. 35–52.

김양희, 전세경, 문영소, 이영세, 김예리, 김진희, 장온정, 박정윤, 김효민, 안진경, 백선아, 최은주(2011). **결혼과 가족.** 경기: 양서원.

김은경(2002). 농촌 여성노인과 남성노인의 생활만족도에 영향을 미치는 성인 자녀 관련변인에 관한 연구. 한국가정관리학회, 20(4), pp. 27–36.

김인혁, 구재관, 김준환, 양정빈, 유영주, 이효순, 천덕희, 하영갑(2011). **노인복지론.** 서울: 창지사.

김태련, 조혜자, 이선자, 방희정, 조숙자, 조성원, 김현정, 홍주현, 이계원, 설인자, 손원숙, 홍순정, 박영신, 손영숙, 김명소, 성은현(2008). **발달심리학.** 서울: 학지사.

김태현(2007). **노년학.** 개정판. 경기: 교문사.

남기민, 조명희, 조추용, 한규량(2006). **현대노인교육론.** 경기: 학현사.

박충선(1990). 대구, 경북지역 노인의 생활만족도에 관한 연구. 가정생활연구, 5, pp. 5–20.

서소영, 김명자(1998). 며느리와 시부모 부양에 따른 보상, 부양의식, 부양행동 분석. 한국가족 관계학회지, 3(2), pp. 81–108.

신용주(2015). 조부모됨과 조부모 역할 다시보기. Andragogy Today, 18(4), pp. 29–47.

신용주, 김혜수(2016). **노인복지론.** 경기: 공동체.

옥선화, 정민자, 고선주(2008). **결혼과 가족**(개정신판). 서울: 하우.

유성호, 김형수, 모선희, 윤경아(2015). **현대 노인복지론**(5판). 서울: 학지사.

유영주, 이순현, 홍숙자(1990). **가족발달학.** 서울: 교문사.

임재옥, 서연숙, 송노원, 송혜자, 이승준, 정태명, 조수동, 한승협(2015). **노인복지론.** 경기: 양서원.

정현숙(1996). 도시 부부의 결혼만족도 변화 패턴. 한국가정관리학회지, 14(2), pp. 51–60.

정현숙, 최연실, 유계숙(2003). **결혼학.** 서울: 신정.

통계청(2015). 2014 고령자 통계.

통계청(2017). 2016 고령자 통계.

통계청(2017). 사회조사.

통계청(2017). 인구주택총조사.

통계청(2017). 장래가구추계.

통계청(2017). 장래인구추계.

통계청(2020). 2020 고령자통계.

통계청(2020). 2020년 사회조사.

통계청 통계개발원(2019). 한국의 사회동향 2019.

한경혜, 홍진국(2000). **세대간 사회적 지원의 교환과 노인의 심리적 복지.** 가족과 문화, 12(2), pp. 55−80.

한경혜, 성미애, 진미정(2010). **가족발달.** 서울: 한국방송통신대학교 출판부.

허혜경, 김혜수, 박인숙(2013). **현대가정의 이해.** 서울: 문음사.

Aneshensel, C. S., Pearlin, L. I., Mullan, J. T., Zarit, S. H., & Whitlach, C. J.(1995). *Profiles in caregiving: The unexpected career.* San Diago: Academic Press.

Antonucci, T. C., & Akiyama, Hiroko(1995). Convoys of social relations: Family and friendships within a life span contest. *Handbook of aging and the family,* pp. 355-371.

Atchley, R. C.(2003). *Social forces and aging: An introduction to social gerontology* (10th ed.). Belmont, CA: Wordsworth.

Cavanaugh, J. C.(1999). Caregiving to adults: A life event challenges. In I. H. Nordhus, G. R. VandenBos, S., Berg, & P. Fromholt (Eds.), *Clinical geropsychology*(pp. 131-135). Washington, D. C.: American Psychological Association.

Cicirelli, V. G.(1977). Relationship of siblings to the elderly person's feeling and concerns. *Journal of Gerontology, 12*(3), pp. 317-322.

Cicirelli, V. G.(1980, December). *Adult children's views on providing services for elderly parents.* Report to the Andrus Foundation.

Connidis, I. A.(1989). *Family ties and aging.* Toronto & Vancouver: Butterworths.

Duvall, E. M.(1977). *Marriage and family development.* J. B. Lippincott Company.

Duvall, E. M., & Miller, B. C.(1985). *Dynamics of family development: The theory of family development.* New York: Guilford.

Guilford, R.(1986). Marriage in later life. *Generations, 10,* pp. 16-20.

Marriage & Family

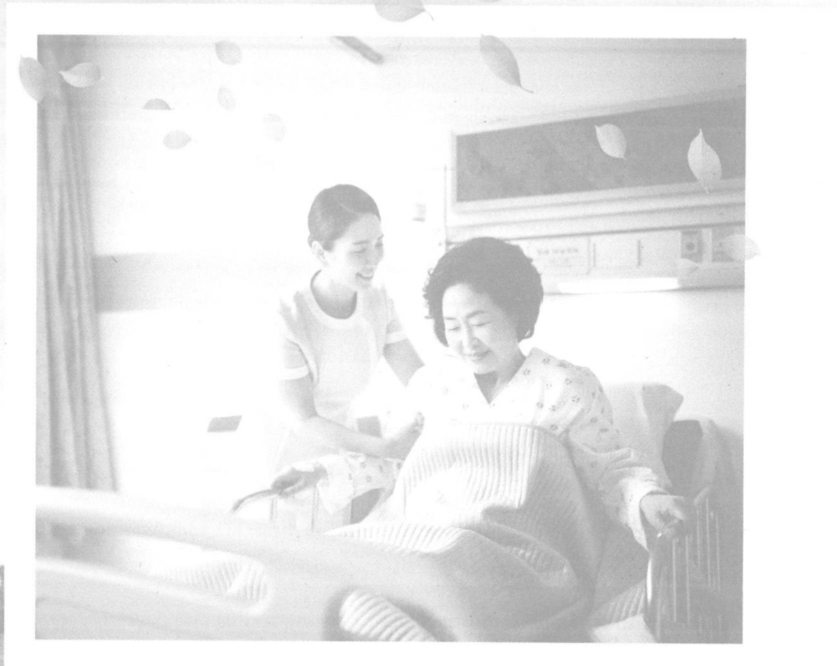

15장 죽음과 웰다잉

1. 노인과 죽음

1) 죽음의 개념

모든 인간이 피할 수 없는 것 중 하나는 죽음이며, 인간의 죽음은 다양하게 정의될 수 있다. 세계보건기구(WHO)에서는 죽음(death)을 '소생할 수 없는 삶의 영원한 종말'이라고 정의하였다. 우리나라의 경우 대한의학협회 내 '죽음의 정의위원회'에서 1989년에 '심장, 폐 기능의 불가역적 정지 또는 뇌간을 포함한 전 뇌 기능의 불가역적 소실'이라 정의하였다. 또 '뇌사에 관한 선언(1993)'에서는 "사방은 심폐 기능의 정지인 심폐사 또는 전 뇌 기능의 소실인 뇌사로서 판단한다."고 하여 뇌사를 죽음으로 정의하였다. 죽어감(dying)은 유기체가 생존 능력을 상실해 가는 과정이며, 죽음을 맞는 것을 임종이라 한다. 죽음은 죽어감으로 시작해서 죽음으로 종말을 맺는 전이 과정(Kalish, 1976)이라 정의할 수 있다.

예외적으로 죽음을 사회적 과정으로 이해하여, 비록 생물학적으로는 죽지 않았으나, 인간이 더 이상 사고하고 감정을 느낄 수 없게 되었을 때 사회적으로 죽었다고도 한다. 따라서 죽음의 개념을 정확히 이해하기 위해서는 죽음의 유형을 살펴볼 필요가 있다. 죽음의 유형에는 생물학적 죽음, 의학적 죽음, 사회적 죽음, 신학적 죽음, 법적 죽음이 있다(Zastrow, 2007; 서혜경, 2009, 재인용).

〈표 15-1〉 죽음의 유형

유형	내용
생물학적 죽음	• 호흡 정지, 심장 정지, 동공 확대를 죽음의 판단 기준으로 하는 이른바 3증후설에 근거하여 인간의 장기 기능이 정지된 상태
의학적 죽음	• 모든 체세포의 기능 상실로 생체가 기능하는 데 필요한 화학적물리적 또는 전기적생리적 활동을 잃게 되어 인체의 세포가 불가역적인 상태로 변하는 것 • 뇌 또는 호흡이나 심장 박동의 완전한 정지
사회적 죽음	• 생명은 유지되고 있지만 인간으로서의 기능을 전혀 할 수 없는 상태 • 식물인간이 대표적 예로, 의학적법적 죽음이 전제되어야 함
신학적 죽음	• 생명체의 기능이 완전히 정지된 상태에서 인간의 생명이 신에게 귀의하는 것을 말함 • 철학적 정의로는 생각의 정지
법적 죽음	• 의사가 죽음을 판정한 이후 이를 기초로 죽음을 법적으로 인정한 경우

출처: Zastrow, C.(2007). *Introduction to social work and social welfare.*
서혜경(2009). 노인죽음학개론. 서울: 도서출판 경춘사, 재인용.

2) 노년기와 죽음

발달 단계별로 인간이 죽음을 받아들이는 의미는 다양하며(정옥분, 2000), 비교적 노인들은 다른 연령대 집단에 비해 죽음을 덜 불안해 하는 경향을 보인다. 아동들은 죽음을 일시적인 상태로 이해하며, 5~7세가 되어서야 죽음이 '돌이킬 수 없는 것'으로 이해 가능해진다. 청년들은 죽음을 낭만적으로 생각하는 경향이 있으며, 죽음을 두려워하지 않기 때문에 얼마나 오래 사느냐보다 어떻게 사느냐를 생각한다. 성년기 성인들은 삶을 사는 데 열심이기 때문에 갑자기 죽음이 찾아오게 되면 감정적으로 임하게 된다. 따라서 죽음이 임박한 성인들은 열심히 살았음에도 불구하고 모든 것이 헛되다고 생각하여 극도로 좌절하고 분노하며, 종종 다루기 어려운 환자가 된다. 중년기에 접어든 대부분의 사람들은 자신도 언젠가 죽을 것이라는 현실적인 자각으로 인해 시간을 인식하는 방법에 변화가 오게 된다. 이제껏 자신이 살아온 햇수로 시간을 지각하던 이전과는 달리 이제는 죽을 날까지 남은 햇수로 시간을 지각하게 된다. 이에 따라 남은 세월을 의미 있게 살고자 하면서, 자신의 직업 경력, 결혼 생활, 자녀와의 관계, 우정, 가치관 등을 재평가하게 된다. 한편 노인들은 친구와 친지를 떠나보내게 됨에 따라 점차 죽음을 받아들일 수 있도록 생각과 느낌을 재조정하므로 대개 중년들보다 죽음에 대해 덜 걱정한다. 자신의 인생이 의미 있었다고 느끼는 노인일수록 예상되는 죽음을 더 쉽게 수용할 수 있다.

발달 단계별로 죽음을 받아들이는 의미가 다른 이유는 죽음이라는 개념을 구성하고 있는 불변성(permanence, 죽음은 되돌릴 수 없다), 필연성(inevitability, 모든 생물은 죽는다), 중단성(cessation, 죽으면 모든 활동, 감정, 사고가 중단된다), 적용성(applicability, 죽음은 살아 있는 대상에게만 적용된다), 원인성(causation, 죽음은 신체의 기능 정지가 원인이다)에 대한 이해도가 발달 단계에 따라 변화하기 때문이다.

일반적으로 노인들은 다른 연령층에 비해 죽음을 덜 불안해 하며, 불가피하게 인식하고 수용하려고 한다. 하지만 노년기에 접어들면서 죽음을 현실적으로 지각하게 되어 죽음에 대한 공포와 불안감을 갖기도 하고, 일부 노인들은 다른 연령층과 마찬가지로 죽음에 대한 불안이 심화되어 분노하고 부정하기도 한다. 노인의 경우 죽음에 대해 부정적인 태도를 취하게 되면 노년기 삶 자체가 불안해지고 불만족스러워질 수 있으므로 죽음의 의미를 수용하려는 노력이 필요하다(최순옥 외, 2014).

2. 죽음에 대한 태도

죽음을 받아들이는 태도는 개인의 사회·문화적 배경과 종교, 철학, 가치관, 삶의 경험 등에 따라 다르게 나타날 수 있다. 죽음에 대한 태도는 다른 사람의 죽음 등과 같은 간접적인 경험과 학습을 통해 정립된다. 이러한 요인 외에도 개인의 인구 사회적 특성, 가족 환경, 건강 상태, 심리 특성, 그리고 사회적 지지 요인 등은 사람들이 죽음에 대해 갖는 태도에 의미 있는 영향을 미친다.

1) 죽음 불안

죽음 불안(fear of death)이란 죽음으로 인해 생길 수 있는 공포, 거부, 부정, 두려움, 걱정 등과 같은 부정적인 감정으로, 인간 존재의 유한함을 깨닫는 데서부터 비롯된다. 마이클(Michael, 1979)은 죽음 불안을 다음 4가지로 나누어 설명하고 있다.

첫째, 죽어가는 과정에 대한 불안(fear of dying)이다. 이것은 신체적으로 경험하는 고통, 사회로부터의 격리, 소외, 신체적 및 정신적 기능 상실에 대한 걱정, 의식과 자력의 상실 및 타인 의존, 버림받는 것에 대한 불안으로 설명할 수 있다.

둘째, 죽음 자체에 대한 불안(fear of the death)이다. 삶을 마감하면서 자아의 상실, 정체감의 상실에 대한 불안을 의미한다.

셋째, 사후 결과에 대한 불안(fear of the result of death)이다. 개인이 마무리하지 못한 계획, 사업이나 재산의 염려, 아쉬움, 사후의 징벌, 사후 세계에 대한 불안이 여기에 속한다.

넷째, 다른 사람의 죽음과 죽어가는 과정에 대한 불안(fear of the death or dying of other)으로서, 사랑하는 사람과의 이별, 임종을 지켜보아야 하는 데서 오는 불안을 의미한다(박윤자, 2008).

죽음에 대하여 부정적인 태도를 갖게 되었을 때에는 죽음 불안이 야기되는데, 죽음 불안에 영향을 미치는 요인은 다음과 같다(권중돈, 2013).

〈표 15-2〉 죽음 불안에 영향을 미치는 요인

요인	죽음 불안의 수준
인구 사회적 특성	• 여성: 죽음에 따르는 신체심리적 고통에 대한 불안 수준이 높음 남성: 인생 계획과 목표를 실행하지 못한 것에 대해 불안해 함 • 연령: 연령에 따른 죽음 불안이 정적 또는 부적 관계가 있다는 상반된 연구 결과가 있음 • 결혼 상태: 이혼 또는 별거 노인의 불안 수준이 더 높음 • 교육 수준: 교육 수준이 낮을수록 죽음 불안 수준이 높음 • 종교: 종교가 있는 노인의 죽음 불안 수준은 낮지만, 종교 유무보다는 신앙심과 내세에 대한 믿음 정도가 더 중요한 요인임
건강 상태	• 질병이 있고 건강 평가가 부정적일수록 죽음 불안 수준이 높음
심리 특성	• 분노, 불평, 불만 수준이 높을수록 죽음 불안 수준이 높음 • 고독 수준이 높을수록 죽음 불안 수준이 높음 • 자아 통합 수준이 낮고 부정적 자아개념을 가지고 있을수록 불안 수준이 높음 • 삶의 만족도가 낮을수록 죽음에 대한 거부적 태도를 보임
가족 환경	• 가구 형태: 독신 노인의 죽음 불안 수준이 가장 높음 • 가족 수입: 가족 수입과 죽음 불안이 정적 또는 부적 관계가 있다는상반된 결과를 보임 • 가족 관계: 가족 간의 유대 관계와는 의미 있는 관련성이 없음
사회적 지지	• 사회 관계망이 위축되고 사회적 지지 수준이 낮을수록 불안 수준이 높음

출처: 권중돈(2013). 노인복지론. 서울: 학지사.

노인들은 자신의 일생을 수용하여 죽음에 대한 공포가 없는 심리적 안녕 상태인 자아 통합감이 높거나(김홍철, 2010), 삶의 의미 수준이 높을 때(한미정, 최정윤, 1999), 그리고 죽음 준비가 잘 되어 있을수록 죽음 불안이 낮은 것으로 나타났으나, 노인들이 아플 경우에는 죽음 불안의 수준이 높아지는 것으로 나타났다(서혜경, 윤민석, 2008). 이러한 연구 결과를 토대로 죽음에 대한 태도와 죽음 불안 간에는 상관이 높음을 알 수 있다.

2) 죽음에 대한 인식

죽음이 임박해 오는 노인의 경우 자신의 죽음에 대하여 상당히 복잡한 심리적 반응을 보이게 된다. 물리학자였던 퀴블러 로스(Kübler-Ross, 1969)는 약 500명의 불치병 환자를 대상으로 연구한 결과 죽음과 타협하게 되는 5단계를 제시하였다. 퀴블러 로스의 죽음에 대한 적응 단계는 부정 단계, 분노 단계, 타협 단계, 우울 단계, 그리고 수용 단계로 이루어진다.

퀴블러 로스의 죽음을 대하는 사람들의 심리적 변화를 나타낸 이 이론은 인생의 종말을 맞이하는 사람들의 감정에 대한 폭넓은 이해를 돕은 데 유용하다. 그러나 모든 노인들이 죽음을 맞이할 경우 퀴블러 로스의 5단계 심리적 반응을 거치는 것은 아니다. 예를 들어 노인이 배우자나 친구의 죽음을 경험하면서, 또 자신의 질병을 겪으면서 오랫동안 죽음에 대해 생각하였으며, 노후의 역할 상실을 경험하면서 인생을 통합하여 정리할 시간을 가지게 되어 죽음을 자연스럽게 수용하는 경우도 있다.

〈표 15-3〉 퀴블러 로스의 죽음에 대한 적응 단계

단계	심리적 반응
부정 (denial)	• 죽음을 거부하고 부정하며 고립 상태에 빠져드는 단계 • '아니야. 그럴 리가 없어.' 등으로 죽음이라는 현실을 거부하며, 오진이라 생각하고 다른 병원을 찾아다님 • 부정을 통해 죽음과 관련된 심각한 감정으로부터 자신을 보호하려 함 • 이 단계의 마지막에는 사랑하는 사람이나 전문가에게 죽음에 관해 조금씩 표현하려는 징조를 보임
분노 (anger)	• 죽음을 더 이상 부정할 수 없게 되고 감정은 분노와 원망으로 변함 • '왜 하필 내가 죽어야 하나?'라고 하면서 주위 사람이나 신에게 원망, 시기, 질투, 화, 분노의 감정을 표현함 • 분노는 임종 과정의 자연스러운 반응이므로, 주위 사람은 환자의 표현을 비판하지 말고 감정을 표출하도록 도와주어야 함
타협 (bargaining)	• 절박하게 다가온 죽음을 초인적 능력이나 의학 또는 신과의 타협을 통하여 잠시 동안 연기하려 함 • '내가 죽어가고 있구나, 그러나….'라고 하며, 선행을 전제 조건으로 신과 생명을 타협하며, 의사의 지시를 잘 따르고 열심히 기도한다면 신이 죽음을 연기해 줄 것이라고 믿음
우울 (depression)	• 체념, 절망과 비탄의 감정 상태에 빠져드는 시기로서, 죽음을 더 이상 부정하지 않고 우울 상태로 접어들게 됨 • 가족, 친지와 이별하기 위하여 사전에 자신을 분리할 준비를 함 • 과거나 현재의 상실에 대해 우울해 하며, 미래의 상실에 대한 예비적 우울감을 경험함 • 위 두 가지 우울은 필요 불가결한 것이며, 이 단계를 거쳐야 체념하고 평온하게 죽음을 맞이할 수 있음
수용 (acceptance)	• 우울감도 분노감도 느끼지 않으며, 거의 아무런 감정도 갖지 않게 됨 • 행복의 단계는 아니며, 아무 감정이 없는 단계에서 침착함과 평온함을 보이고 '이제 떠날 시간이다.'라는 태도를 보임 • 대부분의 환자가 병원보다 집에서 임종하기를 원함

출처: 이은희(2015). 노인복지론. 서울: 학지사.

3. 가족과의 이별, 홀로됨의 적응

1) 가족의 죽음과 유가족의 자세

부부가 평생을 함께 지내면서 늙어가더라도 한날한시에 함께 죽음을 맞이하기는 어렵다. 한쪽 배우자가 먼저 사망을 하게 되면, 남은 배우자는 사별을 경험하게 된다. 배우자의 사망은 스트레스 지수 1위에 해당하는 심리적 고통을 수반할 뿐 아니라, 건강상의 어려움을 초래하기도 하며, 사별 이후의 홀로서기에 적응해야 하므로 생활 만족도도 떨어지게 된다. 사별한 후에 가족은 고인의 죽음을 받아들이고 긍정적인 자세로 정신적·물리적 준비를 하며, 변화된 상황에 적응하기 위해 노력해야 한다.

가족의 죽음을 맞이하는 유가족의 자세를 살펴보면 다음과 같다(홍숙자, 2001).

첫째, 임종을 맞이한 가족 구성원에게 죽음에 대한 공포를 없애고 삶을 정리할 수 있는 기회를 부여한다.

둘째, 유가족은 슬픈 마음을 충분히 표현하고 고인을 그리워하는 애도의 기간을 거쳐야 한다. 애도의 기간을 다 보낸 후에 회복의 단계를 거쳐 고인의 빈 자리에 적응해 가야 한다.

셋째, 고인의 빈자리로 인해 생겨난 역할을 보완하기 위해 가족 구성원의 역할을 재조정해야 한다. 경제적 역할을 담당했던 가족 구성원이 사망했을 경우에는 재정적 측면에 대한 대책도 마련해야 한다.

넷째, 배우자와의 사별로 인한 홀로됨에 적응해 나가야 한다. 배우자와 사별 후에 역할의 재조정 및 적응, 새로운 취미의 시도, 가족·친지·자녀와의 유대 관계를 강화하여 외로움을 극복한다.

2) 사별로 인한 비탄의 과정

가족 구성원과의 사별로 인하여 유가족이 겪는 비탄의 과정을 정리하면 다음과 같다(Bowlby, 1974; 정옥분, 2008).

① 충격의 단계

가족 구성원의 죽음으로 인해 격렬한 슬픔에 압도된 충격 상태이다. 고인의 상실에 대한 분노와 생존 시 좀 더 잘해 주지 못한 죄책감을 느끼고, 당황하여 넋을 잃게 되기도 한다.

② 그리움의 단계

고인을 다시 보고 싶어 하는 그리움의 단계이다. 고인이 살아 돌아올 수만 있다면 무엇이든지 할 것 같은 타협의 마음이 생기거나, 그리움이 심할 경우 같이 따라 죽고 싶다는 생각을 하기도 한다.

③ 절망의 단계

고인의 죽음을 받아들이지만 고인의 빈자리로 인한 우울증, 무력감, 절망감에 휩싸인다. 이 단계에서는 모든 일에 무관심해지거나 냉담한 반응을 보이기도 한다.

④ 회복의 단계

일반적으로 절망의 단계까지 1년 정도가 지나면 평온한 감정으로 고인을 회상할 수 있게 되고, 가정이나 직장에서 예전과 같은 정상적 생활을 할 수 있다.

장례식은 고인을 애도하는 의식으로 고인과 가깝게 지내던 사람들이 모두 한자리에 모여 고인의 명복을 빌어 주고, 고인의 죽음을 공식적으로 인정하는 의식이다(건강가정컨설팅연구소, 2017). 장례식은 사별로 인한 슬픔을 자유롭게 표현하는 장이 되므로 비탄의 과정을 용이하게 하는 작용을 한다. 그러므로 장례식을 통해 유가족의 권력이나 재력을 과시해서는 안 될 것이다.

4. 죽음 준비 교육

죽음을 논하는 것은 삶을 논하는 것이며, 죽음 준비는 곧 삶을 바르게 마무리하고자 하는 적극적인 의지의 표현이라 할 수 있다. 죽음과 삶은 표리일체를 이루므로, 한 사람의 삶이 마무리되는 방식은 그 사람 자신이 삶을 어떻게 살았는지를 보여 준다. 이와 같이 노년기에 있어서 죽음의 의미는 노년기 삶에 대한 의미와 태도에 영향을 줄 수 있다.

노인들이 죽음에 대한 불안 수준을 낮추며, 스스로 자신의 죽음을 미리 준비하고 아름답게 생을 마감할 수 있도록 도와주는 일이 필요한데, 이 중 하나가 바로 죽음 준비 교육이다. 노인을 위한 죽음 준비 교육은 노인이 자신의 죽음을 어떻게 맞이할 것인지, 또 인생의 마지막 시기를 어떻게 인간답게 보낼 것인지에 대해 접근하는 삶의 교육이자 노년기 삶의 질을 높이는 중요한 과정이다.

2014년 노인실태조사 결과에 따르면, 65세 이상 고령자들의 죽음과 관련된 준비 실태는 묘지를 준비했다는 노인이 29.1%, 수의를 준비한 경우가 11.2%이고, 상조회 가입률이 6.7%로 나타났다. 그러나 이에 비하여 유서 작성이나 죽음 준비 교육 수강 등과 같이 적극적으로 자신의 죽음을 설계하려는 노력은 상당히 적은 것으로 나타났다.

죽음 준비 교육이 노인들에게 필요한 이유는 다음과 같다(최순옥 외, 2014).

첫째, 노인들은 발달 단계상 다른 어떤 연령대보다도 죽음과 가까운 연령층이기 때문이다. 둘째, 노년기는 은퇴나 여러 가지 사회적 역할의 종결로 인해 늘어나는 여가 시간들이 오히려 삶의 의미를 잃어버리게 할 수도 있기 때문에 삶의 의미를 재인식하고 삶을 의미 있게 변화시키기 위해서 필요하다. 셋째, 노인들은 자신의 삶 속에서 죽음을 어떻게 맞이할 것인지를 생각하며, 매일의 생활 속에서 자신의 죽음을 준비하면서 자신의 삶의 방식을 되돌아볼 필요가 있기 때문이다.

자신의 죽음을 수용하고 이해하며, 나아가 적극적이고 생산적으로 죽음을 준비하는 작업이 곧 삶을 성숙시키는 과정이다(임찬란, 이기숙, 2006). 이와 같이 죽음을 통해 삶의 의미를 부여해 가는 과정인 죽음 준비 교육은 노인들에게 막연하기만 했던 불안감을 해소하고, 과거 삶에 대한 평가는 물론 현재 삶에 적극성을 부여하고 미래를 전망하는 과정을 통해 자신의 삶을 통합적으로 인식하여 궁극적으로 노년기의 삶의 질을 높일 수 있다.

죽음 준비 교육은 사실 노인을 포함한 모든 연령대 사람들에게 적용 가능하며, 죽음 준비 교육의 목적은 다음과 같다(Berk, 2006).

- 죽음과 관련된 신체적 및 심리적 변화에 대한 이해 증진
- 사랑하는 사람의 죽음에 대처할 수 있도록 돕는 것
- 의료 서비스와 관련된 문제 또는 장례 절차에 대한 정보 제공
- 죽음과 관련된 사회적 및 윤리적 문제들에 대한 이해 증진

죽음 준비 교육의 목표는 죽음에 대비하여 현재 주어진 삶을 잘 살도록 지원하는 것이므로, 죽음 준비 교육은 '삶을 준비하는 교육', '삶에 대한 교육'이라고 할 수 있다(송양민, 유경, 2011). 죽음 준비 교육의 목표는 다음과 같다(안홍순, 2015).

첫째, 죽음 준비 교육의 중요한 목표 중 하나는 죽음에 대한 공포를 완화하는 것이다. 죽음 준비 교육을 통해 죽음과 익숙해지면서 공포심을 줄여 나가는 것이다. 둘째, 인생의 변화인 노화를 이해함으로써 죽음이 이러한 변화의 과정이라는 사실을 인정하도록 교육한다. 셋째, 죽음에 대한 긍정적인 가치관을 형성하고, 영원한 생명에 대한 희망을 가지도록 한다.

죽음 준비 교육 프로그램에서 다루어질 내용은 다음과 같다(최순옥 외, 2014).

- 노년기 삶과 현대 가족의 기능 이해하기: 노년기에 대한 포괄적인 이해, 노화 관련 이론, 현대 사회에서 가족의 역할과 기능
- 죽음의 현실: 노화와 질병, 죽음의 개념과 정의, 죽음 이해하기
- 죽음 알기: 죽음의 형태와 과정, 신체적 죽음
- 죽음 받아들이기: 죽음에 대한 태도 및 그와 관련된 요인, 죽음에 대한 노인들의 태도와 이에 영향을 미치는 요인들
- 연명 치료 중단의 시기: 생명의 연장과 포기, 안락사, 생명 의지
- 죽을 준비: 유서 쓰기, 유산 정리, 장기 기증, 호스피스 병원·요양 병원 알아보기
- 죽음 맞이하기: 장례 의식 및 절차, 전통적인 죽음의 해석, 타인의 죽음 관련 동영상 시청 후 토론
- 남아 있는 것에 대한 정리: 슬픔과 애도, 배우자 사별 시 극복하는 방법, 위로 편지, 홀로 남은 자의 적응

5. 웰다잉(well-dying)

고령화 사회에서는 수명의 연장보다는 삶의 질과 좋은 죽음의 의미가 더 중요하게 여겨진다. 웰빙(well-being)이라는 개념과 함께 죽음에 대한 시각이 긍정적으로 전환되면서 어떻게 죽는 것이 좋을지에 대한 사회적 관심이 높아지고 있다. 우리나라에서는 2016년 2월 임종을 앞둔 환자에 대한 무의미한 연명 치료 중단을 법적으로 보장하는 일명 '웰다잉법(「호스피스·완화의료 및 임종과정에 있는 환자

의 연명의료결정에 관한 법률」)'이 국회를 통과하여, 유예 기간을 거쳐 2018년부터 시행되고 있다. 따라서 웰다잉에 대한 개인적 인식이 보다 더 확산되고 있다(신용주 외, 2016).

웰다잉(well-dying)이란 인생을 잘 마무리하여 잘 죽는 것을 의미하며, 웰다잉에는 품위 있는 죽음, 건강한 죽음, 행복한 죽음이라는 의미가 내포되어 있다. 잘 살아간다는 것은 생을 의미 있게 잘 마무리한다는 의미이기도 하기에, '웰빙(well-being)은 곧 웰다잉(well-dying)'이라는 인식이 확산되고 있다.

죽음의 개념은 사회·문화적 배경과 시대에 따라 다르며, 개인의 가치관, 철학, 종교, 삶에 대한 태도 등에 따라 다르게 정의될 수 있으므로, 웰다잉에 대한 인식 역시 개인의 가치관이나 사회·문화적 맥락 등의 요인에 의해 영향을 받는다. 웰다잉, 즉 좋은 죽음은 인간이 경험하는 마지막 단계로서 좋은 삶의 질적 측면에서 볼 때 지금까지 살아온 삶을 잘 마무리하는 것을 의미하며(김옥라, 2010), 좋은 삶을 유지하는 것이 곧 웰다잉을 위한 기본 조건이라 할 수 있다(안홍순, 2015).

1) 노인이 인식하는 좋은 죽음

웰다잉은 잘 살다가 잘 죽는 것이라는 시각에서 웰빙의 진화된 개념으로 이해된다. 인간의 죽음은 누구나 겪게 될 자연스러운 현상이므로, 대부분의 노인들은 죽음의 과정 자체도 자연스럽게 받아들이고, 사전에 준비하여 죽음을 맞이하고 싶어 한다. 나아가 웰다잉을 위해서 자기 스스로 후회하지 않는 삶, 자신이 죽고 난 후에 남은 사람들에게 어떻게 기억되고 싶은지, 남은 가족들을 배려하고 싶은 마음을 가지며, 지나온 삶을 되돌이보고 남은 삶을 가치 있게 보내는 과정이 필요하다.

웰다잉, 즉 좋은 죽음에 대한 학문적 합의는 아직 없으나, 이명숙(2012)의 연구에서 341명의 노인이 인식한 '좋은 죽음'에 관하여 살펴보면 다음과 같다(이명숙, 2012; 최순옥 외, 2014, 재인용).

〈표 15-4〉 노인이 인식하는 좋은 죽음

범주	하위 항목
주변 사람을 배려하는 죽음	• 배우자와 비슷한 시기에 함께 하는 죽음 • 어느 누구에게 폐 끼치지 않는 죽음 • 다른 사람에게 좋은 사람으로 기억되는 죽음
천수를 누리는 죽음	• 적당한 수명을 누리는 죽음 • 명을 다하는 죽음
내 집에서 맞이하는 죽음	• 내 집에서 맞이하는 죽음
편안한 모습으로 죽음	• 평온한 죽음 • 잠자는 듯한 죽음 • 아프지 않고 맞이하는 죽음 • 임종 과정이 길지 않은 죽음
준비된 죽음	• 준비된 죽음
원하는 삶을 누리다 가는 죽음	• 삶의 최선을 다하고 맞이하는 죽음 • 베풀고 가는 삶을 살고 가는 죽음 • 신앙 속에서의 죽음 • 자손이 잘 되는 것을 보고 가는 죽음

출처: 이명숙(2012). 노인이 인식하는 좋은 죽음. 한서대학교 대학원 박사학위 청구논문.

(1) 주변 사람을 배려하는 죽음

일반적으로 노인들은 죽는 순간까지도 자녀와 가족을 생각하는 경향이 있다. 배우자와 뜻 깊은 삶, 행복한 삶을 살다가 비슷한 시기에 가는 것, 배우자와 여생을 보내다가 배우자 옆에서 잠자듯이 맞이하는 죽음, 남편이 내 앞에 죽고 며칠 후에 따라가는 것 등과 같이 노년기에 배우자와 함께 하는 죽음은 좋은 죽음으로 인식되고 있다. 노년기 부부에게 배우자는 자신에게 유일한 친구이자 수발자이며, 자녀에게 부담을 주지 않는 삶을 위해 필요한 존재로 여겨지기 때문이다. 따라서 노년에 예상되는 사별에 대해서는 자신의 죽음으로 인해 배우자의 여생이 측은해지지 않도록 자신이 남겨지기를 원한다고 응답했다.

또한 자식을 포함하여 다른 사람에게 부담이나 폐를 끼치지 않고, 다른 사람에게 좋은 사람으로 기억되는 것을 좋은 죽음이라 인식함으로써, 노인들은 죽은 뒤에까지도 주변을 배려하는 모습을 볼 수 있다.

(2) 편안한 모습으로 죽음

대부분의 노인들은 죽음에 직면하면서 받게 될 고통에 대한 두려움을 지니고 있다. 이러한 죽음이나 고통에 대한 두려움을 느끼지 않고 편안하게 자는 듯이, 또 아프지 않게 임종 과정이 길지 않은 죽음을 좋은 죽음이라 여긴다.

(3) 천수를 누리는 죽음

일반적으로 한 사람이 태어나서 오래 살고 복을 누리다가 자신의 명을 다하는 좋은 죽음을 호상(好喪)이라고 보았다. 이는 적당한 수명을 누리고 죽음에 인위적 행위가 가해지지 않은 죽음으로, 자신의 명을 다하는 것을 좋은 죽음으로 여긴다.

(4) 준비된 죽음

노인들은 자신이 스스로 마지막 삶을 정리하고 맞이하는 죽음을 좋은 죽음이라 여기고 있다. 대부분의 노인들은 해야 할 일, 마음가짐, 자식에게 남겨줄 것, 주변 상황 등 이 세상에서의 삶을 잘 정리할 수 있는 시간이 주어져서 모든 일을 정리하고 죽음을 준비할 수 있기를 원한다.

(5) 원하는 삶을 누리다 가는 죽음

많은 노인들은 자신이 원하는 삶을 즐기고 맞이하는 죽음, 삶에 최선을 다하고 맞이하는 죽음, 여유가 있어 베푸는 삶을 살고 맞이하는 죽음, 신앙 속에서 죽음에 대한 두려움 없이 맞이하는 죽음, 또 자손이 잘 되는 것을 보고 가는 죽음을 좋은 죽음이라 여긴다.

(6) 내 집에서 맞이하는 죽음

예로부터 집 밖에서 죽게 되면 객사(客死)라고 하여 꺼리는 문화적 영향과 함께 가족들의 보살핌 속에서 죽음을 맞이하고 싶은 것이 일반적이다.

2) 웰다잉과 관련된 요인들

모든 사람들은 인생의 마지막 시기에 누구도 죽음을 피할 수 없으므로, 웰다잉, 즉 좋은 죽음을 맞이하고 싶은 소망이 있다. 죽음을 어떻게 수용하고 대처할 것인지의 문제는 노년기의 안녕감과 삶의 질이 직결되어 있으므로, 웰다잉에 긍정적인 영향을 줄 수 있는 요인을 살펴보고자 한다(유경 외, 2014).

(1) 자아 통합감

에릭슨(Erikson, 1982)은 노년기에 수행해야 할 발달 과업 중 하나로 자아 통합감(ego integrity)을 제시하였다. 자아 통합감이란 자신의 과거, 현재, 그리고 미래를 바로 보고 받아들이며, 자신이 삶의 주체로 살아가고, 다른 사람들에 대한 배려심을 가지고 세상을 사는 지혜를 얻는 것을 의미한다(유경 외, 2014). 노인들은 지난 날 갈등과 죄책감을 해결하고, 이제껏 살아왔던 인생을 나름대로 정리하며, 삶의 의미를 부여하는 것이 중요하다. 자신의 과거 경험에서 아쉬운 점이나 잘못이 있더라도 이를 긍정적으로 받아들이고, 달성하지 못한 일보다 그동안 이루었던 일과 인생에 대해 감사하는 마음으로, 자신이 최선을 다해 삶을 살아왔다는 느낌을 가지는 상태에 이르는 것이 자아 통합감의 달성이다(윤진, 1985).

그러나 일부 노인들은 자신의 인생이 허비되었다거나 무가치한 것이었다고 여기며 죽음에 대한 높은 수준의 공포를 보이고, 절망감(despair)에 빠질 수 있다. 노년기의 절망감은 무기력하고 혼란스러운 상태에 빠져 자신의 인생을 후회하는 것이라 할 수 있다(Erikson, 1982). 절망감에 빠진 노인들은 자신의 삶에 혐오를 느끼며, 죽음에 대한 공포와 두려움으로 불안한 노후를 보내게 된다(윤진, 1985).

자아 통합감을 이룬 사람들의 대표적인 행동적 특징을 살펴보면 '죽음을 삶의 일부로 수용한다.', '자신의 삶은 자신의 선택의 결과라고 믿는다.', '현재의 삶을 자신의 유일한 삶으로 받아들인다.', '일반적으로 행복해하며 긍정적이다.', '과거의 삶을 현실과 통합해서 성공적으로 적응한다.' 등을 들 수 있다. 반면에 자아 통합감이 낮고 절망감에 빠진 사람들의 대표적인 행동적 특징으로는 죽음에 대한 두려움을 보이는 것이다(Hamacheck, 1990).

(2) 죽음 대처 유능감

죽음 대처 유능감(Death Competency)은 앞서 소개한 퀴블러 로스(Kübler-Ross)가 처음 제안한 개념으로, 죽음에 임박한 환자나 그 가족들을 도와주기 위하여 요구되는 자질을 의미하는 것에서 비롯되었다. 이는 반두라(Bandura, 1982)가 제안한 자기 효능감(self-efficacy), 즉 특정 행동을 수행할 수 있는 개인의 역량에 대한 신념과 관련이 있다. 로빈스(Robbins, 1990)는 자기 효능감의 개념 중에서 영역 특정적(domain-specific) 효능감의 하나인 죽음 자기 효능감(death self-efficacy)을 죽음 대처 유능감(death competency)이라고 정의하고 있다.

죽음 대처 유능감은 스스로의 죽음에 대처하는 자신감뿐 아니라 자신과 가까운 타인의 죽음에 대하여 어떻게 대처할지에 대한 영역을 포괄하는 개념이다. 특히 사랑하는 사람이나 가까운 지인의 죽음에 대한 애도 과정이 죽음에 대한 자신의 대처 역량을 정립하게 하고, 삶의 목적을 찾는 데 도움을 준다고 보았다(유경 외, 2014). 죽음 대처 유능감은 연령이 증가함에 따라 계속 증기하는 것으로 나타났으며(김지현, 2008), 장기 기증이나 호스피스 자원봉사 등과 같은 행동에 영향을 주는 것으로 나타났다.

죽음이 가까워지고 있다고 느끼고, 죽음을 현실적인 문제로 생각하는 노년기에는 죽음에 대처하는 자기 효능감인 죽음 대처 유능감이 노년기 안녕감을 유지하는 중요한 요인이 되며, 이러한 죽음 대처 유능감은 죽음 준비 교육을 통해 증진될 수 있다(유경 외, 2014).

(3) 회상

이외에도 웰다잉과 관련된 개념 중 하나로 노년기에 자신의 지나온 삶을 돌이켜 보는 회상(reminiscence)을 들 수 있다. 회상은 '개인의 과거를 돌이켜 생각하는 행위나 과정'이라 정의한다(Butler, 1963). 회상은 개인의 인지적인 자아 통합 과정으로서, 죽음에 직면할 경우 경험되는 인생 회고(life review)의 일부이며, 죽음을 준비하는 것을 돕는 기제라 할 수 있다.

노인들이 회상을 할 경우에 기대되는 단기적 효과로는 자아 통합감의 달성, 주관적 안녕감, 자아존중감의 증가, 우울감 감소 등이 있으며, 장기적 효과로는 심리적 적응, 인생 만족감, 그리고 삶의 질 향상 등을 들 수 있다(Lin et al., 2003).

노인들의 회상은 자아 통합감과 정적 상관 관계를 보이는 것으로 나타났다. 노년기 회상은 과거 및 현재의 수용에 영향을 미치며, 특히 과거에 불만족한 노인에게 심리적으로 도움을 주어 자아 통합감을 증진시키는 효과를 가져 올 수 있다. 나아가 노인의 인생 회고는 죽음에 대한 긍정적 태도와 의미 있는 상관 관계를 보였으며, 죽음을 준비하기 위한 회상은 노년기 인생 만족감에 긍정적인 영향을 주는 것으로 나타났다(Georgemiller & Maloney, 1984).

노인들의 인생 회고 과정을 더욱 효과적으로 하기 위해 활용할 수 있는 대표적인 인생 회고 기법은 다음과 같다(유경 외, 2014).

- 자서전의 저술이나 녹음: 자서전적 기록에 나타난 사건, 경험, 관련 인물들은 개인의 삶에 중요한 의미를 지닌다.
- 순례 여행: 자신이 태어나고, 아동기나 청소년기에 자랐던 장소, 성인기를 보냈던 장소 등으로 여행을 떠남으로써 자신의 삶에 대한 생각을 정리하고, 사진을 찍거나 기록을 남길 수 있도록 한다.
- 재회: 동창회, 가족 모임, 종교 단체의 모임, 친구 모임 등을 통해서 노인들은 자신의 삶에서 중요한 사람들과 함께 자신의 인생을 돌아볼 수 있는 기회를 가진다.

- 족보: 자신의 뿌리를 찾고, 과거로부터 현재, 미래에 이르기까지의 삶의 연속성을 느끼게 해 주는 일이 자신의 족보를 확인하는 것이다. 이미 고인이 된 친척들에 대한 회상은 죽음에 대한 두려움을 완화시켜 줄 수 있다.
- 스크랩북, 사진첩, 오래된 편지 및 기억할 만한 중요 기사: 각 사람들이 오랫동안 보관해 온 물품들은 대부분 자신의 인생에서 특별하거나 즐거움을 주는 의미 있는 것들이다. 이러한 물품들에 대하여 이야기하면서 장기간 잊고 있었던 사람들, 사건들, 정서적 경험들을 회상해 본다.
- 일생의 사업 정리: 노인 스스로가 생각하기에 이 세상에서 자신이 기여하였다고 여겨지는 일들을 정리함으로써 노인들로 하여금 세상에서 의미 있는 존재였다는 느낌을 갖게 한다. 일생의 사업을 정리한 결과를 저술하거나, 작품 발표 등으로 연계할 수 있다.
- 민족적 정체감 전수: 노인들은 자신의 과거 경험을 회상함으로써 자신의 민족적 정체감을 확인하고 귀중한 민족적 전통과 문화유산의 진가를 후대에 전수할 수 있다.

6. 노인과 호스피스

국제 호스피스 기구(National Hospice Organization)에서 내린 정의에 의하면, "호스피스는 임종 환자와 그의 가족에게 육체적·심리적·사회적·영적인 간호를 제공하는 지지적이고 고식적인 봉사"이며, "호스피스란 지속적인 진행성 질병의 최종 단계에 처한 사람들의 고통을 경감시켜 정서적사회적인 도움을 줌으로써 임종자들로 하여금 선종(善終)하도록 해 주는 봉사로 주로 말기 암 환자나 임종을 앞둔 노인들을 대상으로 하는 것"이다(김범수, 1992). 다시 말해 호스피스란 임종 단계에 있는 환자가 남은 삶을 평화롭고 안정되게 살면서 인간의 품위를 유지하여 평화롭게 자신의 죽음을 맞이하도록 돕는 것을 의미한다(최순옥 외, 2014).

호스피스의 목적은 치료가 불가능한 질병의 마지막 단계에 있는 사람들이 가능한 평안하게 살다가 삶을 마감할 수 있도록 치료와 지지를 제공하는 것이다. 호스피스는 인간의 존엄성을 기본 가치로 여기고 있다. 따라서 인간의 존엄성에 입각하여, 어떠한 사람도, 어떠한 형편에 처해 있다 하더라도 인간다운 삶을 살 권리가 있으며, 비록 노인이라 해서 이러한 삶의 유지를 위한 기회의 폭이 제한된다든지 여생이 고통이라면 당연히 이러한 노인들을 지원할 방법을 모색하여야 한다.

우리나라에서는 2018년도부터 시행된 임종을 앞둔 환자에 대한 무의미한 연명치료 중단을 법적으로 보장하는 일명 '웰다잉법(「호스피스·완화의료 및 임종과정에 있는 환자의 연명의료결정에 관한 법률」)'이 제정됨에 따라, 생을 의미 있게 잘 마무리 짓는 웰다잉(well-dying)에 대한 인식이 제고되고 있다. 「호스피스·완화의료 및 임종과정에 있는 환자의 연명의료결정에 관한 법률」은 호스피스·완화 의료와 임종 과정에 있는 환자의 연명 의료와 연명 의료 중단 등의 결정 및 그 이행에 필요한 사항을 규정함으로써 환자의 최선의 이익을 보장하고 자기 결정을 존중하여 인간으로서의 존엄과 가치를 보호하는 것을 목적으로 하고 있다.

「호스피스·완화의료 및 임종과정에 있는 환자의 연명의료결정에 관한 법률」 제2조에서는 관련 개념에 대하여 다음과 같이 정의하고 있다.

- 임종 과정: 회생의 가능성이 없고, 치료에도 불구하고 회복되지 아니하며, 급속도로 증상이 악화되어 사망에 임박한 상태
- 말기 환자(末期患者): 말기 환자란 적극적인 치료에도 불구하고 근원적인 회복의 가능성이 없고 점차 증상이 악화되어 담당 의사와 해당 분야의 전문의 1명으로부터 수개월 이내에 사망할 것으로 예상되는 진단을 받은 환자

- 연명 의료: 임종 과정에 있는 환자에게 하는 심폐 소생술, 혈액 투석, 항암제 투여, 인공호흡기 착용 및 그 밖에 대통령령으로 정하는 의학적 시술로서 치료 효과 없이 임종 과정의 기간만을 연장하는 것
- 연명 의료 중단 등 결정: 임종 과정에 있는 환자에 대한 연명 의료를 시행하지 아니하거나 중단하기로 하는 결정
- 호스피스·완화 의료(이하 '호스피스'): 다음 각 항목의 어느 하나에 해당하는 질환(암, 후천성 면역 결핍증, 만성 폐쇄성 호흡기 질환, 만성 간경화, 그 밖에 보건복지부령으로 정하는 질환)으로 말기 환자로 진단을 받은 환자 또는 임종 과정에 있는 환자(이하 '호스피스 대상 환자')와 그 가족에게 통증과 증상의 완화 등을 포함한 신체적, 심리·사회적, 영적 영역에 대한 종합적인 평가와 치료를 목적으로 하는 의료

「호스피스·완화의료 및 임종과정에 있는 환자의 연명의료결정에 관한 법률」에서 추구하고 있는 기본 원칙은 다음과 같다(「호스피스·완화의료 및 임종과정에 있는 환자의 연명의료결정에 관한 법률」 제3조).

첫째, 호스피스와 연명 의료 및 연명 의료 중단 등 결정에 관한 모든 행위는 환자의 인간으로서의 존엄과 가치를 침해하여서는 안 된다.

둘째, 모든 환자는 최선의 치료를 받으며, 자신이 앓고 있는 상병(傷病)의 상태와 예후 및 향후 본인에게 시행될 의료 행위에 대하여 분명히 알고 스스로 결정할 권리가 있다.

셋째, 「의료법」에 따른 의료인(이하 '의료인')은 환자에게 최선의 치료를 제공하고, 호스피스와 연명 의료 및 연명 의료 중단 등 결정에 관하여 정확하고 자세하게 설명하며, 그에 따른 환자의 결정을 존중하여야 한다.

호스피스 활동은 환자가 어느 장소에 있느냐와 상관없이 지속적으로 돌보아 주

〈그림 15-1〉 죽음의 질 지수 (2015)

출처: 국민일보(2016. 04. 04.). 〈웰다잉, 삶의 끝을 아름답게 2부〉 웰다잉법 제정 후 일선의료현장에서.

어야 한다. 오늘날에는 의학 기술의 발달, 병원 시설의 증가, 핵가족화, 맞벌이 가족의 증가 등 가정생활의 변화로 인하여 병원이나 시설에서 죽음을 맞이하는 환자들이 증가하고 있다. 우리나라에서는 말기 환자 등을 대상으로 호스피스 전문 기관을 설치·운영하려는 의료 기관은 보건복지부령으로 정하는 시설·인력·장비 등의 기준을 충족하는 의료 기관을 입원형, 자문형, 가정형으로 구분하여 운영할 수 있다(「호스피스·완화의료 및 임종과정에 있는 환자의 연명의료결정에 관한 법률」 제25조).

최근에는 가족의 임종을 지켜보면서, 자신이 병을 앓으면서, 나이가 듦에 따라 웰다잉을 생각하는 사람들은 '사전연명의료의향서'를 작성할 수 있다. 이 서류는 자신이 말기 환자가 되었을 때 어떻게 치료를 받을지 등에 관하여 의식이 명료한 상태에서 미리 결정하여 작성하는 문서이다. 「호스피스·완화의료 및 임종과정에 있는 환자의 연명의료결정에 관한 법률」에 의하여 민간 단체가 작성했던 '사전의료의향서'와 의료기관에서 환자의 의사를 반영해 작성하는 '연명의료계획서'는 모두 신설되는 국립연명의료관리기관의 데이터베이스에 등록된다.

영국 이코노미스트 연구소에서 80개국을 대상으로 조사한 2015년 죽음의 질 지수를 살펴보면(〈그림 15-1〉), 우리나라는 선진국에 비하면 다소 낮은 순위인 18위를 차지하고 있다. 이제는 한 인간으로서 존엄성 있는 죽음을 생각하고, 또 인생의 마지막 순간을 평안하고 아름답게 마무리하는 죽음의 질을 성찰하여야 할 것이다.

참고문헌

건강가정컨설팅연구소(2017). **결혼과 가족생활.** 서울: 시그마프레스.

국민일보(2016. 04. 04.). 〈웰다잉, 삶의 끝을 아름답게 2부〉 웰다잉법 제정 후 일선의료현장에서.

권중돈(2013). **노인복지론.** 서울: 학지사.

김범수(1992). **재가복지론.** 서울: 홍익재.

김옥라(2010). 웰다잉 교육매뉴얼. 아름다운 삶, 아름다운 죽음. 사회복지법인 각당복지재단 삶과 죽음을 생각하는 회.

김지현(2008). 죽음에 대한 공포와 수용 및 죽음 대처 유능감에 영향을 주는 변인. 서울대학교 대학원 박사학위 청구논문.

김홍철(2010). 자아 통합감이 노인의 죽음불안에 미치는 영향과 죽음준비도의 조절효과에 관한 연구: 노인여가복지시설 이용자를 중심으로. 목원대학교 대학원 사회복지과, 석사학위 논문.

박윤자(2008). 재가노인의 죽음불안 요인 구조모형. 중앙대학교 대학원 박사학위 논문.

서혜경(2009). **노인죽음학개론.** 서울: 도서출판 경춘사.

서혜경, 윤민석(2008). 성별과 배우자 유무가 죽음불안도 4가지 세부영역에 미치는 영향에 관한 연구. 한국노인복지학회, 39, pp. 249-272.

송양민, 유경(2011). 죽음 준비 교육이 노인의 죽음불안과 생활만족도, 심리적 안녕감에 미치는 효과 연구. 노인복지연구, 54, pp. 111-134.

신용주, 김혜수(2016). **노인복지론.** 경기: 공동체.

안홍순(2015). **노인복지론.** 서울: 공동체.

유경, 유경호, 강연욱, 이주일, 김지현(2014). **노화와 심리.** 서울: 학지사.

윤진(1985). **노인심리학.** 서울: 중앙적성출판사.

이명숙(2012). 노인이 인식하는 좋은 죽음. 한서대학교 대학원 박사학위 청구논문.

이은희(2015). **노인복지론.** 서울: 학지사.

임찬란, 이기숙(2006). 노인대상 죽음교육 프로그램, 한국가족 관계학회지, 11(2), pp. 123-150.

정옥분(2000). **성인발달의 이해: 성인·노인심리학.** 서울: 학지사.

조추용, 김양이, 윤은경(2015). **노인복지론.** 서울: 창지사.

최순옥, 김혜숙, 박준기, 신미경, 김기창(2014). **노인복지의 이해.** 서울: 태영출판사.

한미정, 최정윤(1999). 삶의 의미수준과 죽음불안과의 관계. 한국심리학회지, 11(2), pp. 167-181.

홍숙자(2001). **노년학개론.** 서울: 하우.

Bandura, A.(1982). Self-efficacy mechanism in human agency. *American Psychologist, 37,* pp. 122-147.

Berk, L. E.(2006). *Development through the lifespan.* Boston, MA: Allyn & Bacon.

Erikson, E. H.(1982). *The life cycle completed.* New York: Norton.

Georgemiller, R., & Maloney, H. N.(1984). Group life review and denial of death. *Clinical Gerontologist, 2*(4), pp. 37-49.

Hamacheck, D.(1990). Evaluating self-concept and ego status in Erikson's last three psychosocial stages. *Journal of Counseling & Development, 68,* pp. 677-683.

Kalish, R. A.(1976). Death and dying in a social context. In R. H. Binstock & E. Shanas (Eds.), *Handbook of aging and the social sciences*(pp. 483-507). New York: D. Van Nostrand.

Kübler-Ross, E.(1969). *On death and dying.* New York: Macmillan.

Lin, Y. C., Dai, Y. T., & Hwang, S. L.(2003). The effect of reminiscence on the elderly population: A systematic review. *Public Health Nursing, 20*(4), pp. 297-306.

Michael, A. S.(1979). *Dying: Facing the fact-social and psychological aspects of dying.* N.Y.: Hemisphere.

Robbins, R. A.(1990). Signing an organ donor card: Psychological factors. *Death Studies, 14,* pp. 219-229.

Zastrow, C.(2007). *Introduction to social work and social welfare* (9th ed.). Belmont, CA: Brook/cole, Wadsworth.

저자 소개

신용주

약력

- 이화여자대학교 문학사
- 미국 Texas A&M University 성인 및 평생교육학 석사/박사
- 영국 University of Birmingham, School of Public Policy 방문 교수
- 미국 University of Texas at Austin, School of Social Work 방문 교수
- 동덕여자대학교 사회과학대학장, 평생교육원장
- 한국성인교육학회 회장, 한국지역사회교육협의회 이사
- 서울 송파구 지역사회복지협의체 위원장
- 현 동덕여자대학교 명예 교수

저서

- 『평생교육 방법론』, 『평생교육 프로그램 개발론』, 『자녀지도와 부모교육』, 『다음 세대를 위한 부모교육』, 『노인복지론』 외 다수

김혜수

약력

- 성신여자대학교 문학사
- 미국 University of Southern California 교육심리학 석사/박사
- 한국방송통신대학교 원격교육연구소 연구원
- 한국정보문화진흥원 선임 연구원
- 가천대학교 겸임 교수
- 현 성신여자대학교 외래 교수

저서

- 『글로벌 시민교육』, 『청년심리와 교육』, 『현대사회와 가정』 외 다수

제2판

뉴 노멀 시대의

결혼과 가족

초 판 1쇄 발행 2018년 7월 9일
제2판 1쇄 발행 2021년 3월 12일

지 은 이 | 신용주 · 김혜수
펴 낸 이 | 김기섭
편 집 인 | 이윤희
펴 낸 곳 | 창지사 www.changjisa.com
08589 서울시 금천구 가산디지털 1로 83 파트너스타워 1차 9층
전화 (02)719-2211~3
팩스 (02)701-9386
등 록 | 1977년 4월 28일 · 제1-421호

ISBN 978-89-426-1453-0 (93330)

값 21,000원